当代中国青年管理学人文库

我国R&D投入绩效评价与目标强度研究

STUDY ON THE PERFORMANCE EVALUATION OF OUR COUNTRY'S R&D INPUT AND TARGET INTENSITY

赵立雨◎著

经济管理出版社
ECONOMY & MANAGEMENT PUBLISHING HOUSE

图书在版编目（CIP）数据

我国 R&D 投入绩效评价与目标强度研究/赵立雨著. —北京：经济管理出版社，2017.6
ISBN 978-7-5096-5154-4

Ⅰ. ①我… Ⅱ. ①赵… Ⅲ. ①科学技术—活动—研究—中国 Ⅳ. ①N12

中国版本图书馆 CIP 数据核字（2017）第 126709 号

组稿编辑：申桂萍
责任编辑：申桂萍　赵亚荣
责任印制：黄章平
责任校对：赵天宇

出版发行：经济管理出版社
（北京市海淀区北蜂窝 8 号中雅大厦 A 座 11 层　100038）
网　　址：www. E-mp. com. cn
电　　话：(010) 51915602
印　　刷：北京玺诚印务有限公司
经　　销：新华书店
开　　本：720mm × 1000mm/16
印　　张：15
字　　数：231 千字
版　　次：2017 年 7 月第 1 版　2017 年 7 月第 1 次印刷
书　　号：ISBN 978-7-5096-5154-4
定　　价：68.00 元

前　言

世界各国之间的竞争已从经济、政治、国防等方面的竞争转移到作为国家核心竞争力坚强后盾的科技领域的竞争。R&D 创新活动作为科技创新的主要活动之一，是衡量一个国家科技活动规模、评价国家科技实力和创新能力的重要指标。R&D 投入是推动技术创新和技术进步的源泉，是促进经济增长的主要内在动力，也是推动我国经济转型的重要因素。自改革开放以来，我国 R&D 投入总量与强度都有了很大提高，促进了我国科技创新活动的开展，为我国社会经济持续健康发展奠定了重要基础。随着我国经济进入新常态发展阶段，R&D 投入绩效水平对经济发展及经济转型起到了非常重要的作用。目前，在我国科技、经济资源有限的情况下，深入、系统地对 R&D 投入绩效水平进行理论分析和实证研究，对于进一步检验内生增长理论、改善科技资源配置、加强 R&D 投入预算管理、提高 R&D 活动效率、提高政府决策部门对 R&D 活动的引导和控制能力、不断增强国际竞争力、加快我国经济增长方式转变等方面具有重要的理论意义和现实价值。R&D 投入强度（R&D 经费总量/GDP）是衡量一国科技活动水平的重要标志，对我国未来 R&D 经费总量及其与 GDP 比值进行科学的预测是制定科技发展规划的重要依据。

本书以国际 R&D 经验与创新型国家战略为基础，主要采用协整理论与方法、随机前沿函数分析方法（SFA）及多变量灰色模型等方法对我国 R&D 投入与经济增长关系、R&D 投入绩效水平及未来 R&D 投入目标强度进行深入研究，研究内容包括四个方面：第一，对国内外 R&D 投入方面的相关文献进行梳理、比较和归纳，总结部分发达国家 R&D 投入基本规律；第二，从宏观角度分析 R&D 投入的多元溢出效应，以便更加全面、准确地衡量 R&D 投入绩效；第三，从微观角度进行实证分析，主要采用协整理论与方法对我国近 30 年的 R&D 投入与经济增长的关系进行检验，即从经济增长角度解释我国近年来的 R&D 投入绩效水平，采用 SFA 方法对我国 2002~2008 年区域 R&D 投入效率水平进行测度；第四，根据国外 R&D 活动经验和我国 R&D 投入现状，采用多变量灰色模型 MGM（1，n）对我国未来 10 年的 R&D 投入总量与目标强度进行科学预测，并提出提高 R&D 投入绩效水平与实现目标强度的对策和建议，为有关决策部门提供借鉴。

本书的创新之处主要体现在以下四个方面：

第一，丰富和发展了 R&D 内生增长模型。本书以新熊彼特主义（Neo-Sebumpetertan）内生增长理论为基础，将人力资本与政府政策变量引入模型中，进一步丰富和发展了 R&D 内生增长模型，更好地解释了人力资本、政府政策等变量因素对经济增长、R&D 投入绩效水平和 R&D 目标强度实现的影响。

第二，验证了在 R&D 活动过程中存在多元溢出效应，且多元溢出效应主要受空间地理、知识领域与知识接受者等因素的影响。本书主要从经济外部性角度对 R&D 溢出效应对不同地区、不同部门、不同产业之间所产生的影响进行了实证分析，总结影响 R&D 溢出效应的相关因素。通过对政府公共 R&D 溢出效应的具体分析，笔者发现政府 R&D 投入所产生的外部知识存量对当前的专利申请数、新产品销售收入有显著的正溢出效应，科学家和工程师的数量对专利产出、新产品销售收入有显著的正效应。

第三，实证分析发现，大量的 R&D 经费投入与积累是实现我国经济增长的重要因素之一，而人力资本对经济增长没有起到明显的促进作用；全国 R&D 效率总体呈现逐步提高的态势，但效率的提高主要依靠 R&D 规模的扩大，相对发达国家来说，纯技术效率水平不高，未来我国在 R&D 效率的提高上存在着很大的发展空间。为确保我国经济持续稳定增长，应把经济增长模式从依靠物质资本投入转移到依靠科技进步、提高经济增长质量和效率上来。

第四，测算了我国未来 10 年左右的 R&D 投入总量及目标强度。根据部分发达国家 R&D 经验和我国《国家中长期科学和技术发展规划纲要（2006~2020 年）》

发展战略规划，笔者采用多变量灰色模型 MGM（1，n）对我国未来 R&D 投入总量及目标强度进行了科学预测，得出了到 2020 年我国 R&D 投入总量和目标强度分别为 11001.2 亿元和 2.50%的结论，提出了提高 R&D 投入绩效、实现未来 R&D 投入目标强度的协调机制。

目　录

第一章 导 论

第一节 研究背景、目的和意义

一、研究背景

随着我国社会的进步和国民经济的快速发展，科技创新活动已逐渐成为经济社会改革和发展的重要驱动力。科学研究事业已经成为人类社会中最重要的事业之一。改革开放 30 多年来，我国的科学和技术事业取得长足发展，科学和技术管理体制进行了重大改革，政府、企业和社会对研究与试验发展（Research and Development，R&D）活动的投入持续增加，R&D 投入总体规模、R&D 支出比例等方面均有了明显的改善和提高，推动了我国科学和技术事业的蓬勃发展，对国家和区域经济社会发展所做的贡献也不断提高。江泽民同志曾经指出："创新是一个民族进步的灵魂，是一个国家兴旺发达的不竭动力。"R&D 创新活动对经济发展、社会进步、民生改善和国家安全提供了重要支撑，科学技术为改革开放和社会主义现代化建设做出了巨大贡献。习近平总书记在全国科技创新大会、两院院士大会、中国科协第九次全国代表大会上发表重要讲话，在科技界和企业界引发强烈反响，全社会一致认同习总书记讲话中关于"科技创新、制度创新要协同发挥作用，两个轮子一起转"的论述，坚定要在深化改革中推动创新的信念。习总书记在十八届五中全会上提出：“坚持创新发展，必须把创新摆在国家发展全局的核心位置，不断推进理论创新、制度创新、科技创新、文化创新等各方面创新，让创新贯穿党和国家一切工作，让创新在全社会蔚然成风。”创新已经成为时代发展的主旋律，在习近平的执政思路中，他认为“创新是一个民族进步的灵魂，是一个国家兴旺发达的不竭源泉，也是中华民族最鲜明的民族禀赋”，无论是在推进改革中强调“把科技创新摆在国家发展全局的核心位置”，还是在经济转型中提出“科技发展的方向就是创新、创新、再创新”，创新始终占据着重要位置。而 R&D 投入是科技进步的必要条件和基本保证，也是研发创新活动的基本保障。自改革开放以来，我国逐步建立起适应社会主义市场经济体制特征的国家科技投入制度，并且得到逐步完善，激发了全社会科技创新的活力，支撑了国家科技进步和经济社会快速稳定发展，并在很大程度上影响和决定了我国当今的科研活动运行秩序、科技布局和科技实力。

经济全球化的趋势日趋明显，各国之间的竞争已从经济、政治、国防等方面的竞争转移到作为国家核心竞争力坚强后盾的科技领域的竞争。科学技术是第一生产力，科技的发展正深刻地改变着人类社会的经济和生活面貌，技术创新对经济增长的贡献日益突出，科技资源成为宝贵的战略资源。R&D 创新活动作为科技创新的主要活动之一，对经济和社会发展影响深远，因此纵观世界发达国家和发展中国家，它们为取得更有利的发展机会和国际地位，都不断加大 R&D 投入，尤其是在高科技领域加大 R&D 投入力度，扩大应用领域，加快科技成果转化为现实生产力的步伐，提升产业技术水平，以增强国际竞争力。R&D 投入规模及强度成为衡量一个国家科技活动规模、评价国家科技实力和创新能力的重要指标。随着 R&D 投入的不断增加，科研经费的使用和科学研究相关资源的利用越来越受到社会的广泛关注，加强对 R&D 投入产出绩效的评价成为一个迫切需要解决的问题。

在我国科技、经济资源有限的情况下，深入、系统地对 R&D 投入绩效水平进行理论分析和实证研究，有利于相关部门改善科技资源配置，加强 R&D 投入预算管理。在全社会加大 R&D 投入力度的同时提高 R&D 活动效率，提高政府决策部门对 R&D 活动的引导和控制能力，具有重要理论和实践意义。

加强 R&D 投入绩效评价，有利于最大限度地体现科学研究产生的经济社会效益，引导科学研究工作向正确方向发展，实现其推动经济和社会发展的目标；有利推动科学研究管理工作由粗放型向精细化转变，增强科学研究管理工作的科学性与公开性，为制定科学研究管理政策、确定优先资助领域提供科学决策的依据；有利于推动政府及社会给予科学研究更多的关注和支持，增强政府科学研究投入的带动效应，促进社会和企业对科学研究更多的关注和资金投入。同时，我国目前也急需提高 R&D 投入绩效水平，调整 R&D 支出结构，以此不断完善我国 R&D 投入政策，提高科技决策和管理水平，提高政府对 R&D 资源配置的引导和调控能力。

目前，各国政府已经认识到加大 R&D 投入对国家经济发展和综合实力的提升具有重要意义，因此采取各项措施激励企业、社会各界增加 R&D 投入，并直接增加用于 R&D 的财政拨款。“二战”以来，世界上发达国家的科技政策在促进本国经济发展方面起着关键作用，其中表现之一就是各国不断加大 R&D 投入力度与规模。据经济合作与发展组织（OECD）统计，在各成员国当中，政府的财政 R&D 投入占 R&D 总量的比例基本保持在 30%左右，企业每年 R&D 经费支出中约 10%也是由政府提供的。实践表明，世界各国政府都不断加大 R&D 投入力度，结果是在科技、经济竞争等方面均处于领先优势。如根据美国科学促进会的报告，美国原本计划将联邦 R&D 经费从 2003 财年的 1173 亿美元，增加到 2008 财年的 1344 亿美元，但 2005 年就已经达到 1320 亿美元。目前，美国在经济发展速度方面虽然有所放慢，但在 R&D 投入方面仍然保持比较好的增长态势。美国会在未来制定更高的 R&D 投入目标。2008 年 2 月，时任美国总统布什向国会提交了 3.1 万亿美元的 2009 年财政预算报告，其中包括了由美国白宫科技政策办公室（OSTP）提交的总额为 1469.63 亿美元的 R&D 预算，较 2008 年的 R&D 预算增加了 43.08 亿美元，比 2005 年增长 11.45%，比 2001 年增长 61%，其 2009 年 R&D 预算的增长速度虽然与 2008 年相比有所下降，但仍高于经济增长速度。[①] 欧盟成员国中大多数成员也制定了较高的 R&D 目标，如在布鲁塞尔设定的至 2010 年将 R&D 投入强度（R&D 支出/GDP）提高到 3%的目标。另外，日本每年的 R&D 支出占 GDP 比重均在 3%以上，在主要发达国家中继续居于最高水平。随着世界各国 R&D 投入规模的不断加大，公众对投资回报的期望值也越来越高，要求政府对 R&D 经费等投入进行管理和监督，并对科学研究的结果进行绩效评估，以此来提高科研的效益和效率，通过 R&D 投入的绩效评价来提高科研管理水平和决策水平。因此，R&D 投入的绩效评价已成为迫切需要研究的世界性课题。

在经济全球化背景下，我国面临难得的发展机遇，如何以科技创新促进经济、社会发展是亟待解决的关键问题之一。自改革开放以来，我国 R&D 投入保持了快速增长。据有关资料统计，1978 年我国 R&D 投入不足 40 亿元，到 1990 年超过 100 亿元，2001 年突破 1000 亿元，2008 年我国的 R&D 投入为 4616.0 亿元，比 2007 年增加 905.8 亿元，增长 24.4%，R&D 投入强度（R&D 支出/GDP）为 1.54%，比 2007 年的 1.44%有所提高。《国家中长期科学和技术发展规划纲要（2006~2020 年）》明确提出了未来的 R&D 投入目标强度，即到 2010 年，全社会 R&D 投入占国内生产总值的比重提高到 2.0%；到 2020 年，全社会 R&D 投入占国内生产总值的比重提高到 2.5%以上。这一发展战略目标的提出对于促进科技事业的发展，实现“加强自主创新能力、建设创新型国家”战略目标具有重要意义。此规划为我国的科学和技术事业描绘了一个美好的前景。

尽管我国 R&D 投入总量呈逐年增加趋势，但现阶段我国的 R&D 活动也存在几个方面的不足。如 R&D 投入总量相对较少、融资渠道不足、激励机制不够健全，企业 R&D 投入总额虽然在逐年增长，但还没有成为全社会 R&D 投入的主体力量；国家虽然已经制定了不少激励企业 R&D 投入的政策，但利用和执行还较差；企业 R&D 投入缺乏一定的激励政策，积极性还不高；R&D 投入集中于大型企业，一般企业的 R&D 投入热情普遍不高；企业技术创新能力差、技术进步滞

---

① 有关数据根据美国 OSTP 公布的数据整理而得。

后；R&D 投入的绩效较差，缺乏 R&D 投入绩效评价的模型和方法。随着 R&D 投入规模的不断加大，在科技管理中长期存在的一些问题逐渐显现出来，主要表现在两个方面：一方面，我国的 R&D 投入总量相对不足，投入绩效并不理想。在 R&D 资金投入中，重投入、轻结果，重项目、轻绩效，缺乏全程管理观念。R&D 项目的事前立项审批、预算审批与事中和事后的监督、评价、问效等缺乏协调，项目执行中和完成后，大多由项目执行单位或主管部门进行总结，缺乏政府科技支出管理角度的规范评价和监督，支出的有效性和效率有待提高。R&D 资金配置不合理，重复立项、盲目和随意立项的现象比较严重。立项时未严格区分轻重缓急，或在实际操作中缺乏科学依据，资金分配重局部、轻结构、轻全局等，造成 R&D 资源的全局效果不佳和效率下降。另一方面，企业没有成为 R&D 投入的主要力量。这些问题的存在严重影响了我国 R&D 资金投入的"目标、有效、效率"原则，造成 R&D 资源的浪费，甚至出现利用 R&D 资金牟取私利等腐败现象。因此，必须开展对我国 R&D 投入绩效的分析，寻求企业 R&D 投入的激励制度（如税收激励制度），支持企业加大 R&D 投入，促进全社会 R&D 投入结构的优化。

处在全球经济一体化这样一个大背景下，世界各国都在不断加大 R&D 投入力度，重视 R&D 投入绩效水平的提高。2008 年我国 R&D 经费投入总量已达 4616 亿元，比 2007 年增长 24.4%，相对于 2008 年我国 GDP 增长速度 9.6%来讲，R&D 经费投入增长是 GDP 增长一倍之多。我国 R&D 经费投入占 GDP 的比重不断提高。我国在实施自主创新战略、建设创新型国家过程中，不仅要重视科技资源投入的总量，更要注重效率问题，特别是相对于发达国家来说，我国的科技创新资源比较短缺，效率问题显得尤为重要。同时，政府（中央和地方）所能投入的科技资源也非常有限，并不能有效满足日益扩大的创新需求，因此进一步合理利用 R&D 资源，提高 R&D 创新资源的投入产出效率就显得尤为迫切。继续依靠加大 R&D 投入来提高 R&D 投入强度可能性也较小。因此，对 R&D 投入绩效水平进行评价就显得非常重要。那么，如何才能有效把握我国 R&D 投入规模与强度呢？分析 R&D 投入的数量和绩效，确定最优的投入强度，使有限的 R&D

资金发挥最大的作用，这些都是我国当前亟待解决的重要问题之一。本书针对 R&D 活动中存在的深层次矛盾和问题，发现和分析制约我国创新能力提升的关键问题和因素，提出科学的对策，从而促进我国的 R&D 投入能够在"十二五"以及未来更长一段时间内更有效地推动我国科学事业又快又好发展，为我国社会、经济的科学发展提供更有力的科学支持。同时，本书的研究对提高我国 R&D 投入的绩效、正确分配科技资金来源、增强科技竞争力等方面有着重要的理论意义和现实价值。

二、研究目的

只有 R&D 投入绩效水平与强度的提高才能有力支持自主创新能力的提升，才能真正把增强自主创新能力作为调整产业结构、转变增长方式的中心环节，完成创新型国家建设的重大历史使命。一个国家的科技发展水平和科技实力很大程度上取决于其 R&D 投入。在"加强自主创新能力、建设创新型国家"战略目标指导下，近年来我国 R&D 投入总量、R&D 投入增长速度、R&D 投入强度都得到了很大提高。

近几年在"科教兴国"等战略方针引导下，我国全社会 R&D 投入力度不断加大，2008 年我国 R&D 投入经费达到 4616 亿元，比 2007 年增加 905.8 亿元，增长 24.4%，创国内历年最高水平。2007 年，我国的 R&D 经费支出总额达到 487.9 亿美元（约 3710.2 亿元人民币），超过英国和法国而跃居世界第四位。美国、日本和德国分别以 3437 亿美元、1485 亿美元和 738 亿美元的 R&D 经费支出额高居世界前三位；法国和英国分别以 475 亿美元、427 亿美元排在我国之后，分列世界第五和第六位；韩国和加拿大分别以 286 亿美元和 247 亿美元处在世界第七和第八位。其他国家 R&D 经费支出额都在 200 亿美元以下。

近几年，我国 R&D 投入增长情况及 R&D 投入强度如表 1-1 所示。

根据我国 2001~2008 年 R&D 投入总量数据，利用 SPSS 16.0 统计软件分析，得出近 8 年我国 R&D 投入及其强度走势图，如图 1-1 和图 1-2 所示。

表 1-1 我国 R&D 投入增长情况及投入强度

年份	2001	2002	2003	2004	2005	2006	2007	2008
R&D 投入总量（亿元）	1042.5	1287.6	1539.6	1966.3	2450.0	3003.1	3710.2	4616.0
R&D 投入强度（%）	1.09	1.07	1.13	1.23	1.33	1.42	1.49	1.54

数据来源：根据《中国科技统计年鉴（2009）》整理而得。

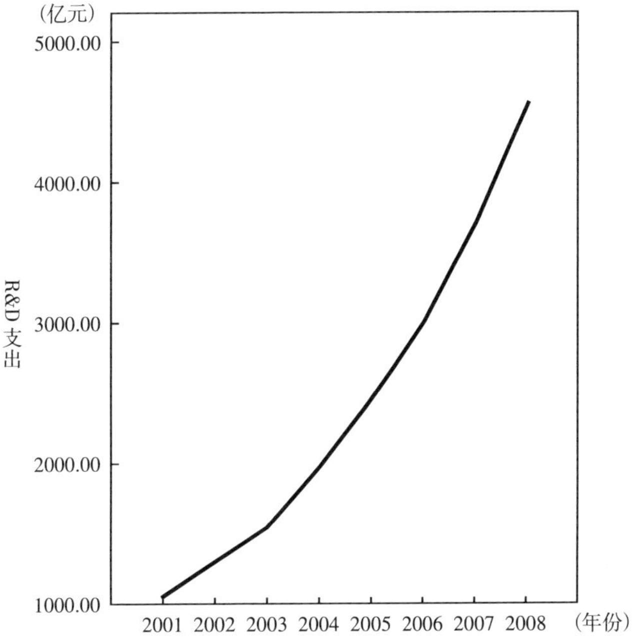

图 1-1 2001~2008 年我国科技投入经费总量

随着我国 R&D 投入规模的不断扩大，我国的科技发展水平有了明显提高，R&D 投入对促进我国经济发展与转型做出了巨大的贡献，劳动者素质也明显提高。但是，从我国的科技发展轨迹来看，与部分发达国家和新兴工业化国家相比，我国 R&D 投入及配置方面仍存在很多问题，如 R&D 支出结构不合理、整体 R&D 效率不高、R&D 投入力度及投入强度明显偏低，这些问题制约了我国科技创新与科技发展。尤其在 R&D 投入强度方面，发达国家 R&D 经费占 GDP 的比例（R&D/GDP）一般都在 2%以上，2006 年日本、美国、韩国 R&D 投入强度都在 3%左右，以色列甚至超过 4%。而 2007 年我国的 R&D/GDP 为 1.49%，2008

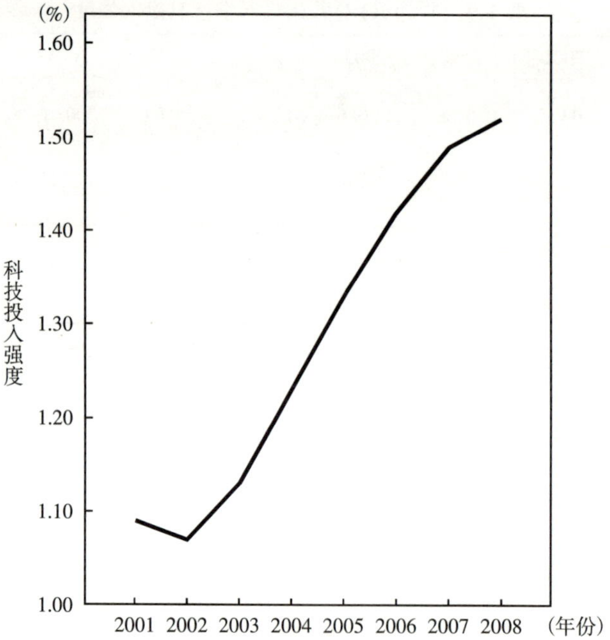

图 1–2　2001~2008 年我国科技投入强度

年为 1.54%（见图 1–3）。这显然表明，我国的 R&D 投入强度与我国作为世界第三大经济体的地位相比，还存在很大差距。

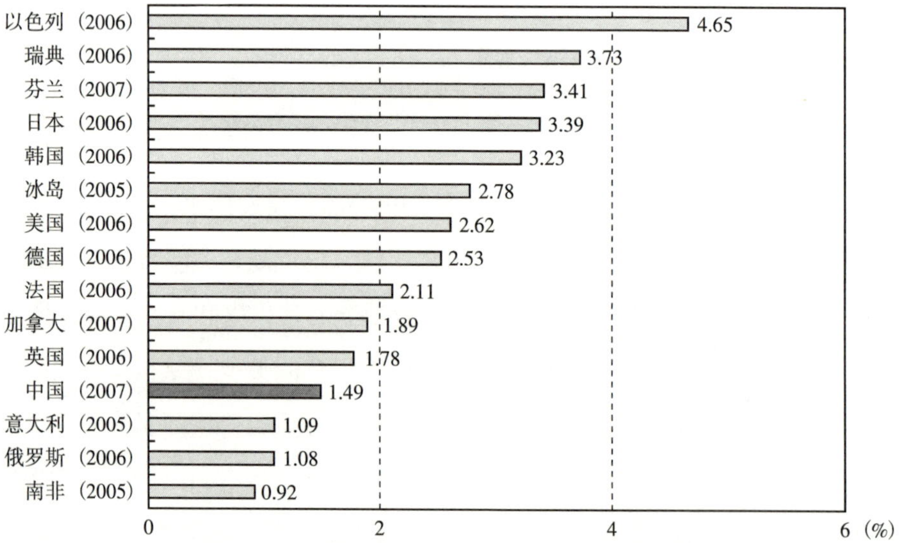

图 1–3　部分国家 R&D 经费支出总额与 GDP 之比

资料来源：科学技术部发展计划司. 科技统计报告. 第 22 期，2008–12–17.

在世界各国都非常重视 R&D 投入的同时，我国的 R&D 投入绩效水平如何呢？基于国际经验和我国以往的 R&D 投入情况，我国未来的 R&D 投入强度应确定为多少才比较合理？基于此，本研究的主要目的体现在以下几个方面：

(1) 在对世界各国 R&D 投入经验进行总结和对我国 R&D 投入实践进行反思的基础上，从有关经济学角度进行解释，并运用计量经济学和统计学的分析方法和有关分析工具探讨 R&D 投入与经济增长之间的关系；对我国样本期内（2002~2008 年）的 R&D 投入绩效水平进行评价，并分析影响 R&D 投入绩效的主要原因。

(2) 使公众充分认识到 R&D 投入在国家科技实力和经济发展中的重要性，将 R&D 投入看作提升国家竞争力的最重要的战略性投资。

(3) 通过国际比较，在充分借鉴国际经验、总结和反思近年来改革和发展实践的基础上，充分发挥政府在科技活动中的“杠杆”作用，诱导、带动全社会加大 R&D 投入，提高 R&D 投入绩效水平，促进科技资源的合理配置和有效安排。

(4) 根据部分发达国家和新兴工业化国家的经验以及我国有关发展战略目标，预测未来 5~10 年 R&D 投入强度（R&D 经费/GDP），同时对于如何提高 R&D 投入绩效水平提出相应的对策建议，使科技工作者具备超前的意识和眼光，对我国未来 R&D 投入趋势有一个清晰的认识。

新《科技进步法》的实施标志着未来一段时间里我国科技事业发展的行动纲领的确立。胡朝阳等学者对新《科技进步法》进行了全面总结，认为全社会 R&D 经费占 GDP 的比例逐步提高，要构建合理、完善的科技资源的协调机制，使我国的财政 R&D 投入使用效益得到逐步提高。目前，我国许多专家、学者对 R&D 投入及其强度问题越来越重视，目标强度（即 R&D 经费占 GDP 比重）问题应引起各界的关注。

三、研究意义

在全球经济一体化的背景下，当代世界范围内的经济竞争，很大程度上表现为科学技术的竞争。而竞争的结果表明，凡是在科学和技术上领先的国家和地区，在经济竞争方面也必然处于领先或优势地位。目前，各国政府都已经认识到科学、技术开发对于国家经济和社会发展是极其重要的，工业化世界经济增长在很大程度上取决于高新技术产业的发展。同时，随着我国创新型国家建设战略的不断推进，科学研究活动对经济社会发展的贡献日益提高，国家对 R&D 的投入不断加大，在科学研究管理中引入绩效评价也已成为提高科技资源配置效率和科研管理水平的迫切需要。

针对我国 R&D 投入相对力度不够、绩效不高的现状，依据经济学中的有关资源配置理论，运用理论分析和实证分析相结合的方法，对我国 R&D 投入现状、主要特征进行研究，探讨在全球科技竞争日益加剧的环境下我国 R&D 投入的绩效分析与目标强度，对改善科技资源配置、加强 R&D 投入预算管理、提高 R&D 活动效率、提高政府决策部门对 R&D 活动的引导和控制能力、不断增强国际竞争力、加快我国经济增长方式转变等方面具有重要的理论意义和现实价值，主要表现在以下几个方面：

（1）2008 年，我国 R&D 经费投入总量已达 4616 亿元，R&D 投入强度为 1.54%。相对于我国 2007 年 GDP 增长速度 13%来讲，R&D 经费投入增幅比 GDP 增幅高出 10 个百分点，但是投入绩效并不理想。那么，应如何把握我国未来 R&D 投入目标强度呢？分析我国目前 R&D 投入的规模与绩效水平，确定最优的投入强度，使 R&D 投入经费发挥最大效用，是我国当前急需解决的重要问题之一。

（2）对 R&D 投入与经济增长方面的定量研究，分析二者之间的密切关系，可以为我国社会经济长期发展提供决策借鉴。经济增长反映 R&D 投入直观方面的绩效，R&D 投入促进经济增长的程度可以直接反映出我国 R&D 投入绩效如何。

（3）对 R&D 投入绩效与目标强度方面的研究对于正确处理各 R&D 主体之间的关系，同时对于科技管理与科技政策的制定可以提供一定的依据，有利于提高政府决策水平，避免科技资源投入的盲目性，提高科技资源投入效率，同时有利于发挥科技人员的积极性和创造性；对我国未来 R&D 经费总量及其与 GDP 比值进行科学的预测也是制定科技发展规划的重要依据。

总之，本研究对提高我国 R&D 投入绩效、正确分配科技资金来源、增强科技竞争力、确定最优 R&D 投入目标强度有重要的理论意义和现实价值。

未来 5~10 年，是我国经济和社会发展的重要时期，也是我国实现现代化第三步战略目标的关键阶段。面对科技革命与知识经济浪潮的兴起，经济全球化步伐加快，国际竞争日趋激烈的新形势，加快科技创新步伐，实现两个根本性转变，提高国家的科技竞争力，已成必然选择。对政府 R&D 投入强度和效应进行评估研究，探究政府 R&D 投入对其他 R&D 主体研发支出的影响效应，寻找我国政府 R&D 投入偏低的根源，明确当前我国政府 R&D 投入的战略目标和重点，对于推进我国创新型国家建设，提高自主创新能力，增强整体科技竞争实力，具有重要的理论和现实意义。

因此，本书以国际 R&D 投入经验、建设创新型国家战略与我国 R&D 投入中存在的主要问题为背景展开研究，既有一定的相关经济理论支持，又符合社会、经济实际发展需要。

第二节 研究内容与框架

本书主要以 R&D 投入的国际经验与建设创新型国家为主要视角，采集我国 R&D 投入的实际资料和经济增长速度等资料，定量分析样本期内（1997~2007 年）我国 R&D 投入的绩效水平，对比 R&D 投入与 GDP 的增长速度，通过数据分析揭示 R&D 投入与 GDP 增长的关系，寻找最优投入目标强度，为政府科技政策选择提供依据。本书的主要内容包括：

第一章导论部分介绍了本书的研究背景与研究意义、论文的研究方法、研究的内容安排和创新之处等，并对相关概念进行界定。

第二章对 R&D 投入方面的国内外文献进行梳理和综述，并对 R&D 投入的有关研究成果及经济理论进行回顾和评述。

第三章对 R&D 投入的多元溢出效应进行研究。从有关经济理论入手，分析我国 R&D 投入的关键影响因素，结合有关专家、学者的研究提出度量 R&D 投入溢出效应的模型，并从不同的视角分析 R&D 投入所产生的多元社会效应。

第四章分析了我国 R&D 投入与经济增长之间的关系。R&D 投入对经济增长的贡献是 R&D 投入的重要绩效之一。通过运用协整理论和方法，收集样本期内数据，建立合理的数理模型和进行实证测算，分析 R&D 投入与经济增长的 Granger 因果关系，同时运用灰色关联理论对二者关系做进一步研究，进而明确我国 R&D 投入与经济增长之间的密切关系。

第五章通过构建随机前沿函数（SFA）模型对我国 R&D 投入绩效水平进行评价。通过总结国内外在 SFA 方面的研究成果，从机制、存在问题入手，尝试针对 R&D 投入绩效构建一套评价指标体系与评价模型，定量地反映 R&D 投入的效率水平，根据绩效评价结果，从深层的机制和动力上找弊端，寻求全社会 R&D 投入不足的原因，以期能为有关部门提供一种切实可行的技术管理手段。

第六章对我国目前 R&D 投入现状、存在的主要问题进行分析。收集样本期内（1997~2008 年）相关数据对我国目前 R&D 投入状况进行分析，找出我国在 R&D 投入方面取得的成绩与存在的不足。同时，对美国、德国、日本、韩国等典型国家 R&D 投入经费、强度、模式与政策演变进行考察和分析，并结合世界上其他发达国家和新兴工业化国家的科技发展轨迹，总结 R&D 投入总量、来源结构、支出结构、投入强度、政策选择等基本规律，为本书的研究提供国际化的视角。本章研究为提高我国 R&D 投入绩效水平的制度支持和政策选择提供了经验借鉴。

第七章采用多变量灰色模型 MGM（1，n）对我国未来 R&D 投入总量、GDP 总量进行预测及论证，并根据预测结果测算出目标强度。基于我国科技发展战略目标（如《国家中长期科学和技术发展规划纲要（2006~2020 年）》）与建设创新型国家的内在要求，借鉴国际 R&D 投入经验，以 2006 年为基年，预测到 2020 年我国各年份 GDP 总量增长与 R&D 投入总量，并对目标强度进行测度；根据这一时期不同发展阶段，分析未来我国 R&D 经费的来源结构、支出结构等方面的理想状态，并提出实现我国 R&D 投入总量与目标强度的有关协调机制。

第八章为提高我国 R&D 投入绩效的相关对策分析。在上述分析的基础上，基于国际 R&D 投入经验和建设创新型国家的建设目标，主要从制度层面提出提高我国 R&D 投入绩效水平的建议和措施。

第九章为研究结论与展望。总结所有研究的相关结论，并对未来在 R&D 投入方面的研究做出展望。指出了本书存在的不足之处及未来进一步研究的方向。

为了更加清晰地阐明本书的写作思路，清楚地表达章节之间的关系，可用图1-4 来表示。

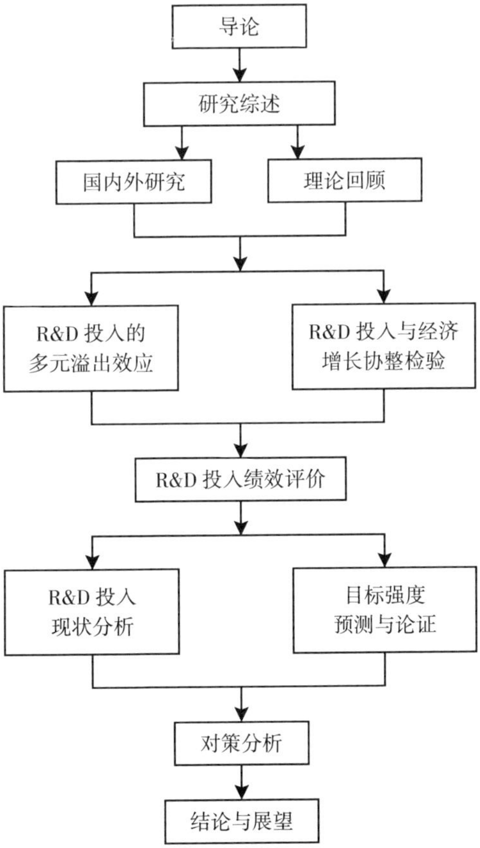

图 1-4 论文研究结构框架

第三节 概念界定

一、R&D

R&D 是英文 Research and Development 的缩写，翻译为研究与发展，是指在科学技术领域，为增加知识总量（包括人类文化和社会方面的知识），以及运用这些知识去创造新的应用而进行的系统的创造性工作。R&D 是科技活动中最具创造性和创新性的部分，而研究开发能力是科技创新能力的一个重要组成部分，因而在某种意义上也是科技创新的核心内容。它包括基础研究（Basic Research）、应用研究（Applied Research）和试验发展（Experiment Development）三类科技研究活动，基础研究和应用研究两类活动统称为“科学研究活动”。《中国科学技术指标 2008》一书中认为，基础研究是指为了获得关于现象和可观察事实的基本原理的新知识（揭示客观事物的本质、运动规律，获得新发展、新学说）而进行的实验性或理论性研究，它不以任何专门或特定的应用或使用为目的，其成果以科学论文和科学著作为主要形式，是最高层次的 R&D 活动；应用研究是指为确定基础研究成果可能的用途，或是为达到预定的目标探索应采取的新方法（原理性）或新途径而进行的创造性研究（其成果以科学论文、专著、原理性模型或发明专利为主要形式）；试验发展是指利用从基础研究、应用研究和试验发展中所获得的现有知识，为产生新的产品、材料和装置，建立新的工艺、系统和服务，以及对已产生和建立的上述各项做实质性的改进而进行的系统性工作（其成果形式主要是专利、专有技术、具有新产品基本特征的产品原型或具有新装置基本特征的原始样机等）。在社会科学领域，试验发展是指把通过基础研究、应用研究获得的知识转变为可以实施的计划（包括为进行检验和评估实施示范项目）的活动。基础研究、应用研究和试验发展构成了 R&D 过程中相互影响、相互衔接的循环活动。[1] R&D 的基本特征表现在四个方面：一是具有创造性；二是具有新颖性；三是运用科学方法；四是产生新的知识或创造新的应用。其中，创造性和新颖性是研究与试验发展的决定因素，产生新的知识或创造新的应用是创造性的具体体现，运用科学方法则是所有科学技术活动的基本特点。而研究水平、任务的来源（国家或省级）和研究中所采用的技术，均不是构成 R&D 活动的基本要素。

OECD 在《为调查研究与发展活动所推荐的标准规范》(《弗拉斯卡蒂手册》)中认为，R&D“是在一个系统的基础上的创造性工作，其目的在于丰富有关人类、文化和社会的知识库，并利用这一知识进行新的发明”。[2] 此定义突出了 R&D 活动的两个显著特征，即创造性和知识性，概括了 R&D 的本质特征。美国、日本等国关于 R&D 的定义与 OECD 的定义基本相同。

美国科学基金会（NSF）认为，R&D 是指企业、政府与非营利组织等机构所进行的基础与应用研究和工程、样机与工序的设计和发展，不包括质量管理、日常产品检验、市场检查、推销服务以及地质或地球物理勘查。根据美国《国内税法》对 R&D 的定义，“研究开发经费”可以是公司或机构从事研究开发的费用，也可以是委托其他机构从事研发的费用。在费用构成上，其包括雇用研究人员的工资、必要的物质投入（不包括土地和可计提折旧的设备）、计算机上机费以及为研究开发活动直接提供支撑的服务性活动费用。

联合国教科文组织（UNESCO）在 1971 年出版的《科学应用与发展》中，将 R&D 定义为：“为增加知识总量以及运用这些知识去创造新的应用而进行的系统性的、创造性的工作。”值得注意的是，UNESCO 将 R&D 活动、科技教育与培训、科学技术服务三者统称为科技活动，将 R&D 与其他科技活动进行了区分。

UNESCO 的定义正确表达了 R&D 的实质。即 R&D 是指为了进行知识创造和

---

① 详细内容参见《中国科学技术指标 2008》黄皮书。

②《中国科学技术指标 2008》一书也认为，R&D 是指为了进行知识创造和知识应用而进行的系统的创造性工作，是人们不断探索、发现和应用新知识的连续过程。尽管各种定义表述不同，但所表达的内涵基本一致。

知识应用而进行的系统的创造性工作，是人们不断探索发现和应用新知识的连续过程。R&D 通常分为三个阶段：基础研究、应用研究和开发研究。对于 R&D 活动，本书采用了更为广泛的定义，即 R&D 活动不仅包括研究与发展活动，还包括 R&D 成果应用。R&D 成果应用是指为解决 R&D 活动阶段所产生的将新产品、新装置、新工艺、新技术、新方法、新系统应用到生产实践中的技术问题所进行的活动，如设计、试制、中试等。这是因为，R&D 活动是一个系统工程，是全方位的，不是阶梯型的，企业生产的每个阶段都有 R&D 活动。而且，企业作为追求利润最大化的市场经济理性主体，其进行的 R&D 活动与其成果应用是密不可分的。

二、R&D 投入与产出

R&D 投入是指 R&D 活动中的各种资源，包括人、财、物等多方面的投入。由于资金投入决定了整个 R&D 的投入水平，是创新活动最为关键的基础性因素，因此一般意义上的 R&D 投入主要是指资金上的投入。R&D 经费支出是指统计年度内全社会实际用于基础研究、应用研究和试验发展的经费支出，包括实际用于研究与试验发展活动的人员劳务费、原材料费、固定资产购建费、管理费及其他费用支出。企业 R&D 投入主要包括企业 R&D 经费投入和 R&D 人员投入。企业 R&D 经费投入主要指企业活动的经费支出。根据国家统计局文件（国统字〔2000〕30 号）规定，企业 R&D 活动的经费支出包括经费的内部支出和外部支出两大部分。内部支出包括日常支出和基本建设支出两部分；外部支出是按同类项目实际转拨外单位的经费，据实计算。根据 OECD 大多数成员国的经验，其中用于企业内部 R&D 活动的经费大约相当于其支出的 90%；用于委托其他部门开展 R&D 活动的经费约占其支出的 10%。政府 R&D 投入主要是指政府用于 R&D 活动中的各种资源，包括用于 R&D 课题活动的直接投入和间接用于 R&D 活动的投入。政府 R&D 投入具体可以分为三种形式：资助公共科研机构从事 R&D 活动；资助企业的 R&D 活动，包括政府对企业 R&D 活动的直接资助；资助高校从事 R&D 活动。

R&D 投入有 R&D 投入主体和 R&D 执行主体之分。R&D 投入主体，即 R&D 投入资金的来源，主要有政府和企业两大投资主体，其他如高校、非营利组织等的比例一般在 5%以下。根据政府和企业 R&D 投入相对比例的变化，R&D 投入发展历程可以分为政府主导型（政府 R&D 投入比例超过 50%，大于企业 R&D 投入）、政府企业双主导型（两者投入比例大致相当）、企业主导型（企业 R&D 投入比例超过 50%，大于政府 R&D 投入）三种类型，大致体现了随着经济社会的发展 R&D 投入结构的发展过程。R&D 执行主体是 R&D 经费的使用者，主要有科研机构、高校、企业三类，在发达国家，还包括一些非营利的国际组织等。科研机构和高校的 R&D 经费主要来源于政府投入，企业 R&D 经费主要来源于自身。企业的 R&D 活动主要针对试验发展，研究机构和高校主要对应基础研究和应用研究。因此，执行主体结构基本与三大领域的经费使用比例相适应，而投入结构比例也基本与之相应，研究机构和高校 R&D 经费的使用要低于企业，大致相当于政府 R&D 经费投入与企业 R&D 经费投入的比例。

在《弗拉斯卡蒂手册》中，R&D 指标被分为三类：一是投入指标，包括研究开发活动中投入的各种资源，如人力、物力和财力；二是产出指标，包括研究开发活动所产生的直接结果，如专利、论文；三是影响指标，包括研究开发活动对经济、社会所产生的贡献与影响。本书在研究过程中，对于影响指标主要是从宏观角度进行了分析，而投入指标与产出指标是实证分析过程中选择的重要分析指标。根据科技部统计，我国 R&D 产出指标主要采用四类指标：专利申请量（件）；三系统（SCI、ISTP 和 EI）收录的我国科技论文数（篇）；高技术产品出口额（亿美元）；高技术产品出口额占商品出口总额的比重。张承谦等（2000）认为，“企业的产品水平、质量水平、专利数及人员素质、装备素质等是衡量 R&D 产出的主要指标”。

三、R&D 投入强度

科学研究与试验发展经费投入与国内生产总值之比（R&D 投入/GDP）通常被称为国家 R&D 经费投入强度，是评价科学技术与经济协调发展的重要指标，表明在未来一段时间内全社会 R&D 投入占国内生产总值的比重（即未来一段时间内，R&D 投入目标强度=R&D 投入/GDP×100%），具有动态衡量意义。2006 年，中共中央国务院做出了建设创新型国家的重大战略决策，这对于指导运用科技创新、促进经济社会发展具有重要意义。我国已经制定的《国家中长期科学和技术发展规划纲要（2006~2020 年）》（以下简称《纲要》）中已经明确规划了我国政府未来的 R&D 投入总体情况和投入强度，即“到 2010 年，全社会 R&D 投入占 GDP 的比重提高到 2.0%；到 2020 年全社会 R&D 投入占 GDP 的比重提高到 2.5%以上，力争科技进步贡献率达到 60%以上，对外技术依存度降低到 30%以下，本国人发明专利年度授权量和国际科学论文被引用数均进入世界前 5 位，自主创新能力显著增强，科技促进经济社会发展和保障国家安全的能力显著增强，为全面建设小康社会提供强有力的支撑；基础科学和前沿技术研究综合实力显著增强，取得一批在世界具有重大影响的科技成果，进入创新型国家行列，为在 21 世纪中叶成为世界科技强国奠定基础”的目标。这一发展战略目标的提出对于促进科技事业的发展，实现“加强自主创新能力、建设创新型国家”战略目标具有重要意义。

四、绩效与绩效评价

所谓绩效（Performance），是指组织、个体在一定时间与条件下完成某项任务取得的业绩、效率和效益。从字面上理解，“绩”是指业绩、效果，是任务完成的数量与质量；“效”是任务完成的效率和效益。萧鸣政认为，绩效的内涵主要表现为“三效”：一是效果（业绩），是目标的达到程度，是否取得成果，取得了多大的成果，这是绩效的外观形式；二是效率，是投入与产出之间的关系，是一种对资源成本最小化的追求，关心的是取得成果花费的投入大于产出还是小于产出；三是效益，是取得成果给组织和个体带来的经济效益、社会效益与时间效益。绩效分析的“三效”原则，缺一不可。绩效的主要特征表现在：一是多因性，是指绩效的优劣不是由单一因素决定的，而是受制于主、客观的多种因素；二是多维性，是指要从多种维度、多个方面去进行分析和评价，才能得到绩效的真实评价；三是动态性，是指绩效只是一段时间内工作情况的反映，随着激励状态、能力水平以及环境因素的变化，绩效也会相应地发生变化。

国内外专家、学者对绩效的概念和内涵进行了深入的研究。主流的观点认为，绩效由“结果”和“行为”两部分决定，行为是实现绩效结果的条件。“绩”侧重于“结果”，而“效”侧重于“行为”，“行为”与“结果”二者有机融合，形成组织或个体的绩效。范柏乃认为绩效具有如下特征：一是绩效是行为的后果，是目标的完成程度，是客观存在的。二是绩效必须具有实际的效果，无效劳动的结果不能称为绩效。三是绩效是主体作用于客体表现出来的效用，是在工作过程中产生的。四是绩效应当体现投入与产出的对比关系。投入少，产出多，则绩效好；投入多，产出少，则绩效不好。五是绩效具有可度量性。绩效是一个量值，无法度量的不是绩效，绩效评价是对表现出来的业绩和行为的量化评价。

绩效是组织、个体在一定时间范围内以某种方式实现的某种结果，也就是说，分析绩效要综合考虑组织、个体完成任务的时间、方式和结果三方面因素，如图 1-5 所示。对绩效进行评估与管理时，既要考虑投入（行为），也要考虑产出（结果）。

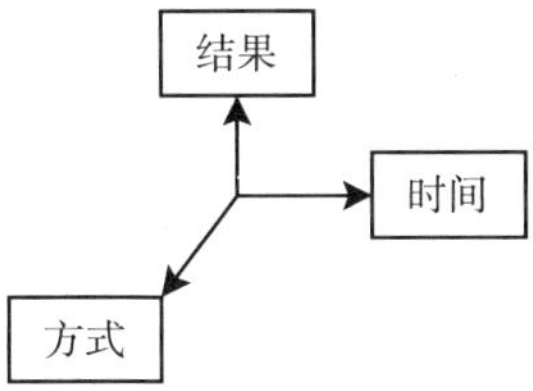

图 1-5 绩效内涵的三要素

R&D 投入绩效评价是指运用科学、规范的评价方法，对一定时期内科学研究的投入、产出和效率、效益以及影响进行定量及定性的分析，做出真实、客观、公正的综合性评判，在一定目标的基础上，采用科学的方法对 R&D 活动及其投入产出情况进行判断，以对 R&D 活动进行管理、监督、预测和调控，并为 R&D 活动决策提供依据的一种认识过程。通过绩效评价，可以分析和判断科技创新能力，提升科技活动的管理绩效，表现公众关注的 R&D 投入产出效果，为科技政策调整和科技资源配置提供依据。同时，R&D 投入绩效评价是科技管理工作的重要组成部分，是推动科技事业持续健康发展、促进科技资源优化配置、提高科技管理水平的重要手段和保障，对科学研究活动的持续深入开展起着重要的促进和支撑作用。

随着科技事业的发展，我国科研活动表现出三个重要趋势：资金投入持续增加、资源分配与利用效果日益受到关注、给国家和社会带来的效益不断增加。这三个方面的演变趋势为 R&D 投入的绩效评价提供了很好的视角。

第四节　研究方法

本书在研究过程中综合应用多学科的研究方法，以理论为指导，遵循了从抽象到具体、从理论到实践、从一般到特殊的研究过程，重点采取了文献研究法、归纳和演绎、微观和宏观、静态与动态、定性与定量相结合的方法来开展具体的研究，以获得较好的研究效果。基本研究方法主要有如下几种：

一、文献研究法

本书在写作过程中阅读和梳理了大量国内外相关文献，主要对中国知识网数据库、搜索引擎、学术期刊、有关网站等多种信息渠道进行文献搜索，确保文献的全面性和及时性，并对本文相关研究领域的最新成果及研究进展情况进行深入了解，如 R&D 投入的国内外近况、协整理论与方法、SFA 模型、R&D 绩效测度等领域的最新研究现状，并在此基础上进行深入的概括、总结。

二、实证和规范的分析方法

本书以主要发达国家大量的历史数据为依据，分析计算不同国家在不同发展阶段的 R&D 投入总量、来源结构、投入强度与配置的演化规律和作用机制，为提高我国 R&D 投入绩效及实现目标强度提供借鉴意义。

三、定性和定量相结合的方法

本书在对有关概念的界定和有关理论的重新解读等方面主要采用定性分析方法，以便更好地对相关概念和理论做进一步深入认识。如本书对 R&D 投入等概念、内生经济增长等理论都做了详细分析，为本书研究奠定了坚实的理论基础。

如果定性分析是从事物的本质属性上来认识、把握该事物的话，定量分析则是从事物的规模上来认识、把握该事物。应该说，定性分析与定量分析都是分析事物的关键和重点，忽略任何一方面，或只强调一方面，对事物的分析都是不完整的。本书对我国 R&D 投入的绩效水平分析和 R&D 投入与经济增长等方面，采用了定量分析方法，运用统计数据对定性分析的结果进行了验证，从而使得理论分析更加完善。

首先，采用协整理论与方法对 R&D 投入与区域经济增长之间的关系进行检验。协整理论（Co-integration）的分析方法最早于 20 世纪 80 年代由格兰杰等学者提出，在数量经济学领域应用较为广泛，已经成为计量经济分析的重要工具之一，是用于动态模型的设定、估计和检验的计量方法。它主要以经济变量数据中所显示的关系为出发点，来确定模型中变量之间的关系。两个或多个具有共同随机性趋势的序列称为是协整的，设 X_t 和 Y_t 都是一阶单整的，若对某个系数 θ，$Y_t - \theta X_t$ 为零阶单整，则称 X_t 和 Y_t 是协整的，它们具有相同的或共同的随机性趋势，$Y_t - \theta X_t$ 的差异计算消除了这种共同的随机性趋势。在对样本期内时间序列数据进行分析时，拟采用SPSS 16.0 等软件进行回归分析。

其次，采用参数方法中的随机前沿函数法（SFA）进行研究。参数方法旨在通过统计方法估计边界函数，其特征在于预先设定生产函数的形式，以及对残差项预设若干假设。主要的前沿生产函数参数方法有随机前沿函数法、自由分布法等。SFA 方法主要是通过估计生产函数来设定前沿面，既可以测算出若干个决策单元的 R&D 效率，也可以定量分析各种相关因素对个体差异效率的具体影响。

另外，本书采用多变量灰色模型 MGM（1，n）对我国未来 R&D 投入总量及目标强度进行了科学预测。

四、比较分析法

在市场经济条件下，西方发达国家在 R&D 投入和制定 R&D 税收政策等方面积累了丰富的经验，它们的研究成果值得借鉴。因此，本书在设计与完善我国当前 R&D 投入制度及有关政策时，对发达国家 R&D 活动（政府和企业层面）经验与 R&D 税收政策进行了总结，从中找出了发达国家 R&D 投入的新趋势，为我国制定更为切合实际的提高 R&D 投入绩效方面的对策提供了借鉴。

第五节　本书创新之处

本书的创新性主要体现在以下几个方面：

第一，丰富和发展了 R&D 内生增长模型。本书以新熊彼特主义（Neo-Sebumpetertan）内生增长理论为基础，将人力资本与政府政策变量引入模型中，进一步丰富和发展了 R&D 内生增长模型，更好地解释了人力资本、政府政策等变量因素对经济增长、R&D 投入绩效水平和 R&D 目标强度实现的影响。

第二，验证了在 R&D 活动过程中存在多元溢出效应，且多元溢出效应主要受空间地理、知识领域与知识接受者等因素的影响。本书主要从经济外部性角度对 R&D 溢出效应对不同地区、不同部门、不同产业之间所产生的影响进行了实证分析，总结影响 R&D 溢出效应的相关因素。通过对政府公共 R&D 溢出效应的具体分析，笔者发现政府 R&D 投入所产生的外部知识存量对当前的专利申请数、新产品销售收入有显著的正溢出效应，科学家和工程师的数量对专利产出、新产品销售收入有显著的正效应。

第三，通过实证分析发现，我国经济增长主要是靠大量的 R&D 资本投入与积累来实现的，而人力资本对经济增长没有起到明显的促进作用；全国 R&D 效率总体呈现逐步提高的态势，但效率的提高主要依靠 R&D 规模的扩大，相对发达国家来说，纯技术效率水平不高，未来我国在 R&D 效率的提高上存在着很大的空间。为确保我国经济持续稳定增长，应把经济增长模式从依靠物质资本投入的支撑转移到依靠科技进步、提高经济增长质量和效率的支撑上来。

第四，测算了我国未来 10 年左右的 R&D 投入总量及目标强度。本书根据部分发达国家的 R&D 经验和我国《国家中长期科学和技术发展规划纲要（2006~2020 年)》发展战略规划，采用多变量灰色模型 MGM（1，n）对我国未来 R&D 投入总量及目标强度进行了科学预测，得出了到 2020 年我国 R&D 投入总量和目标强度分别为 11001.2 亿元和 2.50%的结论，提出了提高 R&D 投入绩效、实现未来 R&D 投入目标强度的协调机制。

第二章　研究综述

第一节　相关理论回顾

经济增长问题一直是经济学关注的重要问题之一。现代经济增长理论始于20世纪50年代后期兴起的新古典经济增长理论，它以资本积累为核心，以资本收益递减规律为基本假设，为经济增长问题的研究提供了基本的分析框架。新古典经济增长理论认为，由于资本收益递减规律，导致资本积累动力的逐渐消减，除非有外来人口增加或外生的技术进步，否则经济无法保持长期可持续增长，这种对长期增长的解释显然是不能令人满意的。

一、内生经济增长理论

20世纪80年代中期以来，随着内生经济增长理论的兴起，原先困扰新古典经济增长理论的问题开始得到解决。1986年，保罗·罗默（Romer）在《政治经济学杂志》上发表了题为《收益递增与长期增长》的论文，开启了内生经济增长研究的大门。内生经济增长理论为重新阐释“经济增长之谜”提供了新的途径和方法。此理论认为，技术进步既是经济增长的源泉，又是知识内生积累的结果，即经济增长取决于经济系统本身。Robert从物质资本的积累，Lucas等从人力资本的积累，Rebelo（1991）、Paulm（1986）、Stokey（1991）、Paulm（1990）从知识的积累和 R&D 等方面对经济系统持续增长进行了阐述。Grossman 和 Helpman（1991）对新古典增长理论进行了进一步的研究，对经济增长的长期可能性分析引起了理论界和实践界的兴趣，内生增长理论得到了进一步完善和发展。

根据基本假设的差别可将内生增长模型分为以下几类：第一类是外部性增长模型，即用技术外部性或人力资本外部性解释经济增长的一类模型，如 Romer 的知识溢出模型、巴罗的公共产品模型、克鲁格曼—卢卡斯—杨的“边干边学”模型等。第二类是 AK 模型，单纯用资本积累说明经济的内生增长。第三类是以 R&D 为基础的 R&D 内生增长模型，此模型为本文提供了很好的借鉴思路。

二、R&D 内生增长模型

Romer 认为，知识主要来源于企业为了追求利润而参与和进行的 R&D 活动，正是这些活动所带来的知识的积累促进了经济的长期持续增长，此观点被认为是基于 R&D 内生增长模型的起点。后来，Aghion 和 Howitt（1992、1998）、Grossman 和 Helpman（1991）等从不同角度证实了这一观点。R&D 模型之所以能够提出并得到不断发展，主要是由于产业组织理论得到学术界的广泛研究，使得经济学家能够对规模收益递增和不完全竞争进行研究。后来 Dixit-Stiglitz 模型（1977）对 R&D 模型产生了关键性的影响。D-S 生产函数形式是：

$$Y = BL_1^{1-\alpha}\sum_{i=1}^{n} X_i^{\alpha},\ 0 < \alpha < 1 \tag{2-1}$$

式中，X_i 表示第 i 种中间产品的产量，$\sum_{i=1}^{n} X_i$ 代表物质资本总存量。

R&D 内生增长模型将知识内生化，认为增长的原动力是知识积累，将劳动的有效性明确解释为知识，并为其时间变动建立了模型。而在本书研究过程中，笔者认为，知识积累过程中人力资本起到了重要作用，知识的积累得益于内生人力资本积累，因此，要提高整个 R&D 投入绩效水平，人力资本是要考察的重要因素之一。R&D 内生增长模型与索洛模型相比，解释能力大大增强。R&D 内生增长理论是一个具有发展前景和巨大应用潜力的经济理论，比较成功地解释了

R&D 和技术创新在经济增长中的重要作用，实证研究也表明，R&D 投入仍是世界各国经济发展的主要动力。发达国家和新兴工业化国家为促进经济社会协调发展和提高综合国力纷纷制定各种科技政策来推动 R&D 活动开展，大幅度增加 R&D 投入，并在实践中积累了一些成功经验。因此，R&D 内生增长理论所开辟的研究方向理论价值和现实意义较大。我国正处于建设创新型国家的关键时期，积极借鉴 R&D 内生增长模型，对于我国未来 R&D 投入、R&D 投入目标强度、科技政策的制定以及创新型国家的建设非常重要。

三、公共产品及 R&D 外部性

公共产品由美国经济学家萨缪尔森于 1954 年提出，他认为，公共产品是相对私人产品而言的，具有消费或使用上的非竞争性和受益上的非排他性的产品。所谓非竞争性，是指一部分人对某公共产品的消费不会影响另一部分人对该产品的消费，即受益对象之间不存在利益冲突；非排他性是指任何人不能被排除在对某公共产品的消费之外，产品在消费过程中所产生的利益不能为某个人或某些人所专有，如果要将一些人排斥在消费过程之外，不让他们享受这一产品的利益是不可能的。根据公共性程度的不同，公共产品主要分为纯公共产品和准公共产品两类。

许多经济学家的研究成果证实，R&D 活动具有公共产品的性质。Arrow（1962）指出，所谓研究开发，就是生产技术性知识或者信息的活动，而信息是具有公共商品的性质，因此，信息生产者不可能把由生产带来的利益完全归为己有，其结果是，投入信息生产的研究开发费用将会减少。美国现代经济学家 Stiglitz（1981）在研究技术创新时指出，R&D 产出具有公共物品的性质。斯蒂格利茨指出："知识具有一定程度的非排他性，因此可以看作是纯公共物品"，"如果由私人提供知识，就必须有一定形式的保护，使知识不能轻易被公开使用"。

R&D 既然具有公共产品的性质，那么也就会存在外部性。外部性主要是指一个经济主体的行为对另一个经济主体的福利所产生的效应，而这种效应并没有通过货币和市场交易反映出来。外部性包括负外部性和正外部性。负外部性是经济人的行为对外界具有一定的侵害性或损伤，引起他人效用降低或成本增加。正外部性是指一种经济活动给其外部造成积极影响，引起他人效用增加或成本减少。这为政府科技干预提供了理论依据，但是目前对于政府干预的方式、适度和时机等关键性问题，现有的理论没有提供具有可操作性的指南。R&D 的外部性也引发了政府科技资助的规模应该是多大，选择什么样的政策工具实施资助的效果最好，如何恰当选择政策工具，政府如何通过分摊 R&D 风险、通过政府科技资助的杠杆作用诱导、激励企业增加 R&D 投入等相关问题。

第二节　国外相关研究

近 20 年，国外学者对 R&D 投入与经济增长及 R&D 投入绩效方面做了大量的研究和积极、有益的探索，取得了很多有价值的研究成果。R&D 投入绩效评价的理论与方法是科技评价理论与方法体系的重要组成部分，近年来得到理论学术界的重视，许多专家学者对此开展了深入的研究与探索工作。

一、R&D 投入与经济增长方面的研究

长期以来，如何促进经济又快又好发展是理论界和实践部门所关注的核心问题。20 世纪 50 年代兴起的新古典经济增长理论主要以资本（如物质资本、人力资本等）积累为核心，同时以资本收益的递减规律为基本假设条件，为学术界研究经济增长问题提供了基本思路。该理论认为，由于存在资本收益的递减规律，资本积累的动力会慢慢减弱，除非有外生的技术进步或其他因素（如外来人口增加等），否则经济将不能保持长期可持续发展。因此，新古典经济增长理论对经济长期增长的解释不能令人满意。而产生于 20 世纪 80 年代的内生经济增长理论为研究 R&D 投入与经济增长开辟了新的途径。此理论认为，技术进步既是经济

增长的源泉，又是知识内生积累的结果。关于 R&D 投入在经济增长和社会发展中的作用的研究，最早来源于 Smith 的学术思想。1766 年他在研究中就得出“经济增长的动力在于劳动分工、资本积累和科技进步”的结论。Solow（1957）发现，人均 GDP 增长中仅有一小部分与资本劳动比率的提高有关，这引起经济学家们对技术进步在改善人类福利中的作用的关注。世界各国特别是西方发达国家对 R&D 投入巨大。国外学者大量研究也表明，R&D 引起的技术变革对经济增长起了很大的推动作用，特别是从行业层面上肯定了 R&D 投入的重要性。Goto 和 Suzuki（1989）检验了 R&D 投入对日本制造业生产率的影响，计算出 R&D 投资的边际回报率高达 40%左右，且其他行业 R&D 投资的溢出效应也促进了该行业的发展。Griffith 等（2004）利用 12 个 OECD 国家的行业面板数据检验了 R&D 对生产率增长的作用，认为 R&D 的影响有两种途径：一是直接通过创新刺激增长；二是通过技术转移间接影响。Dominique 等（2004）通过对 R&D 经费组成的研究，认为商业部门、公共部门及外国公司的 R&D 投入对生产率的长期增长有显著的决定作用。李嘉图（Ricardo，1962）通过研究发现，在增加劳动投入和资本可能导致要素收益递减的基础上提出“科技进步在经济持续增长中是不可缺少的”。Kuznets（1985）根据经济增长的时间序列相关数据，分析得出“科技进步是现代经济增长的主要影响因素”的结论。Romer（1986、1990）最早开展 R&D 内生增长理论工作，他将 R&D 引入模型并形成了内生经济增长理论。近年来，对于 R&D 与经济增长的相关研究文献，主要探讨如何对内生经济增长理论进行深化和拓展，如以 Murphy、Shleifer 等（1989a、1989b）为代表的需求外溢和策略性互补模型，以 Young（1991）为代表的“边干边学”和技术扩散模型，以 Lucas（1988）、Grossman 和 Helpman（1991）、Aghion 和 Howitt（1992）为代表的内生技术进步与回报递增模型，以及以 Aghion 和 Howitt（1996、1998）、Aghion（2004）、Howitt（1997）为代表的熊彼特主义增长模型，内生增长理论将技术进步内生化，从而成功解决了传统经济增长的理论缺陷问题。该理论认为，发明、专利与创新及其在实践中的应用会引起边际利润的增加和产业结构的调整，加快经济增长方式转变，认为 R&D 投入及其带来的科技进步是促使经济保持持续增长的主要动力。Paul 等（1986、1991）从知识的积累和 R&D 等方面阐述了经济系统持续增长的原因。Griliches（1994）通过经验研究证实，国内 R&D 资本是生产率提高的重要决定因素。Coet 等（1995）采用 OECD 共 22 个国家 1970~1990 年的数据进行实证研究，结果发现，国内外 R&D 资本投入对全要素生产率影响非常明显。

20 世纪 90 年代以来，在进入知识经济时代背景下，世界各国 R&D 投入呈现出新特点和新趋势，即无论是经济发达国家、新兴工业化国家还是经济较落后的发展中国家，都在不断加大 R&D 投入力度。大幅增加 R&D 投入成为世界各国促进经济增长和提升综合竞争力的战略之一。

二、R&D 投入绩效评价方面的研究

国外的 R&D 投入绩效评价始于 20 世纪 50 年代左右，其发展历程大致可以分为三个阶段：第一阶段是决策—事件阶段（主要在 1980 年以前），第二阶段是决策—过程阶段（1980~1990 年），第三阶段是综合评价阶段（1991 年至今）。国外学者在 R&D 投入绩效方面的研究也比较深入，自 20 世纪 90 年代中后期以来，在一些国际性的专业学术期刊和综合性的国际学术期刊（如 *Research Technology Management*、*IEEE Transactions on Engineering Management*、*Research Policy*、*Management Science* 和 *America Economics Review* 等）发表了系列科研管理和绩效管理的论文。欧盟、加拿大、澳大利亚、日本等国家和地区在科研绩效管理实践方面进行了有益的探索。

近年来，科技计划或预算整体绩效评价已成为很多国家科技创新政策的重点之一。绩效评价的产生与发展，一方面是科研管理系统自我完善的要求，另一方面也是对公众等外界压力的回应，以提高政府公共管理的效益和效率。前者属于管理上的要求，期待能从绩效评价的过程与结果中获得 R&D 补助制度改进、提升的建议，出发点是内部的；后者则关心 R&D 补助的成效，目的是为了评价 R&D 补助的合理性。从评价方法上来看，绩效评价一般要将定性评价和定量评价相结合，主要方法包括访谈法、问卷调查法、历史分析法、科学计量法、技术

计量法等。在涉及具体的 R&D 活动效率评价时，其主要方法可以分为两类：一类是参数技术，比较典型的随机前沿方法；另一类是非参数技术，如指数法、数据包络分析法（DEA）等。这两类方法各有其利弊，随机前沿技术充分考虑了随机误差和无效率因素对 R&D 效率的影响，但其前提是正确设定函数模型；而 DEA 分析方法有效地揭示了 R&D 效率的内涵，但自身存在一些无法克服的弱点，比如不考虑随机误差、指标的敏感性等问题。Nasierowski 和 Arcelus（1999、2000、2003）采用 DEA 方法分析了 45 个国家的 R&D 投入创新效率，发现 R&D 资源配置、技术创新规模等因素对生产率的变化有重要影响。Zhang 等（2003）利用我国 33 个行业 8341 家大中型企业 1995 年的截面数据，采用随机前沿技术探讨了 R&D 效率问题。Chen 等（2004）采用 DEA 方法实证分析了台湾新竹科技园中的 31 家计算机和外围设备企业的 R&D 效率。

尤其在衡量产出指标方面的研究，将专利作为衡量 R&D 活动的产出指标，分析科技 R&D 投入对经济的影响是经济学研究的重要内容之一。最早利用相关专利数据进行实证研究起始于 Schmookler（1966），随后由 Pakes 等（1980）、Hausman 等（1984）、Scherer（1982）和 Griliches（1990）等在此领域做了深入研究。Pakes 直接利用专利数据研究 R&D 投入与产出关系，他采用 121 家美国公司（样本期为 1968~1975 年）的专利研究了 R&D 投入和产出之间的关系及 R&D 投入对于技术创新产出的滞后影响，发现 R&D 投入对专利产出的累积效应弹性大约为 0.6。Schmookler 在选择产出指标时，把专利作为衡量指标，并采集有关行业的专利数据研究了 R&D 投入与专利产出的关系，认为 R&D 投入与专利之间的同步效应非常明显。Scherer 也利用专利数据作为产出指标，着重分析钢铁、化学和石油行业的资本投入与产品专利（生产率）的关系。Shane（1993）和 Hall 等（2001）采用公司的专利数作为产出指标对公司价值进行了实证分析。Trajtenberg 等（1997）和 Jaffe 等（1998）通过研究证实，测量技术创新效应更好的指标是加权专利数。另外，最近也有部分国外学者从不同行业、不同地区等层面对 R&D 投入效率问题进行研究，如 Akihiro Hashimoto 和 Shoko Haneda（2008）、Nasierowski 等（2003）、Wang E.C.（2007）、Seema Sharma 等（2008），这些研究成果对启发本书研究思路具有重要意义。在研究方法方面，国外很多学者在对 R&D 创新活动效率评价方面采用 DEA 方法居多，如 Hak-Yeon Lee 和 Yong-Tae Park（2005）、Kuosmanen 和 Kortelaninen（2005）、Jayanthi 和 Witt（2009）、Odeck（2009）、Barba 和 Adenso（2009）等，在研究方法上取得了突破性进展，为国内学者提供了有益的视角。

对于政府干预 R&D 活动的原因也有很多学者进行关注。经济学相关理论表明，外部性的存在会使私人收益与社会收益、私人成本与社会成本不一致，导致资源无法达到帕累托最优。R&D 活动的成果（新知识是具体表现之一）具有一定的公共产品特征，存在外部性，使得 R&D 投资的社会报酬率大于私人报酬率。对整个社会来说，R&D 活动可以增进社会福利，但对具体企业来说，可能因为要承担 R&D 活动的风险和成本，而且成果无法独享，会降低企业 R&D 投入的动力。因此，本书研究过程中考虑到政府因素（如政府的 R&D 激励政策）是非常有必要的。

从经济学理论视角研究国家干预 R&D 活动起始于 Schumpeter（1942）、Nelson（1995）和 Arrow（1962），他们认为知识属于非竞争性物品，带有公共产品性质，且投资回报具有一定的不确定性，这就导致 R&D 投入低于社会实际需要水平的现象，为了解决此问题，多数国家采取政府加大 R&D 投入力度，以刺激和鼓励企业和其他社会机构进行 R&D 投入的措施。国际上，对 R&D 投入的关注和研究是从 Nelson、Porter 等在 20 世纪末的研究成果开始的，其主要思路是采集历史数据对各国政府科技投入的不同方式、政府科技活动的配置、科技经费来源、政府支持技术创新的政策等进行比较。继 Nelson（1989）提出创新体系理论之后，1990 年，Porter 等从国家竞争力的角度出发，对美国及其不同产业的主要竞争国在科学技术方面的差异进行了比较。1992 年，K. Havsom 和 D. F. Burton 发表了他们通过采集资料的实证分析，对德国和美国两国政府科技投入状况进行比较分析的研究结果。1993 年，Nelson 等又将世界上 15 个有代表性的国家分为高收入的大国、高收入的小国和低收入国家三组，对政府科技投入资金的配置、R&D 经费的来源、重要产业部门及企业特征、大学的作用、支持和影响技术创新的政府政策等指标，采用历史数据分析的方法，发表了大规模的研究成果。1995 年，Koh Ai Tee 等采用同样方法对亚洲 10 个国家进行了比较研究。1996 年，R. G. Sternterg 发表的研究成果通过比较、分析和论证美、日、英、法、德 5 国的技术政策，应用 OECD 关于 R&D 统计分析的指标，比较了在科技支出方面的效果，应用 18 个指标对 5 国在高技术领域的政策进行了分析和比较。1998 年，Riccardo Leoncini 采集德国和意大利两国科技体系的资料，对科技投入和技术演进过程的不同点和相同点分别进行了实证性分析。进入 21 世纪，理论界开始关注政府科技投入的绩效问题。2000 年，Guellec 和 Pottelesberghe（2000）等对政府科技投入对企业 R&D 投入的影响作用进行了实证研究，发表了 *The Impact of Public R&D Expenditure on Business R&D*；2001 年，Salter A.J. 等研究了政府公共 R&D 的溢出效应，认为有必要解决市场失灵问题；2002 年，Tassey 研究了美国研发投入的结构（NSF，2002）；2004 年，Banker、Kuuffman 等在对管理科学的 15 年的研究报告中，统计了科学论文在政府科技投入方面的研究。其中，OECD 对政府科技投入的关注最具有影响力，2000 年的《公共研发支出对企业研发的影响》研究报告认为，通过企业进行的政府对研发的直接资助对企业研发筹资有积极的作用，政府科技投入对企业的研发有杠杆作用。Andreas Fier 的研究结果显示，公共研发资金和私人研发资金之间的完全挤出效应假设不成立。Cohen 等研究发现，公共研究在少数产业存在批评声音，但是在众多制造业部门却具有重要影响；公共研究对产业 R&D 的影响在大公司和新公司之间存在较大差异。Loof 和 Heshmati 的研究结果支持了公共 R&D 资金对私人研究支出的附加效应，但是仅有的受益者是小企业。

Guellec 和 Pottelesberghe（2000）的研究表明，政府实验室和大学中进行的研究会排挤私人 R&D 投入；政府对企业 R&D 的补贴水平对企业 R&D 的影响呈倒“U”型函数关系，在比例达到 13%时激励效应达到最大，在比例超过 25%时产生挤出效应。David 和 Hall 收集了 1957 年以来 32 篇在这一领域有影响的文献，归纳后发现，其中有 20 篇文献认为公共 R&D 投资和私人 R&D 投资之间存在促进关系，8 篇支持二者之间存在挤出关系，4 篇认为两者之间关系不显著。

Guellec 和 Pottelsberghe（2000）对过去 20 多年 17 个 OECD 国家 R&D 支出进行研究，得出结论认为，政府对企业直接投入 1 美元将会导致企业 R&D 投入增加 0.7 美元，政府对公共科研机构投入 1 美元将导致企业 R&D 投入减少 0.44 美元，政府对高校投入 1 美元对企业 R&D 投入没有影响。

在市场经济中，对于政府为什么要介入并干预 R&D 活动，现有研究所解释的原因较多，其中经济学家所关注的市场失灵是主要原因之一。由于 R&D 活动具有公共产品、外部性及不确定性等特性，使得 R&D 私人市场出现投资失灵现象，从而为政府介入并干预 R&D 活动提供了合理的理由。经济学家保罗·萨缪尔森（1954）最早对公共产品做出明确解释，他认为公共产品具有两个本质特征，即消费上的非排他性（产品在消费过程中所产生的利益不能为某个人或某些人所专有，如果要将一些人排除在消费过程之外，不让他们享受这一产品的利益是不可能的）和利用它获取利益的非独占性（一部分人对某一产品的消费不会影响另一部分人对该产品的消费，受益对象之间不存在利益冲突）。后来很多经济学家的研究成果证实了 R&D 具有公共产品性质。如 Arrow（1962a）、Stiglitz（1981）、萨缪尔森（1992）、Mansfield（1977）、Arrow（1962b）等。

世界主要国家和地区在绩效评价方面呈现制度化发展趋势，世界各国的 R&D 活动绩效评价模式基本上可以分为三类：

（1）英美模式。在英国和美国，绩效评价主要动力来自于政府预算压力，评价的目的在于证明政府行为的合理性，采取绩效指标评价可以被看作是迈向权责相符的新公共管理模式的重要手段。

（2）欧洲模式。这种模式以法国、德国、荷兰、瑞士和北欧国家为代表。这些国家或是出于法律体系对科技计划评价的要求，或是出于政策制定者对评价结果的接纳态度，其绩效评价立足于从组织内部改善管理，而不是强调预算的重新分配。

（3）OECD 模式。在许多 OECD 国家，绩效评价是一种近年来刚兴起的活动，虽然也形成了相应的法律框架，但评价与政策制定二者之间尚未建立固定的联系。

从这些研究成果来看，当前国际非常注重对 R&D 资源的合理配置，注重其效率的不断提高。在 R&D 投入及其绩效方面的研究，主要是对一些主要工业国 R&D 投入活动所涉及的经费、人员、组织网络、政府政策等方面进行分析、比较。其共同之处在于，研究是以各国科技、经济发展的现状为基础，以 R&D 投入的优化配置为主要目标，考察和分析国家 R&D 投入的效果和适用性。从趋势看，各国开始重视科技投入的绩效分析和目标强度，研究政府 R&D 投入绩效最优的途径。

第三节　国内相关研究

科学研究资源投入产出问题既是巨大科技资源投入必须关注的问题，也是政策制订和资源投向的重要依据。作为战略投资，R&D 投入与我国国家整体利益和现代化目标关联密切。随着我国中央和地方在科技活动中不断加大科技资源投入力度，科技创新资源利用的效率问题引起人们的广泛关注，对不同区域科技创新资源的投入产出效率进行测度与评价，是当前国内研究的主流。因此，国内许多学者也开始对 R&D 投入与经济增长以及 R&D 投入绩效方面进行研究。

近年来，我国学者对 R&D 投入影响经济增长的研究，主要集中在两个方面：一是介绍、引进和应用国外的相关研究成果，定性分析 R&D 投入与经济增长之间的关系；二是运用相关理论结合我国的实际经济数据进行实证检验，定量分析 R&D 投入给经济发展带来的影响，如朱平芳和姜国麟、陈冬生等、范柏乃等、王海鹏等。在指标选取方面，由于我国专利制度建立较晚等相关原因，此方面的研究还比较薄弱。潘士远（2003）通过对文献的评述来说明内生经济增长理论基本假设的现实合理性及人口规模、R&D 与经济增长关系的内在机理，认为内生经济增长理论关于 R&D 支出是经济增长核心因素的结论具有一定的合理性。李小平（2007）以中国工业行业为样本研究了国际 R&D 溢出对全要素生产率、技术生产率及技术进步增长的影响，得出国际 R&D 系数显著为正的结果，即国际 R&D 溢出促进了中国经济的发展。朱有为和徐康宁（2006）应用随机前沿生产函数测算中国高新技术产业 R&D 产出效率，测算结果是我国高新技术产业 R&D 产出效率偏低，但呈现出不断上升的趋势。张明喜（2010）对相关文献进行综述，分析了我国高新区内 R&D 投入现状，在构建 R&D 贡献的理论框架下，采用我国 53 个高新技术产业开发区 2001~2008 年的面板数据进行分析，研究发现，高新区内资本投入、R&D 投入与经济增长呈显著正相关关系，劳动投入与经济增长呈负相关关系。朱平芳（2005）沿用 Hausman 对专利产出与 R&D 支出之间关系的研究框架，运用零膨胀泊松回归方法，对上海市大中型工业行业专利产出的滞后机制进行研究，发现科技活动内部支出与专利产出滞后机制表现为一个 2~6 期的滞后结构，同时这一结构还呈现出不对称的倒"U"型内部特征。陈衍泰等（2006）以福建省 1994~2004 年的数据为例，利用科技经费投入和专利产出作为工业的主要投入产出指标，采用计量经济学联立方程方法，验证了自主专利投入产出通过自主创新促进区域工业发展所起的作用程度，指出了不同创新策略对促进区域工业经济增长的影响差异。古利平（2006）采用科研资源与我国专利申请指标对中国创新投入产出进行回归量化分析，发现中国创新投入产出弹性很高，专利对科研资金的产出弹性为 0.146，而我国专利对科学家和工程师的产出弹性高达 1.120。陈春晖等（2009）在对相关研究回顾基础上，通过采集 1985~2005 年数据，运用协整方法对我国自主创新活动过程中的 R&D 投入产出问题进行了实证研究。结果表明，我国科技 R&D 投入和自主创新产出之间存在长期均衡关系。师萍等（2010）为探寻我国政府财政研发投入与经济增长的关系，运用协整方法对样本期内（1989~2007 年）的数据进行检验。实证结果表明，经济增长与政府财政科技拨款和科技活动经费内部支出总额存在长期均衡关系，政府研发投入可以促进经济增长；从长期趋势看，政府财政科技投入对经济增长的影响明显高于科技活动经费内部支出总额的影响。

最近几年，有关我国 R&D 投入的效率问题已受到学术界广泛关注，取得了一些有益的、值得借鉴的成果。池仁勇等（2003）利用 DEA 方法，采集对浙江省 230 家企业的问卷调查数据，测算了大、中、小企业 R&D 活动中的技术创新效率。官建成等（2005）采用 DEA 方法对我国的区域 R&D 活动的创新效率进行了实证分析。闫冰和冯根福（2005）以中国工业的 37 个行业为研究对象，利用 SFA 考察了 1998~2002 年中国工业 R&D 效率问题。王伟光（2003）使用比较创新效率指数来反映技术创新的效率，并对中国工业行业的技术创新效率的行业差异及变动趋势进行了研究。张宗益等（2006）主要使用我国 31 个省、直辖市、自治区 1998~2003 年的相关数据，运用随机前沿生产函数分析了我国的区域技术创新效率问题。结果表明，区域技术创新效率虽然呈逐年上升趋势，但与发达国家相比效率仍然较低；我国东、西部之间创新效率差距非常明显。孙凯和李煜华（2007）应用 DEA 方法对我国 30 个省、市、自治区的技术创新效率进行了实证分析，得出我国大多数省份没有充分利用 R&D 投入的结论。吴和成和刘思峰（2007）对我国区域 R&D 投入的相对效率做了评价研究，发现我国许多区域 R&D 科技资源利用效率较低。总结最近几年的有关文献，有的学者主要从企业和产业层面进行集中研究，如 Zhang 等（2003）、冯根福等（2006）、吴延兵（2006）及俞立平等（2007）对大中型工业企业、制造业所做的研究，朱有为等（2006）、岳书敬（2008a）等对高技术产业的研发创新效率进行了实证测度与评价，并探讨产业结构、企业规模等有关因素对 R&D 活动效率的影响。也有部分学者主要基于地区视角进行研究，对各省区的 R&D 活动效率进行测算，如刘顺忠和官建成（2002）、孙凯和李煜华（2007）等，目前从全国范围内考察不同地区 R&D 效率差异的研究还较少，仅有岳书敬（2008b）等做出一些研究。

另外，在对 R&D 绩效进行评价时，所采用的研究方法以 DEA 方法居多。谢伟等（2008）运用 DEA 方法对我国各省的高新技术产业 R&D 效率、技术效率和规模效率进行了测算，我国高新技术产业 R&D 效率整体水平较低，各地差异显著，研发投入冗余以及各因素的非协调发展是造成非有效的主要原因。肖静等（2009）运用超效率 DEA 方法，对中国、八国集团和韩国 10 个国家 2002~2004 年的 R&D 投入和直接产出以及 R&D 效率进行了比较分析，认为我国在投入产出方面都取得了一定的进步，但是 R&D 效率仍然低下。于洁等（2009）采用非参数的 DEA-Malmquist 指数方法，对我国科技进步贡献率进行了定量分析，结果表明，技术进步对此做出的贡献比技术效率更大。罗亚非等（2010）运用超效率 DEA 方法，构建统一的投入产出指标体系，对不同国家 1998~2005 年的 R&D 创新活动进行效率评价，研究结果表明，大多数国家的 R&D 创新主要依靠规模效率推动，我国的技术进步率不高，应重点加强 R&D 活动中的技术进步，并逐步提高 R&D 投入的规模。Zhang 等（2009）运用 DEA 方法对奥运会上的不同体育项目的投入与产出进行了评价。使用随机前沿函数方法进行 R&D 效率评价目前在国内较少，还处于起步阶段。白俊红等（2009）运用超越对数随机前沿模型，测度我国各地区 R&D 创新的相对效率情况，研究表明，我国整体 R&D 创新技术效率较低，尚有较大的提升空间，且各地区 R&D 创新技术效率存在差异，东部地区高于中、西部。李婧等（2008）采用随机前沿模型对我国各地区创新效率进行了实证测评与分析。韩晶（2010）应用 SFA 方法对我国高技术产业创新效率进行了实证分析，研究表明，中国高技术产业整体创新效率呈现出改善趋势，中国高技术产业创新产出主要是经费拉动型的。国内学者对随机前沿函数方法的采用为本书写作提供了有益的指导思路。

对政府介入 R&D 活动方面的研究，较早的是“政府科技投入强度与适应性研究”课题组负责人杨朝中（1994）对政府科技投入概念进行了较早的界定，并提出了科技投入强度的计算方法和检测原则。岳洪江和梁立明（2001）选取了总量指标和人均指标，并运用排序—频度分布和中度计量方法，比较了 1986~1998 年中国政府科技投入的省区分布和 1970~1997 年美国政府 R&D 经费的州际分布，对中美两国政府科技投入的差距进行了比较。国内关于政府公共科技投入效应的研究也已经积累了一些成果，童光荣和高杰（2004）通过分析，认为我国政府 R&D 支出对企业 R&D 支出具有一定的诱导效应，并存在时滞问题，企业部门的 R&D 支出与政府部门的当期 R&D 支出、前期 R&D 支出具有相关性。师萍和许治（2007）运用计量模型分析了政府科技投入对企业R&D 支出的影响，认为政府公共 R&D 投入具有明显的杠杆作用和挤出效应，但是杠杆作用要远远大于挤出效应，政府部门向高校提供 R&D 资助会对企业 R&D 支出产生挤出效应。苏盛安和赵付民（2005）运用计量模型分析了政府科技投入政策对大中型工业企业R&D 投入的影响，结果表明，政府直接资助或投资于研究机构、高等院校的R&D 活动都有助于企业增加 R&D 支出。童光荣和高杰（2004）就政府 R&D 支出对社会的就业效应进行分析，认为政府 R&D 支出的就业乘数效应取决于技术与经济相互作用中的政府 R&D 支出诱导乘数、技术形成乘数、技术转化乘数以及就业弹性系数几个重要参数。刘凤朝和孙玉涛（2007）通过构建科技投入模型，分析政府科技投入对其他科技投入的挤入挤出效应，认为政府科技投入对其他科技投入具有挤入效应，但并不显著，中央政府的科技投入对挤入效应的贡献大于地方政府的贡献，政府对科研机构和大中型企业的投入具有显著的挤出效应，对大学的科技投入具有显著的挤入效应。刘凤朝和孙玉涛（2008）通过实证分析发现，政府 R&D 投入对企业 R&D 投入的诱导效应比较显著，企业 R&D 投入对于技术进步的引致效应比较显著。施定国、徐海洪和刘凤朝（2009）构建面板数据的随机效应模型分析了政府科技投入对高校科技支出及专利产出的影响，实证结果表明，政府对高校和企业的科技经费资助对高校科技支出具有明显的杠杆效应，企业受到政府的适度资助对高校科技支出产生良好的激励效应，政府的科技投入对高校专利产出具有正向作用。程华和赵祥（2008）通过研究发现，政府科技资助对企业的 R&D 产出具有明显的促进作用，政府科技资助强度会影响资助的效果。朱平芳和徐伟民（2003）研究了上海市政府的科技激励政策对大中型工业企业自筹的 R&D 投入及其专利产出的影响，认为政府的科技激励政策工具对大中型工业企业增加自筹的 R&D 投入具有积极效果，并且政府的拨款资助越稳定效果越好。

对政府科技投入绩效评价方面进行研究的学者也比较多。邓向荣、刘乃辉和周密（2005）对各国政府科技投入绩效水平进行了考察，同时针对影响政府科技投入绩效的成因进行对策研究。邓向荣、刘乃辉和周密（2005）系统地提出了如何进行政府科技投入绩效评价。师萍等（2008）对目前我国政府科技投入的现状进行了详细分析，并与国际 R&D 活动进行比较，分析了我国科技投入绩效总体情况，根据目前政府科技投入的投入产出情况，提出可以采用协整理论与方法对我国未来的政府科技投入目标强度进行检验。

师萍等（2004、2008）教授在《科技投入制度与绩效评价》一书中，从对各国政府科技投入制度的差异入手，利用“科技投入效率的计量”、“科技投入制度因素效率作用机理”等工具进行系统分析，通过模型的建立及实证研究，利用SPSS软件对模型进行回归分析，得出了“政府科技投入对企业的挤出效应不是造成我国科技投入强度偏低的原因”的结论，这对分析我国目前政府科技投入偏低的原因提供了新的思路。另外，在著作《中国R&D投入的绩效分析与制度支持研究》中，其引入DEA理论和模型、协整理论和方法，对1995年以后我国科技投入进行了绩效分析，构建我国R&D/GDP偏低的分析模型，解析R&D/GDP偏低的制度因素，并定量分析政府科技投入对企业R&D增长的影响，借鉴发达国家经验，提出了促使企业R&D投入的宏观税收对策，对我国政府科技投入绩效评价研究提供了思路、指明了方向，对完善我国科技制度、促进R&D投入有重要的理论意义和实际价值。在绩效评价方法方面，许庆瑞和赵建（1991）开发了一个专家系统来评价项目的优势，利用人工智能/专家系统来辅助项目的选择、评价和决策。贾小峰等（2009）采用DEA方法对科技投入进行绩效评价，这些评价方法为本文研究提供了较好的思路。

第四节 研究评述

一、对现有研究的归纳

结合以上研究成果，可以看出当前国际上对政府R&D投资的研究，主要是对一些主要工业国政府R&D投入活动所涉及的经费、人员、组织网络、政府政策等方面进行分析、比较。其共同之处是以各国科技、经济发展现状为基础，以政府R&D投入的优化配置为主要目标，考察和分析国家R&D投入的效果和其他效应。从趋势看，逐步开始重视政府 R&D 投入的有效性分析和投入目标强度的研究。国内外取得的现有成果对本书研究的展开具有重要的借鉴意义。

总体来看，国内外的相关研究可以呈现出以下几个特点：

（1）世界上各个国家和地区都重视加大对 R&D 的投入力度，且每年的 R&D 投入总量逐渐增加，R&D 投入强度（R&D 经费/GDP）逐年提高。

（2）有关 R&D 投入方面研究的文献，主要侧重于 R&D 投入与经济增长的关系研究，这为分析经济增长因素提供了更为明确的思路。

（3）国内外现有研究文献中，对 R&D 投入绩效的关注越来越多，并且从不同行业、不同地区层面关注 R&D 投入效率水平。

二、现有研究的不足

虽然国内外有关 R&D 投入及绩效评价方面的研究取得了很大进展，但是归纳和总结现有文献，也发现以下几点不足：

（1）从整体研究现状来看，大部分相关的国内外文献主要集中在分析 R&D 投入的现状、强度及作用方面，而从国家和地区层面注重 R&D 投入产出效率的研究还较少。

（2）在研究 R&D 投入与经济增长之间的关系时，大部分文献研究方法比较单一，多数是从生产函数角度简单分析科技创新投入对经济增长的回归关系，且国内研究多以定性研究为主。在对 R&D 投入绩效水平进行评价时，由于 R&D 活动具有多投入、多产出的复杂性特征，用经典的评价或统计模型来描述非常困难，所以也没有形成统一的绩效评价测度体系。以往研究文献中，主要采用非参数的 DEA 方法，此方法虽然不需要设定前沿生产函数，且约束条件较少，但却无法衡量随机误差对不同地区个体 R&D 效率的影响，且由于 DEA 模型本身的限制，无法对投入产出指标之外的、影响个体 R&D 效率差异的外生性因素直接进行检验。

（3）在少有的协整方法研究中，一般只注重单位根和 Granger 因果关系检验，而忽视对稳定性、自相关性和正态性检验的诊断检验，从而可能导致实证结果的失真性。另外，在现有的相关研究中，样本数据年限也有限，一般只有 10 年左右，而本书采取的相关数据年限接近 15 年，这样检验结果更为精确。

（4）大部分研究只注重对已经发生的 R&D 投入活动效率进行研究（如对整个社会和经济发展水平的影响），而缺少对未来 R&D 投入规模及目标强度（GERD/GDP）进行预测。即使有关国家对 R&D 活动进行了预测，但在预测时还是依据建立在定性分析基础上的主观判断，缺乏对影响目标强度比值的关键因素及其定量关系的具体分析，预测结果的科学性与可靠性不高，与事后的现实产生较大差距。

第三章　R&D 投入的多元溢出效应研究

R&D 绩效主要是指在 R&D 活动中投入与产出的比较。对 R&D 绩效可以从多方面去理解，从宏观角度来讲，R&D 投入过程中所产生的绩效是广义的，即在衡量 R&D 绩效时，其产出对整个社会、经济的影响，而这种影响即为 R&D 投入的多元溢出效应；从微观角度理解的话，R&D 投入绩效水平主要指实际投入（如经费、人员等）与产出（如专利、论文数等）的比较。本书在研究过程中对 R&D 投入的绩效评价也是从这两方面展开的，以便客观地衡量 R&D 活动给全社会带来的促进作用。本章主要是从宏观角度分析 R&D 投入的溢出效应，以便为政府干预企业或其他主体的 R&D 活动提供理论基础，本书第四、第五章采用定量分析方法从微观角度分析 R&D 投入与经济增长之间的关系，以及从区域角度对 R&D 投入效率水平进行实证分析。因此，本文所考察的 R&D 投入绩效范畴更加全面、具体。

第一节　溢出效应概述

溢出效应主要是指“一个经济主体行为对另一个经济主体福利产生影响效应，而这种效应并没有通过货币或市场交易反映出来”，科技创新活动中存在溢出效应。[①] 目前国内对 R&D 溢出效应的研究逐渐增多，但是理论分析居多，且多数为总结国外的研究成果，结合国内实际情况的研究较少。R&D 活动在不同国家或地区之间的溢出效应，主要是考察某国国内的技术水平、经济增长、就业的增加等方面受国外 R&D 活动影响的情况。这种类型的溢出效应一般通过以下两种途径来实现：第一，进口的产品或服务中包含有 R&D 活动所带来的创新元素；第二，外商直接投资（FDI）中包含着由 R&D 活动带来的新知识和新技术，目前国内对 R&D 溢出效应的实证研究大多集中在这一层面。

R&D 溢出最显著的表现是 R&D 活动的收益由研究者向模仿者转移。现实生活中，主要有三大类型重要的 R&D 溢出方式：技术贸易、直接投资和跨国公司，R&D 人员流动，企业衍生。而产业间的 R&D 溢出方式除了包括上述几种类型外，主要还有以下四种比较常见的方式：

（1）企业间的相互作用，尤其是联合研究活动和其他协作。在绝大部分市场经济国家中，企业都是创新体系的主体，因此，企业之间的技术合作和其他的非正式互动关系就成了 R&D 溢出的最直接、最重要的形式。

（2）公共、私营部门的互相作用。创新的一个重要问题是生产与科研的联系问题，生产、科研的脱节是制约创新的一个重要因素。在这里，公共部门是指由国家资助的大学和公共研究部门，私营部门主要是指企业。公共部门和私营部门作为国家创新系统中两个最重要的主体，其合作和知识流动的频率和效率是决定企业总体创新能力的重要因素。

（3）技术扩散。通过技术转让、模仿学习和新设备的应用等方式进行技术扩散，是创新系统中最传统的 R&D 溢出类型。

（4）人员流动。人员及其所携带的知识的流动也是产业集群内 R&D 溢出的一个重要指标。

Griliches（1979）和 Scherer（1982）认为，通过技术溢出效应，某个产业的

---

① 程华等学者认为，R&D 溢出效应主要包括三个层面：R&D 活动在（某地区内部）某产业内的溢出效应、在各产业部门间的溢出效应以及在不同国家或地区之间的溢出效应。

技术知识会影响到其他产业的生产。尽管技术溢出的重要性毫无疑问，但是对 R&D 投入的溢出效应的作用，学者们的研究却大相径庭。Mohnen（1990）和 Nadri（1993）对已有的研究进行了总结，总体上来说，溢出效应为正且显著，但是作用大小却大相径庭。这种差别可能不仅是因为研究对象来源于不同国家、不同产业和不同时间，而且可能是因为采用的计量研究方法也不同。

以发明专利数量代表 R&D 活动的成果，通过分析其与产出或劳动生产率之间的关联性，Scherer（1982）、Griliches 和 Lichtenberg（1988）发现，某一产业的 R&D 活动有助于增加关联产业的产出水平或提高其劳动生产率水平，从而整体上提高一国劳动生产率。Bernstein（1988）以加拿大数据进行实证研究，结果表明，在行业内和行业之间存在溢出效应；在 R&D 投资密集的行业中，R&D 投资私人收益约为 11.5%，而社会收益比私人收益高 25%~115%，其余行业中社会收益约为 25%，比私人收益高 72%。

第二节 R&D 投入溢出效应的影响因素分析

“溢出”的概念最早产生于经济学理论，主要用于描述区域内企业由于存在信任和其他社会关系而更易于获得创新信息的一种经济外部性现象。Arrow（1962）最早解释了知识溢出效应对经济增长的作用。他提出“干中学”和“学习曲线”两个重要概念，认为知识是投资的副产品，是具有“溢出效应”的公共产品，他假定新投资具有溢出效应，不仅进行投资的厂商可以通过积累生产经验提高生产率，其他厂商也可以通过学习提高生产率。

Westney 和 Sakakibara（1986）、Rosenberg 和 Steinmueller（1988）以及 Odagin 和 Goto（1993）等的研究都从经济学的角度证实了知识溢出日益重大的作用，外部知识源与内部知识源溢出的知识能够迅捷、高效地积累到组织的知识资本的蓄水池中，这是一个渐进与累积的学习过程，并成为技术创新的雄厚资本与坚实基础。

以 Pigou 为代表的福利经济学派学者认为，在绝大多数生产领域，经济实体所投入特定生产要素的边际私人纯产值和边际社会纯产值之间存在难以被市场机制所识别和度量的差异，从而提出了外部经济和外部不经济的概念，经济外部性就是溢出带来的积极和消极效应。许多新古典经济学家研究了经济外部性的重要作用，“溢出效应”逐渐被用于特指经济外部性带来的积极效应，如 Stiglitz 把溢出描述为“从事类似的事情并从其他的研究中得到更多的收益”的现象。由 Romer 等发展起来的内生经济增长理论奠定了研究溢出效应的理论基石，认为知识溢出产生的根本原因在于知识本身是公共产品，具有公共性质。这些学者从不同角度对内生知识积累过程如“干中学”、人力资本积累、技术进步、公共物品供给等的分析，强调积极经济外部性对于经济增长起到的决定性作用，知识溢出被认为是隐藏在具体过程背后最本质的经济外部性产生和传递机制。

影响 R&D 投入溢出效应的因素较多，国内外学者在此方面也有一定的研究，综述、梳理相关文献，笔者认为有以下几点关键因素：

一、空间地理距离因素

空间地理距离是影响 R&D 投入溢出效应的一个基本因素。大量文献表明，空间上集中的经济主体能从溢出中获益。空间地理距离较短的主体间能更加容易地进行信息交流和缄默性知识转移。反之，距离越远，知识溢出效应就越弱，缄默知识的转移就变得更加困难。很多国外学者通过实证研究证明了靠近大学或科研中心的企业能获得较多溢出知识的“地方化”倾向，如 Katz（1994）证明，一国内部的研究合作行为受到地理邻近性很强的影响，地理距离越远，合作行为越少。Bottazzi 和 Peri（2003）通过对 1988~1995 年欧洲企业创新行为的调查，指出溢出效应的有效地理范围在 300 千米左右。Breschi 和 Lissoni（2001）认为，溢出效应空间壁垒的存在通常用“缄默知识”来解释，由于科研中产生的知识多数具有缄默性，需要面对面地交流，因而无法长距离传递。

二、知识领域方面的影响因素

知识领域对溢出效应的影响在现实中表现在两个方面：一是不同技术领域内溢出效应对企业创新影响不同；二是不同技术领域间的知识溢出较之其内部的知识溢出要少。大多有关溢出效应的实证研究都是针对特定的产业部门进行的，真正对多个领域同时做比较的研究相对较少，其中比较有代表性的是 Audretsch、Feldman 等的研究，结果表明，在新兴产业部门内，知识溢出现象更为明显。Zellner（2003）从抽象的层面上对基础研究溢出的知识进行了分类，根据应用导向程度和专门化程度两个维度划分出六种知识，并主要研究了从基础研究机构到企业的科学家流动带来的溢出效应，结果表明，非专门化的知识溢出强于专门化知识，科学技能的溢出强于命题知识。

此外，溢出知识的隐性程度对知识溢出效应影响程度也较大。Ambrosini 和 Bowman（2001）的研究，将隐性知识分为四类，如图 3-1 所示。位于最底端的显性技能可以轻易交换、编码和共享，而根深蒂固的隐性技能由于其对知识个体的高度潜入性而难以传递；另一种隐性技能虽然尚未说明，但通过诸如“你是如何做到的?”这样的简单问题就能够获取到 C 类隐性技能。对于 B 类隐性技能，虽然不能通过常规的语言来表达，但却能通过比喻说法等方式来表达。因此，被溢出知识的复杂性和隐性程度越高，就越不利于知识溢出。

高 ↑ A. 根深蒂固的隐性技能

B. 能被不完全表达的隐性技能

C. 能清楚表达的隐性技能

低 D. 显性技能

图 3-1　隐性知识的分类

三、客体（知识接受者）吸收能力的影响

知识接受者是 R&D 投入溢出过程的结点，知识溢出能否成功，知识溢出效应可否实现，与知识接受者的消化吸收能力关系重大。知识的生产和传递具有很

强的自我积累性和路径依赖性，较多的知识存量意味着具有较强的 R&D 能力去开发更多的新知识，企业 R&D 投入增强了企业对外来知识的吸收、学习和模仿的能力，使得企业拥有更强的技术能力去吸收外部知识溢出。吸收能力的高低主要取决于人力资本、前期相关知识、研发投入和学习机制。

除此以外，知识溢出效应及实现程度还受到知识溢出方式（以产品为介质的知识溢出、无介质的知识溢出、以信息为介质的知识溢出和以流动的人力资本为介质的知识溢出等）、知识溢出的情景特征等重要因素的影响。

第三节 R&D 投入的溢出效应度量模型研究

在有关 R&D 投入的溢出效应度量模型及如何测度方面，很多国内外学者也进行了有益的探索。R&D 投入溢出主体主要以政府资助的公共研发机构为主，包括政府实验室、研究性大学等。溢出知识的源头包括显性知识和隐性知识，然后知识再通过各种载体进行扩散和传播，而且扩散和传播主要是通过非市场途径进行的，输送到溢出接受方，最后达成溢出效应的实现。其整个机理模型如图 3-2 所示。

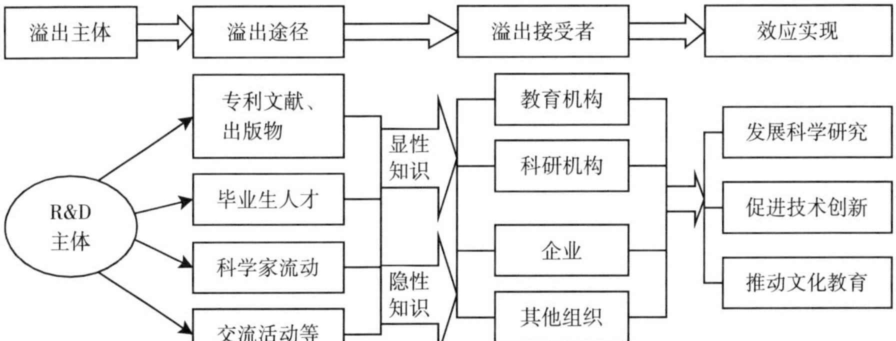

图 3-2 R&D 投入溢出效应过程机理模型

在此模型中，中间的扩散过程主要包括两方面的传递机制：首先是以交易关系为主的市场机制，主要通过合同、专利等具体方式实现；其次是由外部性带来的溢出机制，可通过学术出版物、正式与非正式交流、科学家流动等方式实现。模型中 R&D 投入溢出的接受者主要包括科研机构、技术发展机构和企业等多类型的社会主体，这三者也代表了从科学研究一直到商业化的各级创新主体。这些主体在接受了知识溢出之后，相互之间还会发生不同形式的知识传递和反馈，最终形成非线性的知识扩散系统。

关于知识溢出效应如何测度的问题也有较多学者进行研究。如许箫迪等（2007）构建了知识溢出模型：

$$\frac{dK_i}{dt} = \frac{u}{v}\ln\left(\frac{K_j}{K_i}\right)\alpha \tag{3-1}$$

式中，$\frac{dK_i}{dt} = \delta$ 是总的消化吸收速度；$\ln\left(\frac{K_j}{K_i}\right)$ 为创新企业 j 与溢出接受企业 i 之间的知识势差；α 为其他影响因素，是一个无量纲量；v 为溢出接受企业 i 在不接受溢出时所需的创新成本；u 为溢出接受企业 i 在接受溢出时所需的模仿创新成本（$u < v$）。此模型的提出对研究知识溢出效应提供了新的思路。

基于知识生产函数所构建的各种溢出效应度量模型是目前度量知识溢出效应的主流方法。知识生产函数最早由 Griliches（1979）提出，基本假设是把创新成果与产出看作 R&D 投入的函数，常用柯布—道格拉斯生产函数的形式表示，如式（3-2）所示：

$$Q_{it} = (S_{it})^{\gamma}(S_{it}^{\alpha})^{\mu} \tag{3-2}$$

式中，Q_{it} 用来表示经济主体 i 在 t 时刻的创新产出；S_{it} 是经济主体 i 在 t 时刻的知识存量；S_{it}^{α} 是 i 在 t 时刻所获取的来自其他主体在 t 时刻对 i 的溢出知识量。γ 和 μ 分别是 S_{it} 和 S_{it}^{α} 作为“知识资本”的产出弹性，说明当经济主体自身的知识存量增加 1 单位时，创新产出增加 γ 单位，而经济主体每从外部获取 1 单位的溢出知识量，创新产出增加 μ 单位。

对式（3-2）两边取自然对数后，可得到以下形式的函数：

$$\ln Q_{it} = \gamma \ln S_{it} + \mu \ln \sum_{j \neq i} (\omega_{ij} S_{jt}) \tag{3-3}$$

式（3-3）就是很多实证研究中经常用来度量溢出效应的基本数理模型框架。式（3-2）中代表外部获取知识量产出弹性的系数 μ 在式（3-3）中代表着主体 i 接受外部知识的程度（即溢出效应的强度）。Jaffe（1989）以企业专利数作为创新产出的代理变量，用产业 R&D 投入和大学基础研究经费各自作为两类主体的知识存量代理变量，从而利用改进后的知识生产函数对大学基础研究的溢出效应进行实证分析。具体模型如下：

$$\ln P_{ikt} = \beta_{1k} \ln I_{ikt} + \beta_{2k} \ln U_{ikt} + \beta_{3k} \ln U_{ikt} \ln C_{ikt} + \varepsilon_{ikt} \tag{3-4}$$

式中，变量 P 是企业专利数；I 是产业 R&D 投入；U 是大学研究经费投入；C 用来衡量从大学到企业知识溢出程度的权重系数 ω_{ij}，C 的度量方法采用了大学和产业科研人员共享程度的偏心相关系数；β_{1k} 和 β_{2k} 分别是产业 R&D 投入和大学基础研究经费投入的系数，β_{3k} 是特定产业接受外部知识溢出程度的系数；ε 为残差项；指数 i 代表观察单位，k 代表特定的技术领域。应用此模型，对指定时间 t 内，处于某一技术领域的大学基础研究投入总量、相同技术领域内产业 R&D 投入总量和该技术领域内的企业专利总量进行回归，可以获知大学研究对于产业的知识溢出效应程度。

由 Peri（2004）提出的二阶段度量模型在度量知识溢出效应方面提供了很好的启示。基本思想是，首先采用专利引证数据来衡量溢出主客体之间的知识流动程度，然后再采用知识生产函数来衡量知识流动所带来的实际效应。Peri 将知识溢出前、后产生效应这两个阶段区分开，有助于了解溢出效应的本质。

另外，伯特·弗森伯格（1993）和凯尼尔斯（2000）也提出了各自的知识溢出度量模型。由于知识溢出受区域邻近等因素的影响，因此对伯特·弗森伯格和凯尼尔斯模型（蜂巢模型）进行修正，以便更好地测度区域间实际发生的知识溢出效应（见图 3-3）。

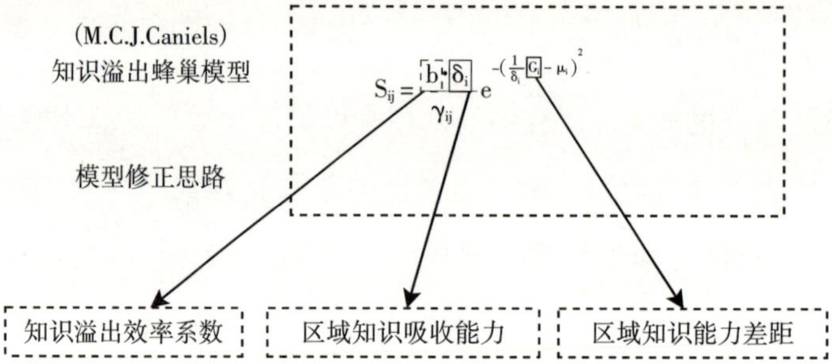

图 3-3　基于区域知识能力的空间知识溢出模型修正

其中，虚线框中为引入的知识溢出效率系数；实线框分别为用区域知识吸收能力替代区域学习能力，用区域知识能力差距替代区域知识存量差距。

第四节　R&D 投入中的多元社会效应分析

R&D 投入的溢出效应是指基础研究主体的成果产出或是研究活动本身创造的知识流量被其他主体通过非市场途径无偿获得，从而产生广泛的经济性社会—经济效应的现象。其主要特征表现为：第一，R&D 投入的溢出效应本质上是一种积极的经济外部性，对于经济增长和企业生产与创新具有重要的积极作用，这种作用主要依靠溢出源（基础研究主体）和溢出接受者（企业及其他经济主体）之间的知识传递来实现；第二，除 R&D 的直接成果以外，研究活动本身也创造新知识，结果与过程都是溢出的重要来源，同时，R&D 投入溢出效应具有阶段性和周期性，其实现过程往往比较复杂和长远；第三，与 R&D 投入效应的多元性相对应，溢出效应并不仅仅局限于增加企业产出或促进企业创新行为等纯粹经济层面，也包括推动科学研究本身发展、提高国民素质、促进社会发展等直接与间接的社会和文化效应。

“溢出”的概念最早产生于经济学理论，主要用于描述区域内企业由于存在信任和其他社会关系而更易于获得创新信息的一种经济外部性现象。此后，以

Pigou 为代表的福利经济学派学者提出了更为一般化的经济外部性概念，认为在绝大多数生产领域，经济实体所投入特定生产要素的边际私人纯产值和边际社会纯产值之间存在难以被市场机制所识别和度量的差异，从而提出了外部经济和外部不经济的概念，这种经济外部性就是溢出带来的积极和消极效应。许多新古典经济学家研究了经济外部性的重要作用，"溢出效应"逐渐被用于特指经济外部性带来的积极效应。如 Baumol 认为溢出是指一产业内部某厂商生产成本的降低导致产业整体生产成本降低，但该厂商却未得到价格上补偿的现象；Stiglitz 把溢出描述为"从事类似的事情并从其他的研究中得到更多的收益"的现象。这些学者从不同角度对内生知识积累过程如"干中学"、人力资本积累、技术进步、公共物品供给等的分析，强调积极经济外部性对于经济增长起到的决定性作用，知识溢出被认为是隐藏在具体过程背后最本质的经济外部性所产生和传递机制。在内生经济增长理论框架下，大学和公共研究机构等基础研究主体是最重要的知识溢出源，而基础研究所产生的知识则被认为是"信息"和"公共物品"，通过溢出机制传递给企业，最终转化为创新成果。

第五节 政府公共 R&D 投入的溢出效应实证分析

一、相关研究

20 世纪 60 年代西方学者从理论层面阐述了政府在 R&D 投入中的合理性，认为 R&D 活动中存在市场失灵，原因在于 R&D 成果具有消费上的非排他性和收益上的非独占性，从而使企业从事 R&D 活动的私人收益率低于社会收益率，同时，如果企业的 R&D 经费来自外部融资，导致企业 R&D 成本增加，更加剧了 R&D 供给不足，因此市场失灵是政府公共 R&D 投入的主要原因。Arrow（1962）曾发表论文论述了 R&D 活动中存在市场失灵，认为如果完全让市场中的资金来支持 R&D 活动，私人 R&D 投入就会低于经济和社会所需的水准，即不存在政府干预时的竞争性均衡是社会次优的，均衡增长率低于社会最优增长率，政府可以采取适当的政策提高经济增长，使经济实现帕累托最优。随后，Barro（1990）等在其内生增长模型中论证了政府可以向生产知识和技术的厂商提供补贴，或对生产知识和技术的生产提供补贴的同时对其他生产课税，从而激励社会生产要素投资 R&D 部门，进而提高经济增长率和社会福利。Dominique 等（2000）的实证检验也验证了上述理论假说，如对 OECD 国家 1980~1998 年全要素生产率的实证分析表明，政府公共 R&D 投入每增加 1%，全要素生产率增加 0.17%。

R&D 的公共产品特征与外部性使得 R&D 过程具有溢出效应，这已得到许多经济学家的证实。Mansfield 等（1981）发现，60%的专利在四年内被模仿。Griliches（1994）通过美国企业 R&D 相关数据计算出私人 R&D 投资报酬率大约为 27%。Hall（2001）估计私人 R&D 投资报酬率在 10%~15%区间。而总社会报酬率比较高，远远大于私人 R&D 投资报酬率（见表 3-1）。

表 3-1 R&D 的社会报酬率估计

研究者	本产业社会报酬率	给其他产业社会报酬率	总社会报酬率	样本时间	研究企业数
Terleckyj（1980）	0.25（0.08*）	0.82（0.21*）	3.07	1946~1966	20
Sveikauskas（1981）	0.17（0.06*）			1969	144
Scherer（1982）	0.29（0.14*）	0.74（0.39*）	1.03	1973~1978	87
Criliches & Lichtenberg（1984）	0.30（0.09*）	0.41（0.20*）	0.71	1969~1978	193

注：括号内 * 表示标准差。

数据来源：Jone C. & Williams J. Measuring the Social Rate of Return to R&D [J]. Quarterly Journal of Economics，1997，113 (4).

Mohnen（1990）和 Nadiri（1993）通过研究认为，虽然溢出效应为正且显著，但是作用大小相差很大，此差别不仅是由于研究对象（不同的国家、不同的产业和样本的时间不同）不同，而且由于采用了不同的溢出效应测度方法。Bernstein（1988）对加拿大的数据进行实证分析，结果表明，在行业内和行业之间存在溢出效应，在 R&D 投资密集的行业中，R&D 投资私人收益率约为 11.5%，而社会收益率比私人收益率高 25%~115%，其余行业中社会收益率约为 25%，比私人收益率高 72%。Nadiri 和 Mamuneas（1994）研究政府提供资金的 R&D 项目的溢出效应，结果表明，政府融资的 R&D 项目降低其他产业的可变成本，即存在溢出效应。Nadiri（1993）认为，无论在产业还是企业层面上，R&D 活动都具有显著的溢出效应；不同产业的 R&D 社会回报率在20%~100%，平均水平达到 50%；R&D 对经济增长的促进作用因资金来源的不同而有所差异，一般来说，私人投资的 R&D 项目的收益率为 27%~60%，公共投资的 R&D 项目收益率几乎为零，甚至为负。Mamuneas 和 Nadiri（1996）考虑了政府 R&D 投入的溢出效应，通过比较计算政府的直接 R&D 投入和税收刺激两种手段的影响，发现政府的直接投入降低了产业的生产成本，直接 R&D 投入和税收刺激都能促进企业增加 R&D 投入，直接 R&D 投入存在明显的溢出效应。Jones 和 Williams（1998）以内生增长理论为基本框架进行实证研究，得出的结论是，在均衡增长路径上投资社会收益是私人收益的 2~4 倍，认为理想的 R&D 水平比实际的 R&D 投入高出很多。Mamuneas（1999）运用动态的产出模型对美国六个高技术制造产业进行研究，发现政府 R&D 投入促进了所资助的产业生产率的提高。由于溢出效应的存在，所有产业的生产成本都有所下降，估计美国政府 R&D 投入的社会回报率约为 16%。

国内学者对 R&D 投入溢出效应的研究逐渐增多，但主要是从理论层面进行分析，实证分析较少。侯汉平和王浣尘（2001）从理论上分析了 R&D 投入的知识溢出效应，对 R&D 知识创新模型进行了分析，讨论了知识创新与模仿的旋进机制。张红霞和冯恩民（2005）利用中国、美国、日本三国的投入产出表和有关的 R&D 支出数据，分别计算了这三个国家产业部门的受益者效应和贡献率效应，结果表明，从 R&D 溢出效应来看，中国各部门的受益者效应总体要小于美国和日本，科学研究事业的贡献者效应远高于其他行业，也高于美国和日本各部门的贡献者效应，使得部门平均的贡献者效应高于美国和日本。王立平（2005）对我国高等院校的 R&D 知识溢出的空间范围和程度进行了实证研究，研究表明，相邻区域之间的高技术创新具有空间依存性，一个区域高技术产业的知识生产不仅增加自身区域的知识存量，而且会溢出到邻近区域，引起邻近区域的知识存量的增加。李志宏（2006）通过对覆盖 22 个发达国家跨度为 20 年的有关宏观经济时间序列变量进行实证分析，发现资本积累与 R&D 和 R&D 溢出之间、总产出增长与 R&D 和 R&D 溢出之间存在显著的长期协整关系，R&D 与资本积累之间、R&D 与总产出增长之间分别存在显著的格兰杰因果关系。柳剑平（2005）研究认为，在溢出程度较高的情况下，政府应该补贴企业的产出和 R&D 投入，来鼓励他们更多地从事 R&D 活动；在溢出程度较低的情况下，政府应该在补贴产出的同时对企业的 R&D 投入进行征税，引导企业实现社会最优水平的 R&D 活动。

对政府公共 R&D 投入的溢出效应进行进一步研究有利于为政府的 R&D 决策提供借鉴作用。“十五”期间，国家财政用于 R&D 的投入累计 128023 亿元，比“九五”期间增长一倍。全国 R&D 经费从 1043 亿元增加到 8286.06 亿元，占 GDP 的比重从 0.95%提高到 1.34%，实现了历史性的突破。我国国家财政科技拨款呈逐年增长趋势，2007 年达到 2113.5 亿元，占国家财政总支出的比重为 4.25%，达到国内历史最高水平。[①] 2007 年我国的 R&D 经费支出中来自企业的资金占 70.4%，来自政府的资金占 24.6%，与部分发达国家相比，来自政府的资金所占比例仍较少（见图 3-4）。我国正处于战略机遇期，加强自主创新能力、建设创新型国家已成为我国的既定国策。虽然我国已初步建立起了政府、企业多元化的 R&D 投入格局，但由于企业受到自身规模、能力的限制，在相当长时期内，政府 R&D 投入仍需扮演重要角色。因此，研究政府公共 R&D 投入在经济活动中的作用，对提高我国整体创新能力具有重要的理论和现实意义。

① 根据中国科技统计网有关科技数据计算而得。

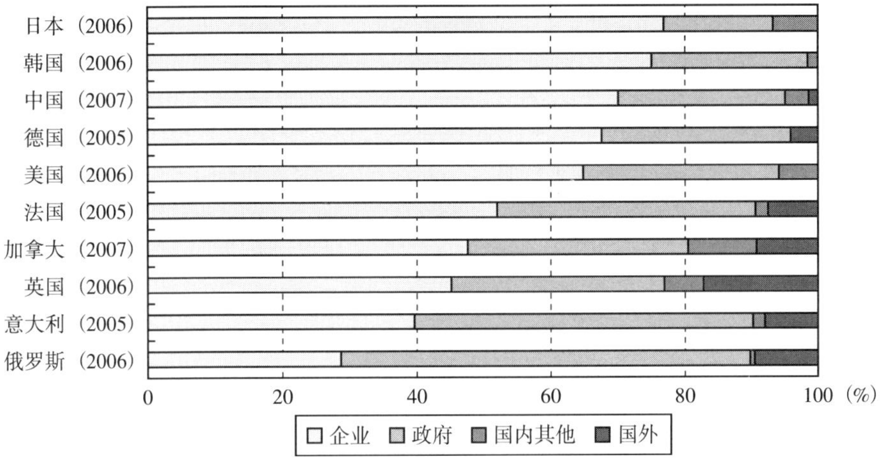

图 3-4 部分国家 R&D 经费支出按经费来源分布

数据来源：科学技术部发展计划司. 科技统计报告. 第 22 期，2008-12-17.

二、R&D 投入的溢出效应模型构建

对 R&D 投入溢出效应模型方面的研究，Jaffe（1986）的成果具有代表性，他提出了“潜在溢出池”的概念，“潜在溢出池”由各个企业的公共知识所组成。在此“池”中，公共知识对于各个企业都可以无偿获得。各产业中的企业通过“潜在溢出池”获取知识而产生溢出效应。

假设产业 i 的产出至少使用一部分其他产业产出的技术知识，因此产业 i 的产出方程可以表示为 $Y_i = f(X_i, S_i)$，其中，Y_i 表示产业 i 的产出；X_i 表示产业 i 自身的投入（劳动力、资本和自身的知识存量）；S_i 表示产业 i 可以利用的外部知识存量，$S_i = g(W_j, W_{j-1}, \cdots, W_{N-1})$，其中，$W_j$ 表示产业 i 的知识存量。

假设产业 j 的知识存量是由政府 R&D 投入和企业 R&D 投入引起的，则 $W_j = h(K_{Pj}, K_{Gj})$，企业 R&D 投入和政府 R&D 投入产生的知识存量与产业中企业 R&D 投入和政府 R&D 投入的资金存量（K_{Pj} 和 K_{Gj}）成正比，因此可以把 K_{Pj} 和 K_{Gj} 作为两部分 R&D 投入产生的知识存量。

假设产业 i 可获得的外部知识存量为其他产业知识存量的加权和，则有 $SG_i = \sum_{j \neq i}^{N} w_{ij} K_{Gj}$，$SP_i = \sum_{j \neq i}^{N} w_{ij} K_{Pj}$。

其中，SG_i 表示产业 i 可以利用的其他产业中政府 R&D 投入产生的外部知识存量；SP_i 表示产业 i 可以利用的其他产业中企业 R&D 投入产生的外部知识存量；w_{ij} 表示产业 i 可以从产业 j 中获得知识的有效部分占产业 j 知识存量的比例，若两个产业的投入组合非常接近，则 w_{ij} 接近 1，否则 w_{ij} 接近 0。

受到此模型的启发，本书中将某个产业可以利用的知识分为三个部分：第一是其他产业中由企业 R&D 投入溢出的知识；第二是其他产业中由政府 R&D 投入溢出的知识；第三是本产业 R&D 支出形成的知识，用企业科技支出表示。在 C-D 生产函数基础上，将知识存量作为一个生产要素，得到改进的生产函数，即：

$$Q_{it} = Ae_{it}^{\lambda} SE_{it}^{\delta} SG_{it}^{\alpha} SP_{it}^{\beta} RD_{i}^{\gamma} \tag{3-5}$$

其中，SG_i 表示产业 i 可以利用的其他产业中政府 R&D 投入产生的外部知识存量；SP_i 表示产业 i 可以利用的其他产业中企业 R&D 投入产生的外部知识存量；RD_i 表示产业 i 的知识存量；λ_t 表示与时间相关的外部技术进步速度；SE 表示劳动力的投入（用科学家和工程师的数量表示）；Q 表示产出；A 是常数项，表示除了 SE、RD、λ_t 以外的广义技术进步。可以将 λ_t 与 A 合并，得到：

$$Q_{it} = ASE_{it}^{\delta} SG_{it}^{\alpha} SP_{it}^{\beta} RD_{it}^{\gamma} \tag{3-6}$$

对式（3-6）取对数，得：

$$\ln Q_{it} = \ln A + \delta \ln SE_{it} + \alpha \ln SG_{i,t-2} + \beta \ln SP_{i,t-2} + \gamma \ln RD_{i,t-1} + \varepsilon_{it} \tag{3-7}$$

其中，Q_{it} 表示当前的产出；$RD_{i,t-1}$、$SG_{i,t-2}$ 和 $SP_{i,t-2}$ 分别表示前一期产业 i 的知识存量、前两期的产业 i 可以利用的其他产业中政府 R&D 投入产生的外部知识存量以及前两期的产业i 可以利用的其他产业中企业 R&D 投入产生的外部知识存量。

三、实证分析

本书选取《中国科技统计年鉴》（1999~2008 年）中我国大中型工业企业的相关数据作为研究样本，具体数据如表 3-2 所示。为了消除价格因素的影响，企业 R&D 支出、政府 R&D 投入、企业自筹经费、金融机构贷款、新产品销售收入等均用零售商品物价指数（1978=100）进行折算。对于企业 R&D 支出、政府 R&D

投入、企业自筹经费、金融机构贷款均使用存量来表示。根据 OECD 国家的经验，取 R&D 支出（不变价）平均年度对数增长率 g = 5%，知识折旧率 δ = 15%。

表 3-2　1999~2008 年我国大中型工业企业 R&D 投入产出相关数据

项目	1999	2000	2001	2002	2003	2004	2005	2006	2007	2008
RD 经费（亿元）	249.9	353.4	442.3	560.2	720.8	954.5	1250.3	1630.2	2112.5	2681.3
RD 人员（万人·年）	30.3	32.9	37.9	42.4	47.8	43.8	60.6	69.6	85.8	101.4
主营业务收入（亿元）	41912	49847	58511	67452	96497	133929	164974	211073	261278	320086
政府资金占经费筹集比重（%）	7.5	4.7	3.9	4.4	3.3	3.1	3.1	3.2	3.3	3.7
专利申请数（件）	109958	140339	165773	205544	251238	278943	383157	470342	586498	717144

数据来源：根据《中国科技统计年鉴（2009）》整理而得。

因为 R&D 投入的溢出效应可以反映在很多方面，具有综合性特点，所以在实证研究过程中，主要从政府 R&D 投入对专利溢出效应、新产品销售收入表征 R&D 产出时溢出效应两个角度进行研究。

1. 政府公共 R&D 投入对专利溢出效应的分析

在采集我国大中型工业企业 1999~2008 年的相关数据后，利用 Eviews 5 软件对式（3-7）进行分析，首先计算出 S_1、S_2、S_3，进而求得 F_1、F_2 统计量，其中 N = 23、T = 10、K = 4。结果如表 3-3 所示。

表 3-3　专利申请数表征 R&D 产出时溢出效应的面板模型检验

S_1	S_2	S_3	F_1	F_2	模型
25.42754	58.47235	152.2863	4.81555	1.12586	变截距

由于模型中的样本为所研究区域里的所有样本，因此再采用变截距模型进行分析，结果如表 3-4 所示。

表 3–4　专利申请数表征 R&D 产出时溢出效应的面板模型分析结果

解释变量	回归系数	标准误差	T 统计量	显著性
C	–27.54175	2.311167	–11.65756***	0.0000
lnRD（–1）	0.036524	0.108478	0.321725	0.7435
lnSG（–2）	1.512415	0.412634	3.664178***	0.0003
lnSP（–2）	0.841624	0.165762	4.875842***	0.0000
lnSE	0.425812	0.172143	2.389853**	0.0168
修正的复相关系数		0.985484	F 统计量	2 123.472
杜宾统计值		1.562625		

注：***、** 分别表示统计显著性水平在 1%、5%。

从表 3–4 中可以看出，在全国范围内的各个产业中，前一期的产业 R&D 支出所产生的知识存量对当前的专利申请数有正的作用，系数为 0.036524，但是不显著；前两期的其他产业企业自身 R&D 投入所产生的外部知识存量对当前的专利申请数有显著的正的溢出效应，系数为 0.841624；前两期的其他产业政府 R&D 投入所产生的外部知识存量对当前的专利申请数有显著的正的溢出效应，系数为 1.512415；科学家和工程师的数量对专利产出有显著的正效应，系数为 0.425812。

2. 新产品销售收入表征 R&D 产出时溢出效应的分析

利用 Eviews 5 软件对式（3.7）进行分析，首先计算出 S_1、S_2、S_3，进而求得 F_1、F_2 统计量，其中 N = 23，T = 10，K = 4。结果如表 3–5 所示。

表 3–5　新产品销售收入表征 R&D 产出时溢出效应的面板模型检验

S_1	S_2	S_3	F_1	F_2	模型
31.85783	51.52358	453.1636	13.8141	0.74	变截距

由于模型中的样本为所研究区域里的所有样本，因此同样采用变截距模型进行分析，结果如表 3–6 所示。

表 3-6 新产品销售收入表征 R&D 产出时溢出效应的面板模型分析结果

解释变量	回归系数	标准误差	T 统计量	显著性
C	-12.78515	2.153375	-6.46136***	0.0000
lnRD（-1）	0.453523	0.095381	4.527526***	0.0000
lnSG（-2）	1.112321	0.376814	2.832527**	0.0051
lnSP（-2）	0.557734	0.182715	3.102572**	0.0027
lnSE	-0.025152	0.079548	-0.258268	0.7693
修正的复相关系数		0.983487	F 统计量	14723.54
杜宾统计值		1.681		

注：***、** 分别表示统计显著性水平在 1%、5%。

从表 3-6 中可以看出，在全国范围内的各个产业中，前一期的产业 R&D 支出所产生的知识存量对当前的新产品销售收入有显著的正作用，系数为 0.453523；前两期的其他产业企业自身 R&D 投入所产生的外部知识存量对当前的新产品销售收入有显著的正的溢出效应，系数为 0.557734；前两期的其他产业政府 R&D 投入所产生的外部知识存量对当前的新产品销售收入有显著的正的溢出效应，系数为 1.112321；科学家和工程师的数量对新产品销售收入有负的作用，系数为-0.025152，但是不显著。

面板数据模型检验结果表明，无论是专利申请数还是新产品销售收入表征产出，均应使用变截距模型。从表 3-4、表 3-6 的分析结果可以看出，前一期的产业自身的知识存量对当期的专利申请数的作用不显著，但是对于当前的新产品销售收入有显著的促进作用；前两期的其他产业企业自身 R&D 投入和政府 R&D 投入所产生的外部知识存量，对当期的专利申请数和新产品销售收入有显著的正的溢出效应，前者的弹性系数要明显大于后者。

通过较长时间的研究，国内外学术界对政府 R&D 投入绩效的评估取得了很大进展，但也遇到了很多困难，主要原因之一在于溢出效应的影响使那些非资助厂商行为与被资助厂商行为没有了差异。2008 年我国 R&D 投入总量为 4570 亿元，R&D 投入强度为 1.52%，达到历年最高水平，但与发达国家相比，差距仍较大。

在此情况下，政府一方面要进行合理的 R&D 投入，有效利用公共 R&D 投入过程中的溢出效应，通过对企业 R&D 进行资助促进企业加大 R&D 投入显得尤为重要，另一方面与发达国家一样，我国要有效控制因政府公共 R&D 投入对企业 R&D 投入所产生的挤出效应的可能。因此，需要设计科学合理的政府 R&D 科技政策，应学习美国等发达国家经验，政府在加大公共 R&D 投入总量的同时，需注重 R&D 投入的结构和效率，不断优化资助结构，优化配置科技资源，如加大对产业共性技术和基础性技术等 R&D 活动的支持，以促进创新知识的传播和有效溢出，使公共 R&D 投入发挥最大的杠杆作用。

第四章　我国 R&D 投入与经济增长的协整检验

我国《国家“十一五”科学技术发展规划》提出“到 2010 年科技进步对经济增长的贡献率达到 45%以上”，《国家中长期科学和技术发展规划纲要（2006~2020年）》提出“到 2020 年力争科技进步贡献率达到 60%以上”。有关科技进步对经济增长的贡献率的研究成为我国经济学领域科学研究的一个热点问题。技术创新是现代经济增长最主要的推动力，R&D 投入是推动技术创新和科技进步的直接源泉。R&D 投入对经济发展的贡献程度一直是学术界和理论界关心的热点问题，长期以来，学术界大多数采用生产函数的方法来测评这种贡献的程度。那么中国 R&D 投入与经济增长呈现怎样的关系？R&D 投入对 GDP 的增长有多大的贡献率？R&D 投入在三大 R&D 主体、支配结构方面对 GDP 的增长是否具有不同的影响？对这些问题的深入研究对我国未来达到 R&D 投入与配置理想状态及相应科技政策的制定提供重要作用。本章根据时间序列动态均衡关系分析方法，采用改革开放以来的有关数据对中国 R&D 投入与经济增长之间的关系进行实证研究，对科技政策的制定和未来的 R&D 投入活动提供借鉴。

Griliches（1994）的经验证据显示，国内 R&D 积累是生产率的重要决定因素。Coe 等（1995）利用 1970~1990 年 OECD 20 多个国家的相关数据进行实证研究，发现国内、国外 R&D 资本对全要素生产率的影响比较大。

第一节　协整理论与模型构建

R&D 投入与经济增长之间存在较为复杂的、多因素的关系，且各自的增长是非稳定的。但已有研究表明，经济增长是一个复杂的现象，除受 R&D 投入影响之外，其他影响因素还很多。论文主要从计量经济学的前沿理论入手，采用数量经济分析与实证分析相结合的研究方法。在广泛收集数据资料的基础上，选择 R&D 活动中的 R&D 投入与代表宏观经济总量的 GDP 两个关键变量进行分析，使用时间序列动态均衡关系的分析方法，构建实证模型，对 R&D 投入和经济增长之间的关系进行深入研究，以便进一步揭示二者之间的相互关系，为科技、经济决策提供借鉴。

协整理论（Cointegration）的分析方法最早于 20 世纪 80 年代由格兰杰等学者提出，在数量经济学领域应用较为广泛，已经成为计量经济分析的重要工具之一，是用于动态模型的设定、估计和检验的计量方法。它主要以经济变量数据中所显示的关系为出发点，来确定模型中变量之间的关系。两个或多个序列中有时包含了相同的随机性趋势，在这种情况下，回归分析能够解释时间序列变量中的长期关系，这就需要采用协整方法进行分析。协整关系描述单整时间序列之间存在的长期均衡关系，协同持续关系则描述波动序列之间的一种长期均衡关系，本书证明了可以用协整关系来描述协同持续关系，并在一定条件下，在时序列矩的意义下将两者统一起来。

经典的回归假设中要求所分析的时间序列是平稳的（即没有确定性趋势或随机趋势），否则，对非平稳序列进行建模时，将会产生“伪回归”问题。两个或多个具有随机性趋势的时间序列在长期内的共同变动非常接近以至于包含了相同的趋势成分，即具有共同趋势。但是现实情况是时间序列一般来说是非平稳的。时间序列的非平稳性是指时间序列的统计规律随着时间的位移而发生变化，即生成变量时间序列数据的随机过程的统计特征随时间变化而变化。[①] 因此要使回归结果具有意义，需要先对时间序列进行差分，使其平稳化，而在此过程中，容易使原时间序列中所包含的有用信息被忽略掉。20 世纪 80 年代恩格尔（Engle）和格兰杰（Granger）提出的协整理论为非平稳序列分析提供了一种非常有效的途径。两个或多个具有共同随机性趋势的序列称为是协整的，设 X_t 和 Y_t 都是一阶单整的，若对某个系数 θ，$Y_t - \theta X_t$ 为零阶单整，则称 X_t 和 Y_t 是协整的，它们具有相同的或共同的随机性趋势，$Y_t - \theta X_t$ 的差异计算消除了这种共同的随机性趋势。协整理论对研究经济问题的定量分析具有重要意义：首先可以定量描述某种经济规律。协整表明尽管两个序列都是非平稳的，但它们的线性组合却可能存在一种平稳关系（通常被称为协整方程），也被看作为变量间的长期稳定的均衡关系，这对于经济学中变量之间存在的稳定的经济规律的定量描述具有非常重要的作用。其次可以避免伪回归。最后可以区分变量之间的长期均衡关系和短期波动关系。如果多个变量时间序列中存在长期均衡关系，那么系统偏离均衡状态的偏差必须是随机的、有界的，并且随着时间的衰减，这种状态可以用协整及误差修正机制来进行计量描述。[②]

经济理论有关观点认为，协整也可以理解为经济时序变量之间存在着能够使非平稳的不同变量在一起运动的机制（即一种均衡力量），使变量表现为共同的增长趋势。平稳时间序列的期望和方差是固定不变的，协方差只与所考察的时间周期长度有关，对平稳时间序列来说，任何震荡都是短暂的，随着时间的推移，这些影响逐渐消失，回复到长期平均水平。非平稳时间序列的期望或方差是与时间有关的，也就是时间序列不存在可收敛性的长期平均水平，且方差随时间推移而逐渐增大，因此对非平稳时间序列的冲击将产生永久的影响。基于协整理论与方法的自身特点，本书在研究过程中，首先对时间变量序列的平稳性进行检验，同时对其一阶差分序列进行检验，其次是对涉及的各个变量间的协整关系进行检

① 于俊年. 计量经济学［M］. 北京：对外经济贸易大学出版社，2009：260-281.
② 潘省初. 计量经济学中级教程［M］. 北京：清华大学出版社，2009：145-164.

验，再次是构建协整变量的误差修正方程，最后对具有协整关系的时间变量序列的因果关系做进一步检验，以验证本文中的研究变量 R&D 投入与经济增长之间的密切关系。

一、单位根检验

非平稳方法有很多种，本书采用单位根检验（ADF）法。在解决现实经济问题时，时间序列通常都是非平稳的，需要先对时间序列进行差分，使其平稳化，然后再对差分序列进行回归。协整理论与方法的采用能够有效解决此问题。而要进行协整分析必须首先进行单位根检验。大多数宏观经济变量有一种长期增长的趋势，但当经济出现大的变化时，受到冲击的经济变量可能会出现随机游走状态。一方面，如果还是用 OLS 进行回归，由于随机游走不是有限方差，高斯—马尔科夫定理不再成立，OLS 估计的参数不再是一致的；另一方面，这些冲击对经济变量的影响不会在短期内消失，也就是说随机游走状态可能是持久的。因此，当取得某随机变量时，首先对其进行平稳性检验就有着极其重要的意义。

本书用 ADF 法检验变量的稳定性，ADF 检验由 Dikey 和 Fuller 于 1979 年提出，其检验的回归式为：

$$\Delta y_t = \delta y_{t-1} + \sum_{i}^{n} \lambda_i \Delta y_{t-i} + \mu_t \tag{4-1}$$

$$\Delta y_t = \eta + \delta y_{t-1} + \sum_{i}^{n} \lambda_i \Delta y_{t-i} + \mu_t \tag{4-2}$$

$$\Delta y_t = \eta + \beta t + \delta y_{t-1} + \sum_{i}^{n} \lambda_i \Delta y_{t-i} + \mu_t \tag{4-3}$$

其中，i 为滞后项数，式（4-1）不含常数项，且没有时间趋势；式（4-2）含常数项，但无时间趋势；式（4-3）含有时间趋势和常数项。本书采用式（4-3）进行 ADF 检验，并做出假设检验 $H_0: \eta = 0$；$H_1: \beta < 0$。如果接受假设 H_0 而拒绝 H_1，则表明序列 y_t 存在单位根，具有非稳定性特征；反之，表明序列 y_t 不存在单位根，具有较强的稳定性。如果一个非平稳时间序列经过 k 次差分后变为平

稳时间序列，则称这个时间序列是 k 阶单整的，记为 I(k)。大多数经济变量是一阶单整的，即经过一次差分变换即可变成平稳时间序列，记为 I(1)。

二、协整检验

如果用表达式来表示的话，协整可以定义为如果 x_t、y_t 皆为 I(1)，但存在某个线性组合 $\upsilon_t = m + ax_t + by_t$ 是 I(0) 且具有 0 均值，则称 x_t、y_t 是协整的，(a，b) 称为协整向量。研究变量之间的协整关系，对研究经济问题的定量分析有以下重要意义：一是可以定量描述经济规律；二是可以避免伪回归；三是可以区分变量之间的长期均衡关系和短期波动关系。

在检验和估计协整关系的方法中，典型的具体技术模型主要包括 Johansen 极大似然法和 Engle-Granger 两步法。考虑到两种方法自身的特点，本书采用 Johansen 极大似然法对变量进行协整检验。极大似然法的一个优点就是能够确定协整方程的个数（即协整秩）。协整似然比检验假设如下：

H_0：至多有 r 个协整关系；H_1：有 n 个协整关系。则检验迹统计量为：

$$Q_r = -T\sum_{i=r+1}^{n}\log(1-\lambda_i) \tag{4-4}$$

其中，λ_i 是大小排第 i 的特征值，T 是观察期总数。

Johansen 极大似然法分析框架包含以下五种可能的情况：序列没有确定性趋势且协整方程无截距；序列没有确定性趋势且协整方程有截距；序列有线性趋势但协整方程只有截距；序列和协整方程都有时间趋势；序列有二次趋势且协整方程有线性趋势。

三、误差修正模型

误差修正模型（Error Correction Model，ECM）的“误差修正”一词最早是由萨尔甘（Sargen，1964）提出的，但误差修正模型的基本形式是在 1978 年由戴维森（Davidson）、亨得里（Hendry）、Srba 和 Yeo 提出，因而又称为 DHSY 模型。误差修正模型是一种具有特定形式的计量经济模型，其基本思路是，若变量之间存在协整关系，即表明这些变量间存在着长期稳定的关系，而这种长期稳定的关系是在短期动态过程的不断调整下得以维持。① 构建误差修正模型的过程基本上分为两步，分别建立区分数据长期特征和短期特征的计量经济模型。首先建立长期关系模型，通过水平变量和最小二乘法 OLS 法估计时间变量间的关系，若估计结果形成平稳的残差序列，变量间就存在相互协整的关系，长期关系模型的变量选择是合理的，回归系数具有经济意义。其次再建立短期动态关系，即误差修正模型。将长期关系模型中各变量以一阶差分形式重新加以构造，并将长期关系模型所产生的残差序列作为解释变量引入，对短期动态关系进行逐项检验，不显著的项逐渐被剔除，直到最合适的表示方法被找到为止。如果 x_t、y_t 是协整的，则误差修正模型有下面的基本形式：

$$\Delta y_t = \eta_1 + \rho_1 u_{t-1} + \sum_{i}^{n} (\alpha_{1i} \Delta x_{t-i} + \beta_{1i} \Delta y_{t-i}) + \upsilon_{1t} \tag{4-5}$$

其中，u_t 表示系统对均衡状态的偏离程度，可以称之为“均衡误差”，在式（4-5）中，u_t 描述了对均衡关系偏离的一种长期调节。误差修正模型中同时考虑了长期调节和短期调节（Δx_t 和 Δy_t 的滞后项）的过程，因此它的优点主要在于提供了揭示长期调节和短期调节的途径。

第二节　我国 R&D 投入与经济增长的协整分析

利用 1987~2008 年度的经济数据对 R&D 资本投入（RDK）及 R&D 人员投入（RDL）与经济增长（GDP）的关系进行实证分析，GDP 数据来源于《中国统计年鉴（2009）》，R&D 投入数据来源于《中国科技统计年鉴（2009）》和中国科技统计网。详细数据如表 4-1 所示。

① 于俊年. 计量经济学［M］. 对外经济贸易大学出版社，2009：260-281.

表 4-1　1987~2008 年我国 GDP、RDK、RDL 数据

年份	GDP	RDK	RDL	LNGDP	LNRDK	LNRDL	LN（GDP/RDL）	LN（RDK/RDL）
1987	12050.6	74.03	43.46	9.396871	4.30447	3.771841	5.625030011	0.532629442
1988	15036.8	89.5	47.73	9.618257	4.494239	3.86556	5.752697208	0.628678494
1989	17000.9	112.31	49.21	9.741023	4.721263	3.896097	5.844925832	0.82516605
1990	18718.3	125.43	61.71	9.837258	4.831748	4.122446	5.714812137	0.709301842
1991	21826.2	159.46	67.05	9.990866	5.071793	4.205439	5.785427725	0.866354497
1992	26937.3	198.03	67.43	10.20127	5.288419	4.21109	5.990176325	1.077328512
1993	35260.0	248.01	69.78	10.47051	5.513469	4.245347	6.225157721	1.268121632
1994	48108.5	306.26	78.32	10.78121	5.724434	4.360803	6.420410252	1.363631416
1995	59810.5	348.69	75.17	10.99894	5.854183	4.319752	6.679184783	1.53443106
1996	70142.5	404.48	80.4	11.15828	6.002602	4.387014	6.771269871	1.615588115
1997	78060.8	509.16	83.12	11.26524	6.232762	4.420285	6.844958391	1.812476962
1998	83024.3	551.12	75.52	11.32689	6.311953	4.324398	7.00249085	1.987555049
1999	88479.2	678.91	82.17	11.39052	6.520489	4.40879	6.981731992	2.111698299
2000	98000.5	895.66	92.21	11.49273	6.797561	4.524069	6.968658809	2.273492292
2001	108068.2	1042.49	95.65	11.59052	6.949367	4.560696	7.029822283	2.388671665
2002	119095.7	1287.64	103.51	11.68768	7.160566	4.639668	7.048014334	2.520898138
2003	135174.0	1539.63	109.48	11.81432	7.339297	4.695742	7.118576056	2.643555523
2004	159586.7	1966.33	115.26	11.98034	7.583924	4.74719	7.233152481	2.836733694
2005	184088.6	2449.97	136.48	12.12317	7.803831	4.916178	7.206994359	2.887652975
2006	213131.7	3003.1	150.25	12.26967	8.0074	5.012301	7.25736499	2.995099794
2007	259258.9	3710.2	173.6	12.46558	8.218841	5.156754	7.308828653	3.06208726
2008	302853.4	4570	190	12.621	8.427268	5.247024	7.373979955	3.180244412

一、平稳性检验

为消除可能存在的异方差现象，可对三个变量进行对数变换，变换后不改变原时间序列的协整关系，得到 LNGDP、LNRDK 和 LNRDL 三个时间序列数据，其变化趋势如图 4-1 所示。

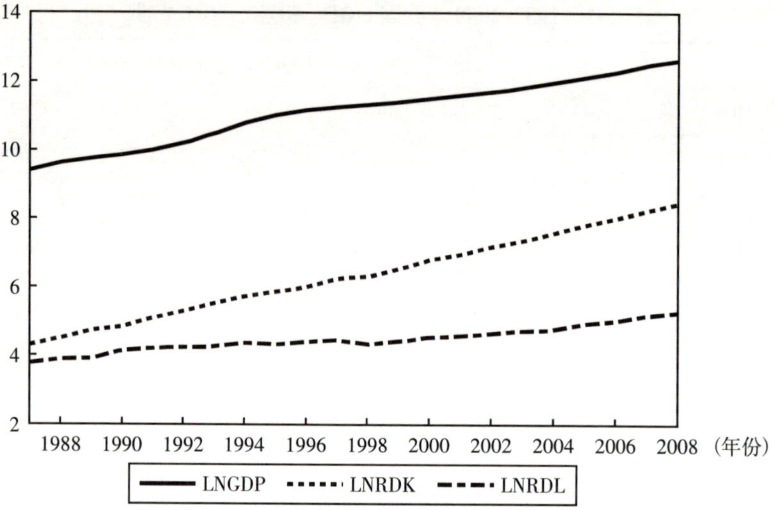

图 4-1　原变量变化趋势

由图 4-1 可知，LNGDP、LNRDK 和 LNRDL 三个时间序列变量具有高度的相关性，其变化趋势基本一致，初步可以看出，三个变量之间存在一定的依存关系。

对于涉及时间序列的回归，由于变量的数据生成过程是一个非平稳过程，从而可能会引起谬误回归。这种回归得出的结果从表面上看往往令人满意，但经过进一步检验却是可疑的。为了避免谬误回归的产生，通常在进行回归等其他分析前对被分析变量序列进行 ADF 单位根检验，利用 Eviews 3.1 软件检验结果如表 4-2 所示。

表 4-2　LNGDP、LNRDK 和 LNRDL 单位根检验结果

变量	ADF 检验值	检验类型（C，T，K）	1%的临界值	5%的临界值	10%的临界值	结论
LNGDP	-0.276043	（C，N，1）	-3.8067	-2.9167	-2.6502	非平稳
DLNGDP	-2.657603	（C，N，1）	-3.8304	-3.0294	-2.6552	平稳
LNRDK	0.766118	（C，N，1）	-3.8067	-3.0199	-2.6502	非平稳
DLNRDK	-4.062743	（C，T，1）	-4.5348	-3.6746	-3.2762	平稳
LNRDL	0.504010	（C，N，1）	-3.8067	-3.0199	-2.6502	非平稳
DLNRDL	-2.909741	（C，T，2）	-3.8304	-3.0294	-2.6552	平稳

注：（C，T，K）分别表示所设定的检验方程含有截距、时间趋势及所选的滞后项数，N 指不包括 C 或 T。

从表 4-2 可以看出，原时间序列对数化后是非平稳的时间序列，但经一阶差分后，序列基本平稳，其中 DLNGDP 与 DLNRDL 均在 10%的临界水平下通过检验，DLNRDK 在 5%的临界水平下通过检验。即 LNGDP、LNRDK 和 LNRDL 三个时间序列变量都是一阶单整序列（见图 4-2），因此可以进一步检验变量之间的协整关系。

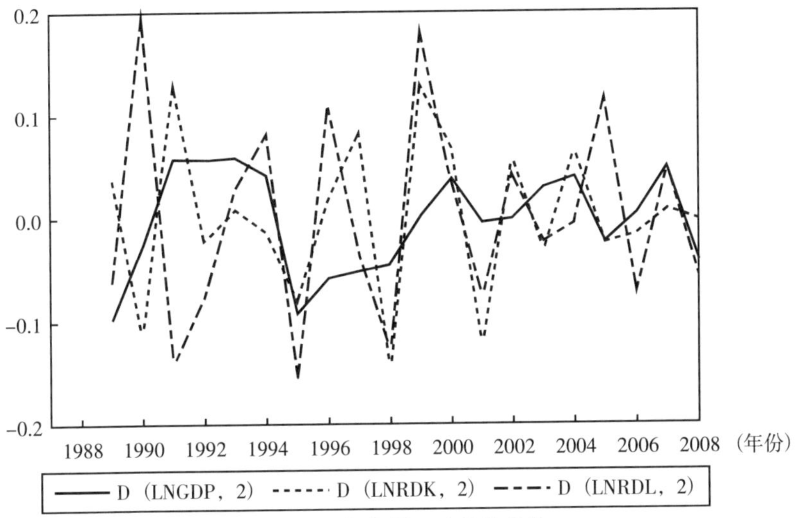

图 4-2　各变量一阶差分趋势

二、协整检验

运用 Johansen 极大似然法对 1987~2008 年经济增长数据和 R&D 投入数据进行协整检验，检验结果如表 4-3 所示。

表 4-3　LNGDP、LNRDK 和 LNRDL 三变量协整检验结果

特征值	似然比	5%的临界值	1%的临界值	原假设	备择假设
0.748607	45.42715	34.91	41.07	R = 0	R = 1
0.459543	17.81239	19.96	24.60	R≤1	R = 2
0.240639	5.505569	9.24	12.97	R≤2	R = 3

表 4-3 中 R 表示协整向量的个数，似然比检验表明，似然比 45.42715 > 41.07，17.81239 < 24.6，在 5%的显著性水平下，拒绝 R = 0，接受 R = 1，即变量之间存在一个协整关系。

检验结果表明，我国经济增长与 R&D 经费投入和 R&D 人员投入存在一个长期均衡关系，三变量协整估计的标准协整向量系数如表 4-4 所示。

表 4-4 三变量的标准协整向量系数

LNGDP	LNRDK	LNRDL	C
1.000000	-1.996571	3.822743	-18.30324
	(0.98465)	(3.11975)	(9.30937)
Log likelihood	100.2683		

则表示三个变量长期均衡关系的协整关系式为：

$$LNGDP = 1.996571LNRDK - 3.822743LNRDL + 18.30324 \quad (4-6)$$

式（4-6）协整方程表明，经济增长与 R&D 经费投入、R&D 人员投入之间存在着一种长期稳定关系。变量 LNRDK 的系数为正，表明存在正的效应，在这种均衡关系中，R&D 经费投入每增长 1%，GDP 增长 1.996571%，这说明 R&D 经费投入对经济增长的推动作用明显。变量 LNRDL 系数为负，表明长期均衡关系中，R&D 人员投入对经济增长的作用远没有 R&D 经费投入明显。

三、误差修正模型分析

协整关系式一般来说仅代表变量之间的长期关系与总体趋势。R&D 经费投入与经济增长的正相关关系会存在两种情况，可能是因为 R&D 经费投入效率得到提高后促进了经济的增长，也可能是由于经济增长带动了 R&D 经费投入的加大；R&D 人员投入与经济增长呈现负相关关系可能是由于 R&D 人员的积极性没有得到发挥，效率下降。为了进一步明确 R&D 投入与经济增长之间的相互关系，考虑到变量之间存在的协整关系，将短期波动与长期均衡联系起来，建立误差修正模型进行分析。

描述经济增长随着变量 R&D 经费投入、R&D 人员投入变化的误差修正模型为：

$$DLNGDP = 0.1649 - 0.2193EC_{-1} + 1.2057D(LNGDP(-1)) - 0.4086D(LNGDP(-2)) - 0.1111D(LNRDL(-1)) - 0.0475D(LNRDL(-2)) - 0.3974D(LNRDK(-1)) - 0.223956D(LNRDK(-2)) \quad (4-7)$$

以上分析结果表明：

（1）在 1987~2008 年，尽管 GDP、R&D 投入各自增长具有非稳定性，但 GDP 增长与 R&D 经费投入、R&D 人员投入之间存在着长期动态均衡关系与较强的相关关系。从式（4-6）中可以看出，R&D 经费投入每增长 1%，GDP 增长 1.996571%，表明 R&D 经费投入对经济增长具有明显的促进作用，而 R&D 人员投入对经济增长影响程度远低于 R&D 经费投入。这也表明，我国经济增长主要还是靠资本驱动的，在我国经济增长方式转变过程中，应充分发挥人力资本促进经济增长的作用。

（2）误差修正项 EC 系数反映了误差修正模型自身修正偏离均衡误差的情况。当误差修正项 EC 系数为 1 时，R&D 投入与经济增长的当年均衡误差在第二年就可以调整到均衡状态。模型（4-7）中的此项系数为-0.2193，符合反向修正机制，说明 GDP 增长和 R&D 经费投入、R&D 人员投入之间的均衡关系对当期的非均衡误差修正能力较强。

第三节 我国 R&D 投入与经济增长的 Granger 因果关系分析

通过协整方法分析的结果只能说明 GDP、R&D 经费投入、R&D 人员投入之间是否存在长期的均衡关系，而这些变量之间是否能构成因果关系还需要进一步检验。经典的计量经济模型是根据经济理论确定变量之间的关系的，然后对模型进行回归分析，通过假设检验来判断所选的解释变量对被解释变量是否有显著影响，但并不表明两个高度相关的变量之间就一定存在着因果关系。这就需要利用因果分析做深入分析，Granger 检验是其中的经典方法之一。由 Granger 等提出的因果关系检验法的基本思路是，在两个变量之间，若其中一个变量 X 有助于预测另外一个变量 Y，即根据变量 Y 的过去值对 Y 进行自回归时，再加上变量 X 的过去值，能显著地增强回归的解释能力，则称变量 X 是 Y 的格兰杰原因，否则，称为非格兰杰原因。它基于系统的向量自回归（VAR）来定义，检验要求估计以下两个回归模型：

$$Y_t = c_1 + \sum_{i=1}^{n} \alpha_i Y_{t-i} + \sum_{j=1}^{n} \beta_i X_{t-j} + \mu_{1t} \tag{4-8}$$

$$X_t = c_2 + \sum_{i=1}^{m} \lambda_i Y_{t-i} + \sum_{j=1}^{m} \delta_j X_{t-j} + \mu_{2t} \tag{4-9}$$

如果接受 $H_0: \beta_1 = \beta_2 = \cdots = \beta_n = 0$，就说明 X_t 不是 Y_t 的 Granger 因，反之则称 X_t 是 Y_t 的 Granger 因；如果接受 $H_1: \lambda_1 = \lambda_2 = \cdots = \lambda_m = 0$，就说明 Y_t 不是 X_t 的 Granger 因，反之则称 Y_t 是 X_t 的 Granger 因。以上偏回归系数为 0 的联合检验可通过 F 检验来实现：

$$F = \frac{(RSS_R - RSS_{UR})/m}{RSS_{UR}/(n-k)} \tag{4-10}$$

其中，RSS_R 和 RSS_{UR} 分别表示在 H_0 或 H_1 下的受约束回归残差平方和及无约束回归残差平方和，m 表示线性约束个数，n 表示样本个数，k 表示无约束回归中的回归因子个数。若计算出来 F 值大于给定临界值，就拒绝原假设，说明存在因果关系，反之则接受原假设，说明不存在因果关系。

利用 F 统计量对原假设 H_0 进行 F 检验，对于给定的显著水平 α，若 $F > F_\alpha$，则拒绝原假设，即认为 δ_j 中至少有一个显著不为零，说明 x 是引起 y 变化的原因，反之，则认为 x 不是引起 y 变化的原因。变量的 Granger 因果关系检验结果如表 4-5 所示。

表 4–5 Granger 因果性检验

滞后长度 m = n	Granger 因果性	F 值	P 值	结论
1	LNRDK does not Granger Cause LNGDP	3.06551	0.09699	拒绝
	LNGDP does not Granger Cause LNRDK	1.22567	0.28283	接受
	LNRDL does not Granger Cause LNGDP	10.0767	0.00525	拒绝
	LNGDP does not Granger Cause LNRDL	0.00026	0.98737	接受
	LNRDL does not Granger Cause LNRDK	0.02744	0.87029	接受
	LNRDK does not Granger Cause LNRDL	1.97350	0.17710	接受
2	LNRDK does not Granger Cause LNGDP	2.63912	0.10422	接受
	LNGDP does not Granger Cause LNRDK	1.68329	0.21901	接受
	LNRDL does not Granger Cause LNGDP	5.10344	0.02038	拒绝
	LNGDP does not Granger Cause LNRDL	0.37694	0.69228	接受
	LNRDL does not Granger Cause LNRDK	0.67670	0.52315	接受
	LNRDK does not Granger Cause LNRDL	0.83621	0.45258	接受
3	LNRDK does not Granger Cause LNGDP	1.98330	0.17033	接受
	LNGDP does not Granger Cause LNRDK	6.37377	0.00788	拒绝
	LNRDL does not Granger Cause LNGDP	2.25563	0.13427	接受
	LNGDP does not Granger Cause LNRDL	0.49711	0.69113	接受
	LNRDL does not Granger Cause LNRDK	0.41896	0.74270	接受
	LNRDK does not Granger Cause LNRDL	0.67162	0.58568	接受
4	LNRDK does not Granger Cause LNGDP	1.79304	0.21435	接受
	LNGDP does not Granger Cause LNRDK	3.30049	0.06320	拒绝
	LNRDL does not Granger Cause LNGDP	2.46774	0.11983	接受
	LNGDP does not Granger Cause LNRDL	0.25174	0.90145	接受
	LNRDL does not Granger Cause LNRDK	1.85856	0.20205	接受
	LNRDK does not Granger Cause LNRDL	1.00018	0.45571	接受
5	LNRDK does not Granger Cause LNGDP	1.82378	0.24250	接受
	LNGDP does not Granger Cause LNRDK	7.40695	0.01508	拒绝
	LNRDL does not Granger Cause LNGDP	11.1019	0.00544	拒绝
	LNGDP does not Granger Cause LNRDL	1.26707	0.38542	接受
	LNRDL does not Granger Cause LNRDK	1.39461	0.34506	接受
	LNRDK does not Granger Cause LNRDL	0.85065	0.56100	接受

续表

滞后长度 m = n	Granger 因果性	F 值	P 值	结论
6	LNRDK does not Granger Cause LNGDP	1.14743	0.49397	接受
	LNGDP does not Granger Cause LNRDK	3.69457	0.15539	接受
	LNRDL does not Granger Cause LNGDP	6.55752	0.07566	拒绝
	LNGDP does not Granger Cause LNRDL	1.92254	0.31611	接受
	LNRDL does not Granger Cause LNRDK	1.01874	0.53833	接受
	LNRDK does not Granger Cause LNRDL	0.48383	0.79386	接受

由表 4-5 可知，滞后期为 1 年时，R&D 经费投入和 R&D 人员投入是 GDP 变化的原因；滞后期为 2 年、6 年时，R&D 人员投入是 GDP 变化的原因；滞后期为 3 年、4 年时，GDP 变化是 R&D 经费投入变化的原因；滞后期为 5 年时，GDP 变化是 R&D 经费投入变化的原因，R&D 人员投入是 GDP 变化的原因。由此可见，R&D 经费投入变化和 R&D 人员投入变化与 GDP 变化在不同时间段呈现出较为明显的单向因果关系。

第四节 我国 R&D 投入对经济增长的贡献分析

一、模型建立与数据说明

假设经济发展处于完全竞争的市场经济条件下，生产要素都以其边际产品作为报酬，规模报酬保持不变，那么，在时间 t 范围内变化的中性技术进步的产出增长模型为：

$$Y_t = A_t f(K_t,\ L_t) \tag{4-11}$$

1928 年，美国数学家柯布和经济学家道格拉斯创立了生产函数的数学模型——柯布—道格拉斯生产函数（C-D 生产函数），使各生产要素与产出之间的关系得以定量描述。其模型可以表示为：

$$Y = A_0 e^{\tau t} K^{\xi} L^{\psi} \quad (4-12)$$

其中，Y 为产出，K 为资本投入量，L 为劳动投入量，A_0 为基年的技术水平，τ 为年技术进步率，t 为时间，ψ 和 ξ 分别为劳动和资本弹性系数，$A_0 e^{\tau t}$ 反映了技术进步对产出的影响。$\xi + \psi$ 反映了规模报酬水平，$\xi + \psi = 1$ 表示规模报酬不变，$\xi + \psi > 1$ 表示规模报酬递增，$\xi + \psi < 1$ 表示规模报酬递减。

根据 C-D 生产函数，本书提出如下研究模型：

$$GDP = A_0 e^{\tau t} (RDK)^{\xi} (RDL)^{\psi} e^{\mu} \quad (4-13)$$

其中，μ 为扰动项，RDK 为 R&D 经费投入，RDL 为 R&D 人员投入。对基本模型（4-13）两边同时取对数得：

$$\ln GDP = \ln A_0 + \tau t + \xi \ln RDK + \psi \ln RDL + \mu \quad (4-14)$$

以产出 Y、R&D 经费投入 RDK 和 R&D 劳动力投入 RDL 的时间序列数据为基础回归分析，可以估计出式（4-14）中的参数 $\ln A_0$、τ、ξ、ψ 的值。

二、模型估计及参数检验

利用 Eviews 3.1 软件对模型（4-14）进行最小二乘法估计，结果如下：

$$\ln GDP = 10.4993 + 0.1978t - 0.2495\ln RDK - 0.0212\ln RDL + \mu$$

t 值　(3.728163)　(1.232295)　(-0.269175)　(-0.044051)

$R^2 = 0.979597$，$\bar{R}^2 = 0.976196$，$F = 288.0684$，$SE = 0.150073$，$DW = 0.234773$

经检验，在 $\alpha = 0.05$ 的显著水平下，F 检验显著通过，模型拟合度很好，但 t 值、lnRDK 值、lnRDL 值的 t 检验均没有通过。须对模型（4-14）进行修正。经相关性检验，GDP 与 RDK、RDL 之间存在着很强的相关性，检验结果如表 4-6 所示。

表 4-6　变量相关性检验

	LNGDP	LNRDK	LNRDL
LNGDP	1	0.98827712811	0.95695013163
LNRDK	0.98827712811	1	0.975898180515
LNRDL	0.95695013163	0.975898180515	1

由表 4–6 可知，GDP 与 RDK、RDL 三变量之间的相关系数均达到 0.95 以上，表明变量之间有很强的相关关系，且 LNRDK 与 LNRDL 之间存在较强的共线性。因此，必须通过消除多重共线性来修正模型。

三、模型修正

多重共线性可通过人均 GDP 和人均资本消除，即 LN（GDP/RDL）、LN（RDK/RDL）。其成立的前提条件是规模报酬不变，即通过先行约束回归来检验$\xi+\psi$是否为 1。采用 Wald 检验结果如表 4–7 所示。

表 4–7　Wald 检验结果

Wald Test（瓦尔德序贯概率比检验）:			
Null Hypothesis（零假设）:		$\xi+\psi=1$	
F–statistic（F 统计量）	3.535671	Probability（P 值）	0.076345
Chi–square（卡方）	3.535671	Probability（P 值）	0.060062

通过检验发现，P 值大于 $\alpha=0.05$ 的显著水平，显著通过检验，则可以认为，在 $\xi+\psi=1$ 的约束条件下的回归模型与原模型具有相同的解释力。因此可以建立新模型，以便成功消除多重共线性。所建立新模型如下：

$$GDP/RDL=A_0e^{\tau}(RDK/RDL)^{\xi}e^{\mu} \qquad (4\text{–}15)$$

两边同时取对数，结果如下：

$$\ln(GDP/RDL)=\ln A_0+\tau t+\xi\ln(RDK/RDL)+\mu \qquad (4\text{–}16)$$

利用 Eviews 3.1 软件对模型（4–16）进行最小二乘法估计，结果如下：

$$\ln(GDP/RDL)=5.2129-0.0801t+1.2585\ln(RDK/RDL)+\mu$$

t 值　　　(29.811383)　(–1.199598)　(2.543364)

$R^2=0.93687$，$\bar{R}^2=0.930225$，$F=140.9836$，$SE=0.159773$，$DW=0.250370$

经检验，在 $\alpha=0.05$ 显著水平下，F 检验通过，模型拟合度很好，lnRDK 值的 t 检验也已经通过。但 DW = 0.250370，值太低，可能存在序列自相关，经偏相关系数检验，结果如图 4–3 所示。

Date（日期）：12/29/09 Time（时间）：10：14						
Sample（样本）：1987–2008						
Included observations（观察样本）：22						
Autocorrelation（自相关）	Partial Correlation（偏相关）		AC	PAC	Q–Stat	Prob
. |****** |	. |******|	1	0.835	0.835	17.550	0.000
. |***** |	. *| . |	2	0.649	–0.164	28.656	0.000
. |*** |	****| . |	3	0.339	–0.527	31.849	0.000
. | . |	. *| . |	4	0.063	–0.111	31.964	0.000
.**| . |	. *| . |	5	–0.203	–0.071	33.239	0.000
***| . |	. *| . |	6	–0.411	–0.184	38.823	0.000
****| . |	. *| . |	7	–0.557	–0.139	49.754	0.000
****| . |	. |*. |	8	–0.579	0.156	62.382	0.000
****| . |	. *| . |	9	–0.551	–0.120	74.730	0.000
***| . |	. | . |	10	–0.428	–0.049	82.789	0.000
.**| . |	. | . |	11	–0.283	0.032	86.637	0.000
. *| . |	.**| . |	12	–0.140	–0.191	87.670	0.000

图 4–3 自相关系数估计值显著性检验

图 4–3 表明模型存在三阶相关性。因此，必须再次修正模型以消除序列自相关。

四、模型再修正

消除模型自相关需要给新模型中引入 AR(1)、AR(2)、AR(3)。得到新的修正模型如下：

$$\ln(GDP/RDL) = \ln A_0 + \tau t + \xi \ln(RDK/RDL) + AR(1) + AR(2) + AR(3) + \mu_2 \tag{4-17}$$

利用 Eviews 3.1 软件对模型（4–17）进行最小二乘法估计，结果如下：

$$\ln(GDP/RDL) = 5.4950 - 0.0388t + 0.8761\ln(RDK/RDL) + 1.2578AR(1) - 0.2433AR(2) - 0.2316AR(3) + \mu_2$$

t 值　　(24.6339) (−1.3914)　(4.6871)　　　　(5.2526)

　　　　(−0.6224)　　(−0.9135)

$R^2 = 0.990308$，$\bar{R}^2 = 0.986580$，$F = 265.6620$，$SE = 0.059951$，$DW = 2.240776$

R^2 达到 0.990308，说明模型拟合很好，超过了模型（4–16）的拟合度，F 检验显著通过且显著性较以前有较大提高，模型各系数也显著通过检验。经查杜宾—瓦森检验临界值表，在 $\alpha = 0.05$ 显著水平下，由 $DW > 2$ 知，模型已消除自相关。

模型的异方差检验如下：异方差是指随机干扰项序列存在异方差性，典型的检验有怀特检验，检验结果如表 4–8 所示。

表 4–8　模型的异方差检验

White Heteroskedasticity Test（怀特检验法）：			
F-statistic（F 统计量）	1.044778	Probability	0.419174
Obs*R-squared	4.367823	Probability	0.358509

经检验，$P > \alpha(\alpha = 0.05)$，因此应接受不存在异方差的原假设，故不存在异方差。修正模型采用了人均 GDP 和人均 RD 资本来建立新模型，成功消除了多重共线性。模型拟合程度如图 4–4 所示。

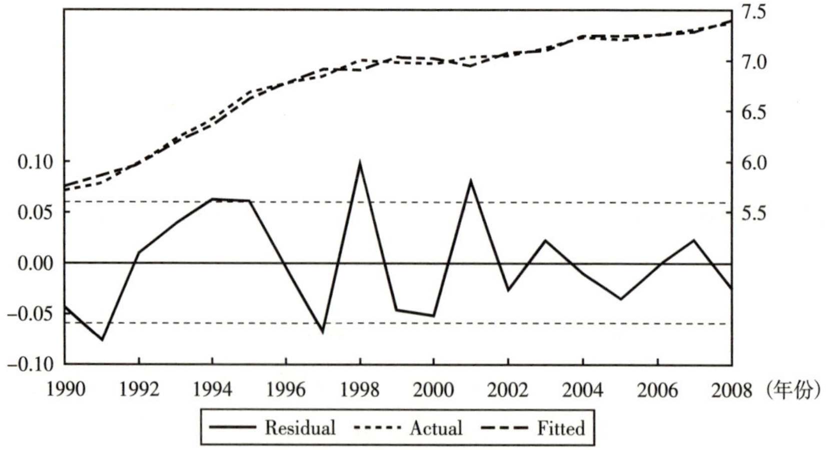

图 4–4　模型拟合情况

图 4-4 反映了模型的拟合情况，可以看出，模型拟合相当好，说明模型具有很好的解释力。残差图显示出 1994 年、1997 年、1998 年和 2001 年出现异常情况，说明了模型能真实反映我国经济变化情况。

模型经济意义解释如下：

将回归的参数 $\tau = -0.0388$、$\xi = 0.8761$、$\psi = 0.1239$、$A_0 = 243.4715$ 代入原生产方程，可得到：

$$GDP = 243.4715e^{-0.0388t}(RDK)^{0.8761}(RDL)^{0.1239}e^{\mu}$$

其中，$\tau = -0.0388$ 表示我国 R&D 投入贡献率的年均增长率为-0.0388；$\xi = 0.8761$ 表示我国 R&D 资本投入每增加 1%，可以带来 GDP 0.8761%的增长，$\psi = 0.1239$ 表示我国 R&D 劳动力投入每增加 1%，可以带来 GDP 0.1239%的增长；$\xi + \psi = 1$ 表示我国规模经济水平总体是规模报酬不变。

研究结论表明，全社会 R&D 投入对经济增长具有明显的促进作用，尤其是 R&D 经费投入对经济增长具有较为显著的正向推动作用。而 R&D 人员投入对经济增长的促进作用并不显著。卢卡斯 1988 年建立的“人力资本溢出模型”就是用人力资本的溢出效应来说明科技进步是人力资本不断积累的结果。罗默 1990 年建立了一个由物质资本、劳动力、人力资本、R&D 构成的“四要素”的“知识溢出模型”，把人力资本、R&D 作为总量生产函数中的内生变量，使生产函数呈现规模报酬递增，从而合理解释了现代经济的持续增长。

通过实证分析发现，大量的 R&D 经费投入与积累是实现我国经济增长的重要因素之一。资本积累在经济发展中具有重大的作用，特别是在当前，为应对国际金融危机，保持国民经济稳定增长，国家大幅度增加投资对保增长、稳大局无疑是十分必要的重大决策。但是单纯依靠物质资本投入的扩张带来经济增长的经济效益不高，不利于可持续发展。在加大物质资本投入时，必须把握投资方向，使之有利于产业结构的优化、高新技术产业的发展。为应对世界经济危机，确保我国经济持续稳定增长，从根本上说必须把经济增长模式从依靠物质资本投入的支撑转移到依靠科技进步、提高经济增长质量和效率的支撑上来。

第五章　基于 SFA 模型的我国 R&D 投入绩效评价

中共十七大报告明确指出："提高自主创新能力，建设创新型国家是国家发展战略的核心，是提高综合国力的关键。"在自主创新战略及科教兴国方针政策指导下，我国 R&D 投入规模和力度不断加大。R&D 投入总量自 1991 年的 150.8 亿元增加到 2008 年的 4616.0 亿元，年均增长 20.1%，绝对规模已位居世界第五。R&D 投入强度也从 1991 年的 0.7%提高到 2008 年的 1.54%，保持了高速增长。R&D 人员总量也有大幅度增长，由 1992 年的 67.43 万人·年增加到 2008 年的 196.54 万人·年，在世界排名第二（仅次于美国）。[①] 但与国际上的发达国家和新兴工业化国家相比，我国 R&D 投入的绝对量和相对量、R&D 投入强度都有很大的差距，R&D 投入绩效不高，没有能够达到投入的预期效果。在 R&D 活动过程中，重投入、轻结果，重项目、轻绩效，缺乏全程管理观念。R&D 经费配置不合理，重复立项、盲目和随意立项的现象比较严重。立项时未严格区分轻重缓急，或实际操作中缺乏科学依据，资金分配重局部、轻结构、轻全局等，造成 R&D 资源的全局效果和效率下降。针对这些主要问题，必须开展对我国 R&D 投入绩效的分析，寻求全社会 R&D 投入的激励制度，支持企业加大 R&D 投入，促使全社会 R&D 投入结构的优化。

增加科技资源投入只是建立创新型国家的必要条件而非充分条件。近年来，

① 数据由《中国科技统计年鉴（2009）》相关数据计算而得；R&D 经费和 R&D 人员总量的世界排名来源于《中国科技统计报告（2009）》。

我国 R&D 经费投入占 GDP 的比重不断提高，我国在实施自主创新战略、建设创新型国家过程中，不仅要重视科技资源投入的总量，更要注重的是效率问题，特别是相对于发达国家来说，我国的科技创新资源比较短缺，效率问题就显得尤为重要。同时，政府（中央和地方）所能投入的科技资源也非常有限，并不能有效满足日益扩大的创新需求。因此，进一步合理利用 R&D 资源，提高 R&D 创新资源的投入产出效率就显得尤为迫切。

R&D 投入绩效评价主要是运用数理统计和运筹学原理，遵循一定的测度程序，通过定性、定量对比分析和主客观测评的有机结合，对 R&D 投入主体在样本期内所进行的 R&D 投入的效益和效率做出客观、公正、全面和准确的综合测评。对 R&D 投入主体来说，这是一种比较有效的激励、监督和控制手段，对改善 R&D 管理、提高 R&D 社会效益和经济效益等方面意义重大。在本章的研究过程中，鉴于绩效评价的主体是测度被评价单元的效率，因此这里用效率来替代绩效，即重点研究对 R&D 投入活动效率的评价。

第一节 效率评价的理论分析

效率是一个相对的概念，是与生产过程中的投入和产出相联系的。效率一直为经济学界研究的永恒主题，正如萨缪尔森指出：效率是经济学说要研究的一个中心问题（也许是唯一的中心问题）。马克思在批判继承经济学家亚当·斯密观点（即通过专业化和分工来提高劳动生产率）的基础上认为，效率是投入与产出的数量关系，即在尽量少的劳动时间里创造出尽量多的物质财富。[①]

效率主要是从两个角度来考察，效用角度（即规范分析）和投入产出角度（即实证分析）。现代经济学主要研究资源配置问题，对效率的分析首先从规范分

① 马克思关于效率的解释详见《马克思恩格斯全集》第 26 卷第 3 分册，第 281 页。

析入手。其中，明确的效率标准之一是帕累托效率标准。帕累托效率（或帕累托最优状态）指在资源稀缺性的约束条件下，在不损害他人利益的情况下，没有人能改善处境的资源配置状况。但是，作为规范分析的帕累托效率标准限制了政策选择和制度变迁的路径，后来西方经济学家又提出了新的规范分析效率标准——卡尔多效率标准，主要从社会财富最大化入手，认为只要改进后社会增加的总效用大于减少的总效用，这种改进就是有效率的。1957 年经济学家法雷尔（Farrell）发表了《生产率的测度》一文，以一种全新的视角对生产率的含义和度量做了论述。他认为，效率是指在投入一定的条件下实际产出与最大产出的比率，或者是在产出一定条件下最小投入与实际投入的比率。一个企业的效率应该包含两个部分，即技术效率和配置效率。技术效率反映企业在既定投入下获得最大产出的能力，配置效率反映在既定价格和生产技术水平下，企业使用最佳投入比例的能力。这两种效率的总和反映了企业的总经济效率。

综合效率理论将效率分为技术效率、配置效率和规模效率三类。其中，技术效率一般被认为是一个企业在投入最小成本条件下生产一定水平的产出；配置效率是指一个企业按照正确的比例使用投入要素（给定要素的价格不变）去生产一定水平的产出；规模效率衡量的是规模报酬不变的生产前沿与规模报酬变化的生产前沿之间的距离。当企业在规模报酬不变的前沿上生产时，规模效率为 1，此时称该企业规模有效；而当企业规模效率小于 1 时，则该企业规模无效。综合效率理论在继承新古典经济学基本前提假设的基础上，对全要素生产率的构成进行了分解。尤其是前沿生产函数的提出，为测度企业微观效率提供了很好的工具。

第二节　研究方法

随着科学计量学的建立和发展，以定量方法对国家的 R&D 投入和产出进行客观评估研究获得了新的发展。近 20 年来，针对国家创新进行科研定量评价工作在世界各国迅速展开。一个有效率且富有成果的 R&D 工作是一个国家竞争优势的主要来源（Werner and Souder，1997）。因此，对已有的 R&D 效率进行定量分析以衡量 R&D 能力显得尤为重要。

本书第二章中的国内外现有有关文献综述已表明，目前大部分文献只是在选取投入与产出指标的基础上对 R&D 效率进行简单测度，尚未对影响 R&D 效率的其他因素进行深入分析与检验。本书利用效率测度的随机前沿生产函数法进行研究，并考虑到人力资本、政府政策等变量因素对 R&D 效率的影响，使研究结果更科学、合理，以及所提对策更加接近于实际。

目前对 R&D 效率进行测度的方法主要有参数方法和非参数方法。参数方法主要是通过统计方法估计边界函数，主要特点在于预先设定生产函数的形式，以及对残差项预设若干假设。随机前沿函数法是前沿生产函数参数方法的典型方法之一。而在使用非参数法对效率进行研究时，因约束较少，无须设定前沿生产函数，主要利用数学规划来求解前沿生产面，典型方法之一就是数据包络分析法。但非参数方法（以 DEA 方法为例）与参数方法相比，具有自身的不足。DEA 方法用经营最好的观察单位去找到一个最小成本的界限，把偏离前沿面的所有偏离都归于效率低下。首先，此方法没有考虑由于统计上的误差造成的干扰，它混淆了效率低下和统计干扰，影响了测量结果的可信度。其次，与参数方法测度的结果相比，DEA 方法测度的结果偏低且离散程度较高。Berger 和 Hunphrey（1997）在对 188 项关于美国银行业的效率研究报告进行分析后发现，使用非参数方法得到的均值为 0.72，标准差为 0.17，而参数方法的均值为 0.84，标准差仅为 0.06。最后，DEA 方法测度的结果不能像参数方法那样方便地进行显著性检验，DEA 方法更关注技术上的最优而不是经济上的最优。

随机前沿分析方法由 Aigner、Lovell 和 Schmidt（1977），Battese 和 Coraa（1977），Meeusen 和 Broeck（1977）共同提出，并在实践中逐步完善。此方法主要是通过估计生产函数来设定前沿面，既可以测算出若干个决策单元的 R&D 效率，也可以定量分析各种相关因素对个体差异效率的具体影响。根据 Kumbhakar 和 Lovell（2000）的总结，面板数据的随机前沿模型的基本形式可以表达为：

$$Y = f(X)\exp(v - u) \tag{5-1}$$

式（5-1）中，v 代表影响生产活动的随机因素，一般假设它是独立同分布（i.i.d）的正态随机变量，具有 0 均值和不变方差；$f(X)\exp(v)$ 代表随机前沿生产函数；u（非负）代表着生产效率或管理效率，一般假设它是独立同分布的半正态随机变量或指数随机变量，独立于 v。

假设生产函数取 C-D 形式：

$$\ln y_i = \beta_0 + \sum_n \beta_n \ln X_{ni} + V_i - U_i \quad i = 1, 2, \cdots, I \tag{5-2}$$

在上述 v 和 u 的假设下，式（5-3）说明了 U_i 为技术无效率影响的界定：

$$U_i = \delta_0 + \delta_i z_i + W_i \tag{5-3}$$

其中，δ 表示待估向量，z_i 表示与生产期间的技术无效率相关联的解释变量向量，设 W_i 服从截尾正态分布 $N(0, \sigma^2)$。可以使用最大似然法（ML）或调整最小二乘法（MOLS）估计参数和误差项 $V_i - U_i$，进而得到技术效率：

$$TE_i = E(-U_i) = E(-z_i\delta - W_i) \tag{5-4}$$

采用随机前沿函数来测度技术效率和其他外生因素对 R&D 效率的影响，关键环节在于估计方法选取的合理性。较早的研究文献中，主要采用两步估计法(即先用随机前沿模型测算技术效率，再用技术效率估计值对其他外生因素回归)来反映外生变量对 R&D 效率的影响。但两步估计法存在明显的缺陷，如假定所选取的投入指标与外生变量之间不存在相关性，就会导致第二步的无效率方程系数是有偏的；再者就是随机前沿模型往往假设无效率项同分布，但技术效率项经常会伴随着不同的外生变量而变化。因此本书选取一步估计法，即前沿生产函数与技术效率的外生影响因素联合估计的方法，通过对无效率项的均值建立回归方程，检验影响技术效率的外生因素显著性，来度量其对技术效率的影响。一步估计法由于其良好的计量特性而成为当前技术效率外生性研究的主流方法。另外，由于本研究采用的是面板数据，对技术是否为中性、产出弹性是否固定等问题的研究并不能事先确定，因此本书选取 Battese 和 Coelli（1992、1995）发展的超越对数生产函数的随机前沿模型，具体形式如式（5-5）所示：

$$\ln y_{it} = \beta_0 + \sum_j \beta_j \ln x_{jit} + \beta_t t + \frac{1}{2}\sum_j \sum_m \beta_{jm} \ln x_{jit} \ln x_{mit} + \frac{1}{2}\beta_{it} t^2 + \sum_j \beta_{jt} t \ln x_{jit} + v_{it} - u_{it} \tag{5-5}$$

式（5-5）中，y_{it} 为产出，x_{jit}、$\ln x_{mit}$ 为生产要素的投入，β 为待估变量的系数，j 和 i 代表第 j 和第 i 个投入变量，其余变量和误差项定义与前文相同。

根据 Battese 和 Coelli 的超越对数生产函数的随机前沿模型的基本原理，运用对数型柯布—道格拉斯生产函数，本书在 2002~2008 年全国省际区域面板数据的基础上，对我国 R&D 效率及其影响因素进行测算。在构建模型过程中，国内学者朱承亮等（2009）在进行中国经济增长效率影响因素研究时所提出的模型对本书研究具有借鉴意义。本书所构建的具体研究模型如下：

$$\ln Y_{it} = \beta_0 + \beta_1 \ln RDL_{it} + \beta_2 \ln RDK_{it} + v_{it} - u_{it} \tag{5-6}$$

$$M_{it} = \delta_0 + \delta_1 GOV_{it} + \delta_2 FDI_{it} + \delta_3 HC_{it} + W_{it} \tag{5-7}$$

$$TE_{it} = \exp(-u_{it}) \tag{5-8}$$

$$\gamma = \sigma_u / (\sigma_u^2 + \sigma_v^2) \tag{5-9}$$

在式（5-6）中，Y_{it} 表示第 i 省市区 t 年度的国内专利申请受理量（单位：项），RDL_{it} 表示第 i 省市区 t 年度的 R&D 人员全时当量（单位：人·年），RDK_{it} 表示第 i 省市区 t 年度的 R&D 经费投入（单位：万元），β_0 为截距项，β_1 和 β_2 分别表示 R&D 人员和 R&D 资本的产出弹性系数；v_{it} 和 u_{it} 表示误差项，其中 v_{it}~N（0，σ_v^2），表示我国 R&D 效率的外部影响因素和一些数据上的统计误差，u_{it}~N(m_{it}，σ_v^2)，反映在第 t 时期仅仅作用于第 i 省市区的随机因素，且 v_{it} 和 u_{it} 是相互独立的。由于在本书中重点考察政府对科技活动的支持强度（COV_{it}）、外商直接投资强度（FDI_{it}）、人力资本（HC_{it}）等影响因素对 R&D 效率的影响，所以无效率函数设定如式（5-7）所示。判断上述设定的模型是否合理，需考虑式（5-7）随机误差中技术无效的比重，即考虑 $\gamma = \sigma_U^2/\sigma_V^2 + \sigma_U^2 (0 \leq \gamma \leq 1)$ 中 γ 的大小，γ 越接近于 1，越能说明随机前沿生产函数的误差主要来源于随机变量 u_{it}，此时，采用 SFA 方法对生产函数进行估计也就越合适。

第三节 变量选择与数据处理

构建评价指标体系是评价工作的基础，合理、科学地建立指标体系是一项十分复杂的系统工程。要想对我国 R&D 投入绩效进行合理、科学的评价，选择评价指标是关键步骤之一。由于被评价主体具有复杂性特征，评价结果可能受到多重因素的影响。为了全面揭示复杂的影响关系，就需要选择多指标来对 R&D 投入绩效进行评价。而评价指标的选取是否合适，将直接影响到评价过程的科学性以及结论的准确性。评价指标选取过多或过少，都会影响最终的评价结果。所以在构建评价指标体系时应遵循以下基本原则：一是系统性原则，即应从系统观点去选择评价指标体系，这样就能够全面地反映被评价对象的整体情况。二是可操作性原则。在进行绩效评价时，所选的评价指标所需数据资料能够易于采集，且选取的评价指标体系及计算方法可操作。三是有效性原则。所选取的绩效评价体系必须与评价对象的内涵等方面相符合，以便能够反映出被评价对象的真实绩效水平。

本书的 R&D 效率情况主要是基于省域层面上的，主要原因一是了解各区域在 R&D 投入方面的差距，二是明确区域科技发展的根本方向，有利于区域科技的协调发展，有选择性地发展特色科技，依托特定产业发展区域科技，提高区域基本科技能力和培育科技创新能力，形成区域经济增长的动力源，有利于落后地区实现跨越式发展。[①] 为了保持统计口径的一致性，港澳台地区、西藏自治区均被排除在本书的研究样本之外。本书的研究样本包括 30 个省市区，东部地区包括北京、天津、河北、辽宁、上海、江苏、浙江、福建、山东、广东和海南共 11 个省市；中部地区包括山西、吉林、黑龙江、安徽、江西、河南、湖北、湖

① 吴贵生，魏守华等. 区域科技论［M］. 北京：清华大学出版社，2007.

南共 8 个省；西部地区包括内蒙古、重庆、四川、陕西、贵州、云南、甘肃、青海、宁夏、广西、新疆共 11 个省市区。

在进行 R&D 效率评价之前，需要解决的一个重要问题是确定 R&D 投入项和产出项。一般来说，进行 R&D 活动的投入项有人员、资金、信息、智力、物力、政策、战略等，其中经济学家比较关注的是人力和财力的投入。信息、智力等是一些难以测定的因素，包括政策、战略等可以转化为边界条件。反映 R&D 人员投入的指标有两个：一是 R&D 人员（人），是指参与 R&D 活动的人员数量；另一个是 R&D 人员折合全时当量（人·年），它是按照 R&D 人员实际参与 R&D 活动的时间折合的 R&D 活动当量。一般来讲，后者更能反映 R&D 活动人员的投入情况。另外，R&D 活动的产出也是多种多样，主要有专利、论文、技术市场合同成交额、产品、高技术产品出口额等。因此，为准确、全面反映 R&D 投入绩效评价的科学性，论文研究过程中一方面参考瑞士洛桑国际惯例开发学院（IMD）发表的《国际竞争力报告》（简称《洛桑报告》）、世界经济论坛（WEF）的《全球竞争力报告》、OECD 的 Industry and Technology—Scoreboard of Indicator，以及韩国和日本的相关指标，另一方面利用因子分析法，对反映 R&D 投入与产出的多个指标进行处理（研究表明，检验变量间的相关系数大小主要采用 KMO 检验，值越大越好，一般认为 KMO 值大于 0. 5 即可做因子分析），[①] 再采用主成分分析（PCA）进行降维，即把多个指标转换成少数的几个相关性不大的综合指标。根据因子得分系数矩阵得出 k 个因子与 n 个指标的线性组合，即 $F_k = \sum_{n=1}^{N} a_n X_n$，计算出因子值。

利用 SPSS16.0 统计软件对 R&D 投入和产出的具体指标进行因子分析，投入指标和产出指标的 KMO 检验值分别为 0.703 和 0.654，根据因子分析的可行性检验规则，可以进行因子分析。根据具体分析，R&D 经费投入与 R&D 人员投入两个因子的累积贡献率达到 99.076%，R&D 产出的专利授权量和论文数两个因子的

---

① 吕喜英. 基于 DEA 的我国科技投入产出二次绩效评价［J］. 广西财经学院学报，2009（6）：47-52.

累积贡献率达到 96.936%，故本书研究中 R&D 投入指标项选取 R&D 人员投入（R&D 人员折合全时当量指标来反映 R&D 活动人员的投入情况）和 R&D 经费投入（R&D 经费也是反映国家、地区对 R&D 活动重视程度及用来衡量国家间、地区间发展水平、科技实力的国际通用指标）；在对 R&D 产出指标项进行选取时，考虑到 SFA 测度模型自身的特点，本书只选取具有代表性的专利授权量作为衡量指标。这与国内学者如朱有为（2006）、冯根福（2006）等在对 R&D 效率研究时选取的指标是一致的。

根据以上相关原则，结合 SFA 模型及 R&D 投入和产出的实际情况，各决策单元的投入、产出指标体系如表 5-1 所示。

表 5-1 各决策单元 R&D 投入与产出指标体系

目标层	指标变量
R&D 投入	R&D 人员投入
	R&D 经费投入
R&D 产出	专利授权量

本书涉及的所有原始数据均来源于《中国科技统计年鉴》（1999~2009）、《中国统计年鉴》（1999~2009）、《新中国 55 年统计资料汇编》。

研究数据如表 5-2~表 5-8 所示。

表 5-2 2002~2008 年我国部分省市区发明专利申请受理量

单位：项

省市区	2002	2003	2004	2005	2006	2007	2008
北京	13842	17003	18402	22572	26555	31680	43508
天津	5360	6812	8406	11657	13299	15744	18230
河北	5390	5623	5647	6401	7220	7853	9128
山西	1630	1743	1949	1985	2824	3333	5386
内蒙古	1202	1393	1457	1455	1946	2015	2221
辽宁	9851	13545	14695	15672	17052	19518	20893
吉林	3413	4267	3657	4101	4578	5251	5536
黑龙江	4392	4972	4919	6050	6535	7242	7974

续表

省市区	2002	2003	2004	2005	2006	2007	2008
上海	19970	22374	20471	32741	36042	47205	52835
江苏	13075	18393	23532	34811	53267	88950	128002
浙江	17265	21463	25294	43221	52980	68933	89931
安徽	2312	2676	2943	3516	4679	6070	10409
福建	6522	7236	7498	9460	10351	11341	13181
江西	2037	2434	2685	2815	3171	3548	3746
山东	12856	15794	18388	28835	38284	46849	60247
河南	4441	5261	6318	8981	11538	14916	19090
湖北	4960	6635	7960	11534	14576	17376	21147
湖南	4859	6054	7693	8763	10249	11233	14016
广东	34352	43186	52201	72220	90886	102449	103883
广西	1927	2250	2202	2379	2784	3480	3884
海南	546	445	375	498	538	632	873
重庆	3142	4589	5171	6260	6471	6715	8324
四川	5997	7443	7260	10567	13109	19165	24335
贵州	1260	1242	1486	2226	2674	2759	2943
云南	1780	1966	2132	2556	3085	3108	4089
陕西	2530	3421	3217	4166	5717	8499	11898
甘肃	781	961	910	1759	1460	1608	2178
青海	151	173	124	216	325	387	431
宁夏	503	441	399	516	671	838	1087
新疆	1239	1473	1492	1851	2256	2270	2412

数据来源：《中国科技统计年鉴（2003~2009）》。

表 5-3　2002~2008 年我国部分省市区 R&D 人员全时当量

单位：人·年

省市区	2002	2003	2004	2005	2006	2007	2008
北京	114919	109947	151542	171045	168398	187578	189551
天津	26216	28808	29553	33441	37164	44854	48348
河北	32899	34438	34823	41703	43740	45334	46155

续表

省市区	2002	2003	2004	2005	2006	2007	2008
山西	17183	18483	18504	27438	38767	36864	43986
内蒙古	8679	8686	11417	13504	14751	15373	18264
辽宁	64703	56031	59967	66104	69048	77157	76673
吉林	19580	19480	22156	25642	28456	32509	31731
黑龙江	34198	34635	39233	44203	45068	48205	50717
上海	54749	56211	59089	67048	80201	90145	95129
江苏	90574	98054	103295	128028	138876	160482	195333
浙江	39973	46580	63100	80120	102761	129393	159589
安徽	23748	25107	24113	28405	29875	36163	49465
福建	22448	26614	31792	35716	40238	47593	59270
江西	15335	16999	19225	22064	25797	27123	28241
山东	72630	78260	72255	91142	96637	116470	160420
河南	41492	40742	42126	51181	59692	64879	71494
湖北	55509	51901	50311	61226	62100	67403	72751
湖南	29228	26988	31334	38044	39752	44942	50253
广东	86881	93812	93051	119359	147233	199464	238684
广西	12085	13188	14801	17947	18940	20141	23243
海南	848	1040	1409	1225	1209	1262	1726
重庆	17572	17744	20739	24619	26826	31563	34421
四川	61312	57867	60117	66382	68584	78849	86736
贵州	8960	8623	7793	9779	10737	11365	11458
云南	13938	12943	14695	14798	16027	17819	19754
陕西	60533	54239	49020	53656	59458	65072	64752
甘肃	14693	16888	14420	16795	16696	18769	20118
青海	2037	2265	2649	2590	2610	2915	2501
宁夏	2975	2718	3515	4046	4412	5565	5153
新疆	5317	5335	6141	6986	7408	8863	8810

数据来源：《中国科技统计年鉴（2003~2009）》。

表 5-4 2002~2008 年我国部分省市区 R&D 经费支出

单位：万元

省市区	2002	2003	2004	2005	2006	2007	2008
北京	2195401	2562518	3173331	3820683	4329877	5053870	5503499
天津	311878	404290	537501	725659	952370	1146921	1557166
河北	336031	380530	438428	589320	766640	900165	1091113
山西	144131	158256	233570	262814	363388	492506	625574
内蒙古	48285	63898	77951	116956	164860	241982	338950
辽宁	715605	829699	1069142	1247086	1357857	1653989	1900662
吉林	264085	278001	355065	393039	409212	508658	528364
黑龙江	232880	326765	355502	489073	570294	660437	866999
上海	1102663	1289187	1711168	2083538	2588386	3074569	3553868
江苏	1172582	1504625	2139777	2698292	3460695	4301988	5809124
浙江	542865	752256	1155471	1632921	2240315	2816032	3445714
安徽	256977	324219	379356	458994	593365	717914	983208
福建	243999	375019	458874	536186	674333	821721	1019288
江西	117173	169772	215281	285314	377619	487867	631468
山东	881631	1038442	1421242	1951449	2341299	3123081	4337171
河南	293151	341910	423556	555824	798419	1011299	1222763
湖北	478843	548173	566204	749531	944297	1113179	1489859
湖南	262135	300904	370442	445235	536174	735536	1127040
广东	1564491	1798393	2112055	2437605	3130433	4042910	5025577
广西	90478	112389	118659	145947	182403	220030	328306
海南	12178	12126	20870	15950	21044	26020	33479
重庆	126195	174401	236525	319586	369140	469876	601525
四川	619233	794211	780122	965760	1078405	1391401	1602595
贵州	60722	78853	86772	110349	145113	137434	189298
云南	97928	110074	125061	213233	209187	258776	309909
陕西	607149	679914	834788	924462	1013558	1217106	1432726
甘肃	109594	127702	143946	196136	239530	257220	318014
青海	20823	24070	30364	29554	33412	38093	39092
宁夏	19050	23828	30513	31681	49749	74724	75490
新疆	35182	37957	60134	64087	84760	100169	160113

数据来源：《中国科技统计年鉴（2003~2009）》。

表 5-5　2002~2008 年我国部分省市区 GDP

单位：亿元

省市区	2002	2003	2004	2005	2006	2007	2008
北京	4330.40	5023.77	6060.28	6886.31	7870.28	9353.32	10488.03
天津	2150.76	2578.03	3110.97	3697.62	4359.15	5050.40	6354.38
河北	6018.28	6921.29	8477.63	10096.11	11660.43	13709.50	16188.61
山西	2324.80	2855.23	3571.37	4179.52	4752.54	5733.35	6938.73
内蒙古	1940.94	2388.38	3041.07	3895.55	4791.48	6091.12	7761.80
辽宁	5458.22	6002.54	6672.00	7860.85	9251.15	11023.49	13461.57
吉林	2348.54	2662.08	3122.01	3620.27	4275.12	5284.69	6424.06
黑龙江	3637.20	4057.40	4750.60	5511.50	6188.90	7065.00	8310.00
上海	5741.03	6694.23	8072.83	9164.10	10366.37	12188.85	13698.15
江苏	10606.85	12442.87	15003.60	18305.66	21645.08	25741.15	30312.61
浙江	8003.67	9705.02	11648.70	13437.85	15742.51	18780.44	21486.92
安徽	3519.72	3923.10	4759.32	5375.12	6148.73	7364.18	8874.17
福建	4467.55	4983.67	5763.35	6568.93	7614.55	9249.13	10823.11
江西	2450.48	2807.41	3456.70	4056.76	4670.53	5500.25	6480.33
山东	10275.50	12078.15	15021.84	18516.87	22077.36	25965.91	31072.06
河南	6035.48	6867.70	8553.79	10587.42	12495.97	15012.46	18407.78
湖北	4212.82	4757.45	5633.24	6520.14	7581.32	9230.68	11330.38
湖南	4151.54	4659.99	5641.94	6511.34	7568.89	9200.00	11156.64
广东	13502.42	15844.64	18864.62	22366.54	26204.47	31084.40	35696.46
广西	2523.73	2821.11	3433.50	4075.75	4828.51	5955.65	7171.58
海南	621.97	693.20	798.90	894.57	1052.85	1223.28	1459.23
重庆	1990.01	2272.82	2692.81	3066.92	3491.57	4122.51	5096.66
四川	4725.01	5333.09	6379.63	7385.11	8637.81	10505.30	12506.25
贵州	1243.43	1426.34	1677.80	1979.06	2282.00	2741.90	3333.40
云南	2312.82	2556.02	3081.91	3472.89	4006.72	4741.31	5700.10
陕西	2253.39	2587.72	3175.58	3772.69	4523.74	5465.79	6851.32
甘肃	1232.03	1399.83	1688.49	1933.98	2276.70	2702.40	3176.11
青海	340.65	390.20	466.10	543.32	641.58	783.61	961.53
宁夏	377.16	445.36	537.16	606.26	710.76	889.20	1098.51
新疆	1612.65	1886.35	2209.09	2604.19	3045.26	3523.16	4203.41

数据来源：《中国统计年鉴（2003~2009）》。

表5-6 2002~2008年我国部分省市区政府对科技活动支持强度（财政科技投入/总投入）

省市区	2002	2003	2004	2005	2006	2007	2008
北京	0.48305	0.439135	0.452337	0.451739	0.428893	0.479735	0.455496
天津	0.213583	0.18662	0.168392	0.185845	0.142303	0.12553	0.131885
河北	0.253576	0.263508	0.215855	0.18284	0.207501	0.195909	0.199122
山西	0.246927	0.229452	0.18501	0.188608	0.131168	0.113816	0.119144
内蒙古	0.367988	0.341424	0.281605	0.249051	0.228262	0.22909	0.166839
辽宁	0.288684	0.224488	0.210901	0.197443	0.212488	0.23094	0.214725
吉林	0.242156	0.236613	0.26382	0.184951	0.213103	0.246516	0.275762
黑龙江	0.289322	0.315217	0.247616	0.305397	0.257157	0.351233	0.341267
上海	0.225538	0.230554	0.222251	0.224147	0.209193	0.24042	0.270568
江苏	0.127009	0.146924	0.120559	0.146881	0.131499	0.128238	0.116619
浙江	0.134444	0.129845	0.130163	0.12312	0.119289	0.105457	0.091914
安徽	0.305275	0.217447	0.245399	0.235198	0.201212	0.199312	0.161555
福建	0.134844	0.107642	0.116138	0.104107	0.091236	0.114445	0.100738
江西	0.318907	0.246658	0.237628	0.177365	0.189943	0.221561	0.201382
山东	0.105644	0.091138	0.107678	0.083671	0.088233	0.082479	0.083655
河南	0.233919	0.196897	0.171308	0.20451	0.165872	0.149364	0.131978
湖北	0.316474	0.29779	0.256285	0.288329	0.285437	0.311109	0.261836
湖南	0.206362	0.17649	0.162247	0.167381	0.183483	0.169386	0.173704
广东	0.105614	0.104142	0.09958	0.101049	0.106279	0.094538	0.087714
广西	0.25353	0.226917	0.221313	0.17721	0.240189	0.225605	0.179806
海南	0.618768	0.533253	0.385563	0.258234	0.336215	0.426967	0.414227
重庆	0.195612	0.173476	0.17378	0.167852	0.161662	0.156569	0.135566
四川	0.42611	0.420387	0.356469	0.368088	0.405091	0.354812	0.377728
贵州	0.320631	0.274463	0.223111	0.222469	0.226435	0.226681	0.211263
云南	0.413678	0.392742	0.354747	0.358593	0.341611	0.34344	0.294611
陕西	0.570829	0.505118	0.462243	0.53162	0.533277	0.546694	0.513172
甘肃	0.420658	0.408507	0.350063	0.340409	0.277946	0.261514	0.289246
青海	0.295809	0.309049	0.225776	0.222676	0.270094	0.259982	0.198299
宁夏	0.310164	0.256374	0.257497	0.232354	0.212291	0.181338	0.19124
新疆	0.27565	0.258369	0.194698	0.207782	0.182598	0.240953	0.202589

数据来源：由《中国科技统计年鉴（2003~2009）数据计算而得》。

表 5-7　2002–2008 年我国部分省市区外商直接投资强度（实际利用外商投资额/GDP）

省市区	2002	2003	2004	2005	2006	2007	2008
北京	1.172105	1.046813	0.726577	0.721708	0.705991	0.712339	0.650901
天津	1.474029	1.405211	1.250445	1.257681	1.254523	1.24798	1.025348
河北	0.209228	0.204276	0.196238	0.177934	0.168865	0.161476	0.145184
山西	0.236668	0.20618	0.15991	0.151113	0.186189	0.235901	0.180165
内蒙古	0.114201	0.147651	0.293941	0.265798	0.246234	0.214077	0.198241
辽宁	1.043862	1.013522	0.842318	0.833591	0.814315	0.750272	0.643641
吉林	0.660071	0.599289	0.514316	0.468612	0.574326	0.450858	0.189078
黑龙江	0.159225	0.151775	0.165515	0.163195	0.176467	0.155948	0.135138
上海	1.958226	1.997031	1.765508	1.795713	1.734108	1.60349	1.490562
江苏	0.976914	0.996453	1.19709	1.189085	1.194384	1.128525	0.952961
浙江	0.458672	0.539399	0.592586	0.621242	0.636528	0.589755	0.511519
安徽	0.224118	0.242617	0.22434	0.235916	0.237259	0.245281	0.19929
福建	1.050086	1.045946	0.989479	0.939393	0.919193	0.844379	0.719521
江西	0.333335	0.39967	0.390291	0.373363	0.395985	0.400485	0.358863
山东	0.369345	0.397091	0.382383	0.347808	0.31956	0.282041	0.226114
河南	0.158539	0.148283	0.144175	0.159696	0.148642	0.129953	0.110565
湖北	0.271631	0.27085	0.333526	0.323892	0.294422	0.258211	0.208594
湖南	0.173525	0.18226	0.174575	0.199026	0.224338	0.201041	0.165722
广东	1.666971	1.465538	1.14513	1.058164	0.956149	0.857909	0.72502
广西	0.352054	0.316174	0.306146	0.295651	0.297177	0.279713	0.250105
海南	1.364562	1.097985	0.890981	0.842457	0.893453	5.849438	4.6004
重庆	0.289402	0.240799	0.221304	0.214231	0.212334	0.364728	0.324973
四川	0.2037	0.206797	0.181633	0.18413	0.183656	0.194476	0.233865
贵州	0.13211	0.128191	0.108529	0.096857	0.090827	0.077579	0.06699
云南	0.224495	0.245408	0.212163	0.198607	0.212888	0.189768	0.171876
陕西	0.418452	0.400284	0.325799	0.305323	0.26257	0.229186	0.13879
甘肃	0.154387	0.137305	0.151959	0.133847	0.098041	0.086213	0.083682
青海	0.169973	0.166679	0.177576	0.10554	0.248505	0.235406	0.239184
宁夏	0.568066	0.834316	0.631746	0.602112	0.493499	0.186638	0.154844
新疆	0.059222	0.055132	0.052454	0.058193	0.068062	0.06669	0.075338

数据来源：由《中国统计年鉴（2003~2009）》数据计算而得。

表 5-8　2002~2008 年我国部分省市区人力资本（每万人口在校大学生人数比重）

省市区	2002	2003	2004	2005	2006	2007	2008
北京	0.0286	0.0313	0.0620	0.0658	0.0690	0.0683	0.0675
天津	0.0215	0.0266	0.0384	0.0434	0.0460	0.0460	0.0453
河北	0.0070	0.0082	0.0137	0.0144	0.0163	0.0171	0.0181
山西	0.0063	0.0083	0.0143	0.0161	0.0179	0.0186	0.0198
内蒙古	0.0051	0.0067	0.0114	0.0130	0.0141	0.0151	0.0165
辽宁	0.0109	0.0124	0.0185	0.0214	0.0238	0.0250	0.0262
吉林	0.0100	0.0184	0.0190	0.0214	0.0236	0.0249	0.0266
黑龙江	0.0088	0.0103	0.0166	0.0189	0.0209	0.0221	0.0235
上海	0.0249	0.0282	0.0369	0.0384	0.0421	0.0432	0.0437
江苏	0.0095	0.0116	0.0177	0.0201	0.0230	0.0254	0.0268
浙江	0.0085	0.0104	0.0165	0.0189	0.0212	0.0225	0.0232
安徽	0.0052	0.0064	0.0098	0.0111	0.0135	0.0148	0.0166
福建	0.0056	0.0073	0.0119	0.0143	0.0166	0.0179	0.0194
江西	0.0064	0.0086	0.0141	0.0177	0.0211	0.0211	0.0206
山东	0.0064	0.0083	0.0136	0.0160	0.0181	0.0192	0.0207
河南	0.0049	0.0058	0.0094	0.0112	0.0133	0.0145	0.0165
湖北	0.0098	0.0120	0.0200	0.0218	0.0254	0.0268	0.0272
湖南	0.0063	0.0081	0.0127	0.0145	0.0172	0.0184	0.0197
广东	0.0060	0.0075	0.0129	0.0146	0.0159	0.0172	0.0182
广西	0.0039	0.0047	0.0091	0.0099	0.0123	0.0127	0.0135
海南	0.0000	0.0000	0.0098	0.0113	0.0137	0.0160	0.0180
重庆	0.0068	0.0082	0.0128	0.0147	0.0191	0.0204	0.0219
四川	0.0049	0.0060	0.0101	0.0120	0.0141	0.0150	0.0164
贵州	0.0032	0.0039	0.0075	0.0084	0.0091	0.0090	0.0097
云南	0.0033	0.0040	0.0080	0.0090	0.0104	0.0108	0.0117
陕西	0.0112	0.0136	0.0211	0.0235	0.0255	0.0268	0.0288
甘肃	0.0055	0.0067	0.0109	0.0121	0.0143	0.0155	0.0169
青海	0.0042	0.0049	0.0089	0.0091	0.0094	0.0093	0.0103
宁夏	0.0051	0.0061	0.0116	0.0128	0.0151	0.0152	0.0161
新疆	0.0070	0.0076	0.0131	0.0133	0.0142	0.0141	0.0141

数据来源：由《中国统计年鉴（2003~2009）》数据计算而得。

指标变量的选取及具体数据处理如下：

一、产出指标

对于 R&D 活动中的产出变量，大多数学者采用专利申请数、新产品销售收入等指标来进行表征。考虑到 SFA 模型自身特点（即只能选取一个代表性的产出指标）和我国新产品的定义及统计口径并不清晰，本书并未选取“新产品销售收入”指标，而是选取专利申请数来代表产出变量。专利是衡量创新活动的可靠指标，国外学者对专利与 R&D 的关系也进行了大量的实证研究。研究表明，R&D 与专利之间存在高度显著的相关性，即使考虑到滞后效应也是如此。专利一般包括专利受理量和专利授权量两个指标，而专利授权量由于受到政府专利机构等人为因素的影响，有较大的不确定性，因而专利受理量比专利授权量更能反映研发产出的真实水平。鉴于此，本书选取国内专利受理量作为衡量 R&D 活动的产出指标。

二、投入指标

对于 R&D 活动的投入指标，文献中通常选用 R&D 经费支出和 R&D 人员来衡量，如冯根福等（2006）、朱有为（2006）、白俊红（2008、2009）等。根据 R&D 活动的特征及我国统计指标的特点，本书选取 R&D 人员全时当量（单位：人·年）作为衡量 R&D 活动的人员投入指标。Griliches（1990）、吴延兵（2006）研究表明，R&D 活动对知识生产的影响不仅反映在当期，对以后的知识生产也将产生影响。因此，R&D 经费支出是论文研究过程中所采取的另外一个重要投入指标。

三、影响因素变量

影响因素变量包括以下三个方面：

（1）GOV_{it} 表示政府对科技活动的支持强度，为 i 省份 t 年度的财政科技投入占总投入的比重。

（2）FDI_{it} 表示外资依存度，为 i 省份 t 年度的实际利用外商直接投资额与当年 GDP 的比值，它可以从整体上反映各省份所吸收外商直接投资的相对规模。其中，实际利用外商直接投资额按照当年人民币的平均汇率换算为人民币，再进行测算。

（3）HC_{it} 表示人力资本，用每万人口在校大学生人数比重来衡量。在实际 R&D 活动中，人力资本因素对 R&D 效率的影响作用也比较大。

第四节 实证结果分析

根据上述研究方法和面板数据，我们运用 Frontier 4.1 软件对我国 30 个省市区 2002~2008 年 R&D 效率及其影响因素进行了估计，使用极大似然估计检验模型可获得各项参数，如表 5-9 所示：

表 5-9 回归结果

	系数	标准差	t 检验值
前沿生产函数			
β_0	-2.444^{***}	0.403	-6.062
β_1	0.293^{**}	0.119	2.466
β_2	0.679^{***}	0.107	6.342
技术无效率函数			
δ_0	0.405^{*}	0.275	1.475
δ_1	1.669^{***}	0.306	5.450
δ_2	-0.574^{***}	0.151	-3.810
δ_3	8.960^{**}	3.646	2.458
σ^2	0.152^{***}	0.019	8.174
γ	0.643^{**}	0.304	2.116
Log 函数值	-87.664		
单边 LR 检验	86.982		

续表

	系数	标准差	t 检验值
	技术无效率函数		
样本数	210		
年数	7		
横截面数量	30		
平均效率	0.526		

由回归结果可知，$\gamma = 0.643$，比较接近 1，表明无效率因素 u_{it} 是随机的，且 LR 统计检验在 5%的水平下是显著的，所以采用随机前沿模型对生产函数进行估计就很合适，即对我国 R&D 面板数据使用随机前沿生产函数是应该的，模型是可以接受的。从检验结果来看，几乎都较好地通过了变量的显著性检验，模型拟合度较为理想。具体分析如下：

一、R&D 投入要素与产出弹性的情况

从 R&D 资本和 R&D 人员两要素的产出弹性看，$\beta_1 = 0.293$，$\beta_2 = 0.679$，即 R&D 人员投入增长 1%，可带来我国 R&D 产出增长 0.293 个百分点；R&D 资本投入增长 1%，我国 R&D 产出增长 0.679 个百分点。可以看出，我国 R&D 资本产出弹性高于R&D 人员产出弹性，因此，在我国 R&D 活动中，R&D 资本投入对 R&D 产出起着主要作用。R&D 资本投入对 R&D 产出有更为明显的促进作用，我国 R&D 活动的产出主要是由资本驱动的。

二、各地区不同年份 R&D 效率比较

从回归结果来看，我国 R&D 整体效率还比较低下，平均 R&D 效率仅为 0.526，还有近 50%的改进余地。按年度来看，从 2002 年的 0.539 已经变为 2008 年的 0.526，呈现稍微下降趋势，但下降幅度还是比较小。R&D 效率之所以会下降，原因在于 R&D 资本投入和人员投入比例不够合理、资本使用效率较低及 R&D 人员整体素质不高等。我国区域 R&D 活动技术效率状况如表 5-10 所示。

表 5-10 2002~2008 年我国部分省市区区域 R&D 活动技术效率

省市区	2002	2003	2004	2005	2006	2007	2008	平均
北京	0.322	0.344	0.262	0.265	0.280	0.280	0.332	0.298
天津	0.685	0.690	0.660	0.679	0.655	0.656	0.597	0.660
河北	0.509	0.486	0.461	0.431	0.402	0.394	0.395	0.440
辽宁	0.544	0.659	0.587	0.562	0.555	0.529	0.513	0.564
上海	0.813	0.811	0.668	0.779	0.733	0.749	0.723	0.754
江苏	0.540	0.584	0.603	0.655	0.744	0.834	0.846	0.687
浙江	0.843	0.837	0.768	0.837	0.815	0.824	0.837	0.823
福建	0.828	0.761	0.685	0.716	0.673	0.618	0.583	0.695
山东	0.570	0.601	0.568	0.632	0.678	0.655	0.618	0.617
广东	0.877	0.884	0.876	0.894	0.888	0.858	0.800	0.868
海南	0.867	0.801	0.587	0.808	0.750	0.957	0.943	0.816
东部平均	0.673	0.678	0.611	0.660	0.652	0.669	0.653	0.657
山西	0.391	0.386	0.349	0.308	0.326	0.326	0.380	0.352
吉林	0.508	0.555	0.425	0.439	0.452	0.417	0.394	0.456
黑龙江	0.501	0.457	0.437	0.407	0.409	0.380	0.353	0.421
安徽	0.346	0.356	0.346	0.348	0.375	0.393	0.460	0.375
江西	0.493	0.483	0.448	0.406	0.372	0.347	0.320	0.410
河南	0.461	0.490	0.501	0.525	0.519	0.544	0.577	0.517
湖北	0.362	0.419	0.472	0.498	0.514	0.512	0.514	0.470
湖南	0.556	0.618	0.634	0.612	0.612	0.554	0.511	0.585
中部平均	0.452	0.471	0.452	0.443	0.447	0.434	0.439	0.448
内蒙古	0.536	0.530	0.501	0.409	0.420	0.357	0.327	0.440
广西	0.584	0.581	0.542	0.512	0.487	0.513	0.458	0.525
四川	0.337	0.351	0.353	0.397	0.419	0.480	0.513	0.407
贵州	0.516	0.471	0.525	0.584	0.569	0.586	0.533	0.541
云南	0.464	0.484	0.472	0.416	0.471	0.419	0.463	0.456
陕西	0.184	0.223	0.197	0.208	0.236	0.271	0.312	0.233
甘肃	0.251	0.261	0.253	0.328	0.273	0.276	0.295	0.277
青海	0.284	0.282	0.207	0.297	0.366	0.380	0.429	0.321
新疆	0.704	0.752	0.635	0.683	0.688	0.605	0.527	0.656
重庆	0.650	0.710	0.647	0.620	0.580	0.536	0.542	0.612

续表

地区	2002	2003	2004	2005	2006	2007	2008	平均
宁夏	0.636	0.588	0.444	0.505	0.475	0.420	0.493	0.509
西部平均	0.468	0.476	0.434	0.451	0.453	0.440	0.445	0.452
全国（除港、澳、台地区）	0.539	0.549	0.504	0.525	0.525	0.522	0.520	0.526

由我国区域 R&D 活动不同年份技术效率值统计结果可知，我国 30 个省市区总体 R&D 效率呈现稍微下降趋势，各地区的 R&D 效率也呈现出下降趋势，如东部地区由 2002 年的 0.673 变为 2008 年的 0.653，同时期，中、西部地区分别由 0.452 和 0.468 变化为 0.439 和 0.445。总体看来，我国 R&D 效率呈现出东部地区远高于中、西部地区的局面。从全国范围内来看，广东 R&D 效率最高，陕西最低，其中天津、辽宁、上海、江苏、浙江、福建、山东、广东、海南、湖南、贵州、新疆、重庆等省市区 R&D 效率值大于全国平均值，其他均在平均值之下。因此，目前在全国范围内非常重视 R&D 资本投入和人员投入的趋势下，如何提高 R&D 投入绩效水平的问题应该引起各地区的重视，特别是经济发展水平比较落后的中、西部地区，在继续加大 R&D 投入力度的同时，要提高其 R&D 投入绩效，使科技资源得到合理利用和有效配置。因此，在我国 R&D 效率较低的情况下，未来在 R&D 效率的提高上存在着非常大的空间。

三、R&D 特定变量对 R&D 效率的影响分析

在技术无效率函数中，政府对科技活动的支持强度和人力资本系数显著为正，说明该变量对 R&D 效率没有起到积极作用。在 R&D 活动中，政府进行科技资助的主要目的是引导企业 R&D 投入的方向，降低企业的 R&D 成本，克服由于技术外溢而带来的私人在科技领域的投资与收益不对等问题。但政府对 R&D 进行资助同样具有双面性，政府加大 R&D 投入力度在提高企业 R&D 积极性的同时也会产生一些不利的影响。一方面，如果政府介入了本可以由企业自身完成，或

者说是政府不投入企业也会自发投入的 R&D 领域，那么政府的科技资助并没有增加总的 R&D 供给，反而挤出了企业 R&D 投入；另一方面，政府资助会增加企业对 R&D 资源（如 R&D 人员）的需求量，那么在短期内 R&D 资源供给缺乏弹性的条件下，R&D 资源的价格（如 R&D 人员的工资）就会上升，增加了企业的 R&D 成本，进而可能使企业转向其他的盈利项目，同样也挤出了企业的 R&D 投资（程华，2008）。正如 Goolsbee（1998）在研究中认为，由于 R&D 支出的很大一部分都是用来支付 R&D 人员的工资，而且由于这部分人的科研能力供给缺乏弹性，政府科技资助的效果仅仅是提高了 R&D 人员的工资而已，对改善 R&D 活动的质量并没有多大帮助。① 因此，政府在进行 R&D 投入时更需要合理化的投入结构，将这部分资金投入到具有公益性和社会效益高的研究领域，尽量减少对企业资本的挤出，另外需要建立有效的监督机构，以确保 R&D 创新活动的有效进行和质量改善。

研究结果表明，全国各地区的 R&D 效率呈现出下降趋势，中、西部地区的 R&D 经费和人员投入没有得到有效利用，R&D 投入绩效有待改善的空间很大。直接利用外商投资情况系数显著为负，说明该变量对 R&D 效率有明显的促进作用。2002~2008 年政府对科技活动的支持强度和人力资本对我国 R&D 效率没有起到明显的促进作用；直接利用外商投资对我国 R&D 效率起到了明显的促进作用。在继续加大 R&D 投入力度的同时，应当科学地配置 R&D 科技资源，要提高 R&D 投入的效率，将 R&D 投入用于促进自主创新，将科技成果转化为生产力，实现科技发展由粗放型向集约型转变。

① Goolsbee，A. Does Government R&D Policy Mainly Benefit Scientists and Engineers [J]. American Economic Review，1998，88 (2)：298-302.

第六章　我国 R&D 投入现状分析及国际比较

在全球金融危机的背景下，科技创新的作用日益凸显，许多国家采取积极的科技创新政策，以科技创新为动力，推动国家从危机中复苏。但在此背景下，R&D 投入趋势发生了新的变化：一方面，世界各国经济增长放缓，全球主要国家 GDP 增速迅速下滑，R&D 经费来源紧张；另一方面，面对危机，各国更加重视 R&D 投入的重要性。因此，分析近期全球 R&D 投入趋势及我国 R&D 投入现状，了解我国当前在 R&D 投入力度、R&D 投入强度等方面与其他国家的差距，以及如何弥补这些差距对提高我国自主创新能力，提高科技对经济社会发展的支撑能力具有重要意义。

自我国实施科教兴国战略以来，R&D 投入力度和规模不断加大，R&D 投入总量自 1991 年的 150.8 亿元增加到 2008 年的 4616.0 亿元，年均增长率为 20.1%，R&D 投入强度也从 1991 年的 0.7%提高到 2008 年的 1.54%，保持了高速增长。R&D 人员总量也有大幅度增长，由 1992 年的 67.43 万人·年增加到 2008 年的 196.54 万人·年。但与世界上发达国家和新型工业化国家相比，我国 R&D 经费投入、人员投入的绝对量和相对量都存在很大的差距，我国 R&D 经费支出结构也存在较大问题。总结分析我国 R&D 投入的总体现状，并与国际进行横向比较，有利于找出我国 R&D 投入存在的主要症结，以便为我国政府、企业和社会各界今后的 R&D 投入提供借鉴。

第一节 我国 R&D 投入产出现状

一、我国 R&D 投入经费情况

作为科技活动的核心，R&D 活动关系到一个国家和地区的综合竞争力并进而影响其经济发展。而在 R&D 活动中，R&D 投入是国家提高自主创新能力的基础条件，也是推动科学技术跨越式发展的重要保证。自改革开放以来，我国政府采取多种措施激励企业增加 R&D 投入，国家财政 R&D 投入也逐年增加，使我国 R&D 经费支出保持了持续增长的趋势。据相关统计数据，2008 年我国 R&D 经费总支出为 4616.0 亿元，比 2007 年增加 905.8 亿元，增长 24.4%；R&D 经费投入强度（R&D/GDP）为 1.54%，比 2007 年的 1.49%有所提高。2008 年按 R&D 人员（全时工作量）计算的人均经费支出为 23.5 万元，比 2007 年增加 2.1 万元。从 R&D 活动类型来看，2008 年基础研究经费支出为 220.8 亿元，比 2007 年增长 26.5%；应用研究经费支出为 575.2 亿元，增长 16.7%；试验发展经费支出 3820 亿元，增长 25.5%；基础研究、应用研究、试验发展经费支出所占比重分别为 4.8%、12.5%和 82.8%（见表 6-1）。2008 年三者的经费支出量比历年都有所增加，尤其是基础研究经费支出明显增加，保持了较快的增长速度。这也表明我国对基础研究领域的重视，这对实施自主创新战略是非常有利的。我国 R&D 投入规模、R&D 投入强度呈逐年递增趋势。

从表 6-1 中可以看出，1995~2008 年，我国 R&D 经费投入总体呈上升趋势，尤其 2000 年以后，增长速度较快。R&D 投入总量也不断增加，从 1995 年的 348.7 亿元增加到 2008 年的 4616.0 亿元，年平均名义增长率为 25.3%，高于同期的 GDP 增长。按照国际惯例，只有 R&D 投入增长率高于 GDP 增长率，科技发展的实力和后劲才能得到不断加强和长期保持。根据相关资料，我国总的发展趋

表 6-1　1995~2008 年我国 R&D 经费投入总体情况及占 GDP 比重

单位：亿元

年份	R&D 经费投入的应用结构							R&D 经费/GDP (%)
	R&D 总量	基础研究		应用研究		试验开发		
		投入量	比例（%）	投入量	比例（%）	投入量	比例（%）	
1995	348.7	18.2	5.2	92.1	26.4	238.5	68.4	0.57
1996	404.5	20.2	5.0	99.1	24.5	285.2	70.5	0.57
1997	509.2	27.5	5.4	132.4	26.0	349.3	68.6	0.64
1998	551.1	29.2	5.3	124.6	22.6	397.3	72.1	0.65
1999	678.9	34.0	5.0	151.4	22.3	493.5	72.7	0.76
2000	895.7	46.73	5.22	151.90	16.96	697.03	77.82	1.00
2001	1042.5	55.60	5.33	184.85	17.73	802.03	76.93	1.09
2002	1287.6	73.77	5.73	246.68	19.16	967.20	75.12	1.07
2003	1539.6	87.7	5.7	311.5	20.2	1140.5	74.1	1.13
2004	1966.3	117.2	6.0	400.5	20.4	1448.7	73.6	1.23
2005	2450.0	131.2	5.4	433.5	17.7	1885.3	76.9	1.33
2006	3003.1	155.8	5.3	504.5	16.8	2342.8	78.0	1.42
2007	3710.2	174.5	4.7	492.9	13.3	3042.8	82.0	1.49
2008	4616.0	220.8	4.8	575.2	12.5	3820	82.8	1.54

数据来源：根据中国科技统计数据、国家统计局有关数据整理而得。

势是 1991~1992 年的 R&D 投入增长率仅略高于 GDP 的增长率，而 1993~1996 年的 R&D 投入增长率更是低于 GDP 的名义增长率，我国 1997 年以后才逐渐加大对 R&D 的投入。从长期来看，由于我国 R&D 投入的基数很小，投入的绝对值与发达国家相比差距还很大。

从执行部门来看，2008 年各类企业 R&D 经费支出为 3381.7 亿元，比 2007 年增长 26.1%；政府部门研究机构 R&D 经费支出为 811.3 亿元，增长 17.9%；高等学校 R&D 经费支出为 390.2 亿元，增长 24%。企业、政府部门研究机构、高等学校 R&D 经费支出占全国总支出的比重分别为 73.3%、17.6%和 8.5%。

分产业部门看，2008 年九大行业的 R&D 经费投入强度（与主营业务收入之比）超过 1%。专用设备制造业为 1.93%，医药制造业为 1.74%，通用设备制造业为 1.59%，电气机械及器材制造业为 1.5%，交通运输设备制造业为 1.44%，橡胶制品业为 1.27%，通信设备、计算机及其他电子设备制造业为 1.27%，仪器仪表及文化、办公用机械制造业为 1.22%，化学纤维制造业为 1.06%。

从地区分布来看，2008 年 R&D 经费支出超过 300 亿元的有江苏、北京、广东、山东、上海和浙江 6 个省（市），共支出 2767.5 亿元，占全国经费总支出的 60%。R&D 经费投入强度（与地区生产总值之比）达到或超过全国水平的有北京、上海、天津、陕西、江苏和浙江 6 个省（市）（见表 6–2）。

表 6–2　2008 年我国部分省市区研究与试验发展经费支出情况

地区	R&D 经费支出（亿元）	R&D 经费投入强度（%）
全国	4616.0	1.54
北京	550.3	5.25
天津	155.7	2.45
河北	109.1	0.67
山西	62.6	0.90
内蒙古	33.9	0.44
辽宁	190.1	1.41
吉林	52.8	0.82
黑龙江	86.7	1.04
上海	355.4	2.59
江苏	580.9	1.92
浙江	344.6	1.60
安徽	98.3	1.11
福建	101.9	0.94
江西	63.1	0.97
山东	433.7	1.40
河南	122.3	0.66
湖北	149.0	1.31
湖南	112.7	1.01
广东	502.6	1.41
广西	32.8	0.46
海南	3.3	0.23

续表

地区	R&D 经费支出（亿元）	R&D 经费投入强度（%）
重庆	60.2	1.18
四川	160.3	1.28
贵州	18.9	0.57
云南	31.0	0.54
西藏	1.2	0.31
陕西	143.3	2.09
甘肃	31.8	1.00
青海	3.9	0.41
宁夏	7.5	0.69
新疆	16.0	0.38

国家财政科技拨款力度加大。2008 年国家财政科学技术支出为 2581.8 亿元，比 2007 年（2113.5 亿元）增加 468.3 亿元，增长 22.2%；财政科学技术支出占当年国家财政支出的比重为 4.12%（见表 6-3）。在 R&D 活动经费投入增长的同时，我国 R&D 活动人员也保持着稳定增长。2007 年 R&D 活动人员折合全时当量达到 173.6 万人·年，其中科学家和工程师数达到 142.3 万人·年，分别比 2006 年增长 15.6%和 16.3%。

表 6-3　2008 年财政科学技术支出情况

	财政科技支出额（亿元）	比上年增长（%）	占财政科技支出总额的比重（%）
合计	2581.8	22.2	100
其中：科学技术	2129.2	19.4	82.5
其他功能支出中用于科学技术的支出	452.6	37.0	17.5
其中：中央	1285.2	23.2	49.8
地方	1296.6	21.1	50.2

从全国各地区科技活动投入指数的排序中可以看出（见图 6-1），上海、天津、北京、江苏、广东、浙江、陕西和辽宁排在前 8 位，同时也是高于全国平均水平（全国科技活动投入指数为 55.13%）的地区。通过与 2007 年监测结果相比

较得知，2008 年全国科技活动投入指数提高了 2.92 个百分点，高于这一增幅的省市区有宁夏、新疆、重庆、天津、安徽、山西、四川、福建和山东。海南、西藏、贵州、上海、浙江、河南、陕西和云南 8 个省市区的科技活动投入指数低于 2007 年水平（见图 6–2）。

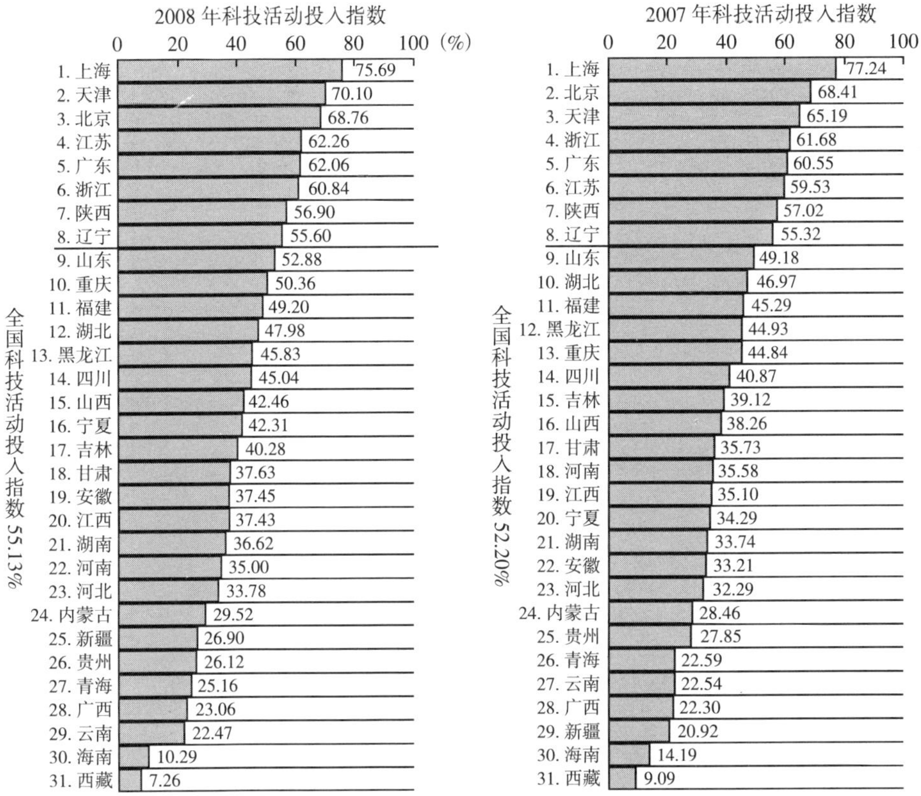

图 6–1 我国部分省市区科技活动投入指数排序

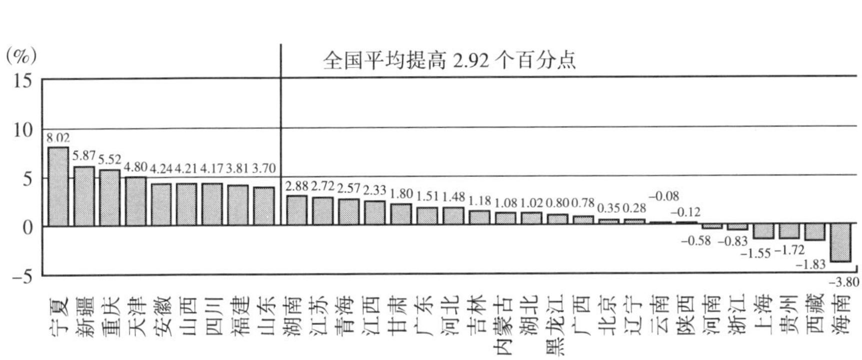

图 6–2 我国部分省市区科技活动投入指数提高百分点排序

二、我国 R&D 活动中的产出情况

随着 R&D 投入总量的不断增加，R&D 产出规模也不断扩大。我国实施的专利战略进一步促进了专利数量的提高。2007 年专利申请量达到 69.4 万件，比 2006 年增长 21.1%，授权量达到 35.2 万件，比 2006 年增长 31.3%，其中发明专利申请量 24.5 万件，比 2006 年增长 16.5%，发明专利授权量 6.8 万件，比 2006 年增长 17.6%（见图 6–3）。

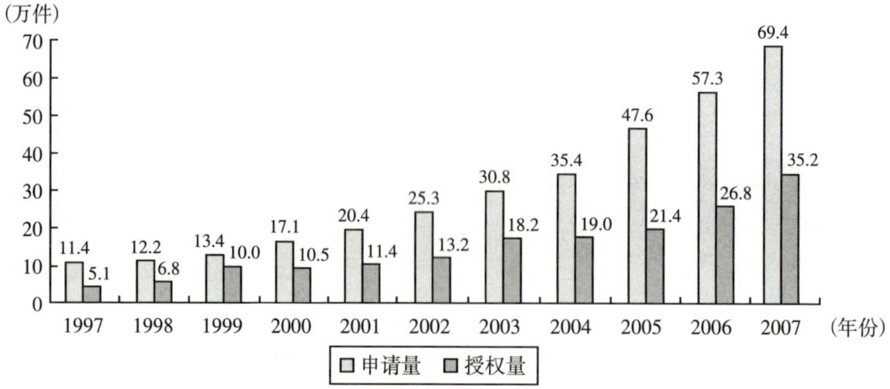

图 6–3　1997~2007 年国家知识产权局专利申请受理及授权量

数据来源：中国科技统计网. http：//www.sts.org.cn.

科技论文是科学研究活动的重要产出之一。2008 年国内论文数量继续增长，临床医学论文占 1/4。中国科技论文与引文数据库（CSPTCD）收录 1868 种中国科技期刊，收录以我国作者为第一作者的论文 47.2 万篇，较 2007 年增加了 8868 篇，增长了 1.9 个百分点。收录论文较多的 10 个学科分别是：临床医学，农学，电子、通信与自动控制，计算技术，基础医学，医药学，中医学，生物，预防、卫生，化学（见表 6–4）。学科分布态势与往年基本一致。这 10 个学科论文数占到 CSPTCD 收录总数的 68.2%，且各学科的论文数均超过 10000 篇，其中临床医学一枝独秀，遥遥领先于其他学科，占到 CSPTCD 收录总数的 26.3%。

表 6-4　2008 年国内论文数最多的 10 个学科

学科	论文数（篇）	占总数比例（%）
临床医学	124153	26.3
农学	39153	8.3
电子、通信与自动控制	33327	7.1
计算技术	29053	6.2
基础医学	17568	3.7
药物学	16683	3.5
中医学	16256	3.4
生物	15942	3.4
预防、卫生	15748	3.3
化学	13953	3.0

2008 年国内论文数排名前 8 位的地区，除了第 5 位与第 7 位的位置互换，其他地区位次与 2007 年相同。从增长率来看，除北京、江苏、上海、四川和河南 5 个地区的国内论文数较 2007 年继续增长外，其他地区都有不同程度的下降，下降最多的地区为陕西 6.2%（见表 6-5）。

表 6-5　2008 年国内论文数最多的 10 个地区

地区	论文数（篇）	排名	趋势	较 2007 年增长率（%）
北京	61024	1	=	2.78
江苏	41216	2	=	5.72
广东	31010	3	=	-0.13
上海	30611	4	=	5.04
陕西	25108	5	↑2	-6.20
山东	24520	6	=	-2.06
湖北	23958	7	↓2	-3.33
浙江	23554	8	=	-3.96
四川	20288	9	↑1	4.35
河南	19884	10	↑2	2.97

注：↑2 表示与 2007 年度统计相比位次上升了 2 位；=表示位次与 2007 年度统计相同。

从来源的分布来看，2008 年国内论文主要来源于高校，医疗机构论文数量继续减少，其他三类机构的论文数都有不同程度的增长，其中企业论文数增长速度最快，增长率为 7.5%。高等院校论文数由 2007 年的 30.6 万篇增加到 2008 年的 31.8 万篇，所占比重由 2007 年的 66.03%增长到 67.35%。医疗机构（不包括高等学校附属医院）的论文数则从 2007 年的 7.6 万篇减少为 2008 年的 7.1 万篇，减少了 6.52%，所占比重也从 2007 年的 16.48%减少为 2008 年的 15.12%（见表 6-6）。

表 6-6　2008 年国内论文的机构类型分布

机构类型	论文数（篇）	所占比重（%）	较 2007 年增长率（%）
高等院校	317884	67.35	3.96
科研院所	49906	10.57	5.76
企业	15898	3.37	7.53
医疗机构	71353	15.12	-6.52
其他	16979	3.60	-10.79

根据 SCI 数据库统计，2008 年世界科技论文总数为 143.74 万篇，比 2007 年增长了 13.4%。其中我国论文数量稳步增加，但占世界总数份额略有减少。2008 年收录中国内地产出 9.55 万篇，比 2007 年增加了 7.2%，占世界总数的 6.6%，所占份额比 2007 年减少了 0.4 个百分点，论文数排名在美国、英国、德国之后，居世界第 4 位，比 2007 年前进 1 位。按产出论文占世界同领域论文总数的比重计算，1999~2009 年（截至 2009 年 8 月）我国 SCI 收录论文占世界份额排在前 10 位的学科分别为材料科学，化学，物理学，数学，工程技术，综合类，计算机科学，地学，药理与毒理学，以及环境、生态学。其中材料科学、化学（见表 6-7）、物理学和数学的论文数较多，占世界同学科论文数的 10%以上，与 2008 年度统计相比，数学是新进入的学科。我国材料科学产出的论文占世界该学科论文的 17.4%，比 2008 年度提高 1.5 个百分点，排在世界第 2 位，仅次于美国。

表 6–7　SCI 收录论文占世界份额排在前 10 位的学科

学科领域	论文数（篇）	占世界份额（%）	学科领域	论文数（篇）	占世界份额（%）
材料科学	75699	17.4	综合类	1687	8.8
化学	158688	13.8	计算机科学	20995	8.3
物理学	102515	11.8	地学	21156	7.9
数学	26438	10.8	药理与毒理学	10036	5.7
工程技术	69896	9	环境、生态学	14016	5.7

同时，绝大部分学科 SCI 论文引证数的国际排名呈上升趋势，但篇均被引次数均低于世界平均水平。据 SCI 数据库统计，1999~2009 年我国科技人员共发表论文 64.97 万篇，排在世界第 5 位；论文共被引用 340 万次，排在世界第 9 位，比 2008 年度统计时提升了 1 位。平均每篇论文被引用 5.2 次，与世界平均值 10.06 还有差距。1999~2009 年发表科技论文累计超过 20 万篇以上的国家共有 14 个，按平均每篇论文被引用次数排序，我国排在第 12 位。

按论文的总被引次数排名，我国进入世界前 10 位的学科有工程技术，材料科学，化学，数学，物理学，计算机科学，综合类，地学，药理与毒理学，社会科学，环境、生态学（见表 6–8）。与 2007 年相比，除综合类、精神心理学、社会科学、微生物学、数学、分子生物学与遗传学、地学与材料科学的被引用次数在世界学科排名的位置保持不变外，其余 13 个学科的排位均有所上升，其中药理与毒理学和农学上升速度较快，分别上升了 5 位和 3 位。

表 6–8　1999~2009 年我国各学科论文被引用情况

学科领域	被引用次数				篇均被引次数		
	次数	世界排名	趋势	占世界份额（%）	次数	世界平均水平	与世界平均值的差距
工程技术	244045	2	↑2	7.5	3.49	4.18	–0.69
材料科学	311486	3	=	1.2	4.11	6.09	–1.98
化学	931016	4	↑1	8	5.87	10.1	–4.23
数学	70239	4	=	9	2.66	3.17	–0.51
物理学	535008	6	↑2	7.3	5.22	8.45	–3.23
计算机科学	40017	6	↑2	4.9	1.91	3.25	–1.34

续表

学科领域	被引用次数				篇均被引次数		
	次数	世界排名	趋势	占世界份额(%)	次数	世界平均水平	与世界平均值的差距
综合类	4003	7	=	4.6	2.37	4.48	−2.11
地学	129234	8	=	5.4	6.11	8.91	−2.8
药理与毒理学	57984	8	↑5	2.9	5.78	11.32	−5.54
环境、生态学	81367	10	↑2	3.2	5.81	10.1	−4.29
社会科学	20621	10	=	1.2	3.42	4.26	−0.84
农学	30457	11	↑3	2.5	4.47	6.4	−1.93
植物与动物学	108335	12	↑2	2.8	4.68	7.16	−2.48
生物学与生物化学	169784	13	↑2	1.9	6.6	16.35	−9.75
空间科学	38328	14	↑1	2.3	6.22	13.52	−7.3
微生物学	42669	15	=	1.8	7.57	14.98	−7.41
临床医学	380145	16	↑1	1.6	7.77	12.14	−4.37
分子生物学与遗传学	90063	17	=	1.3	9.83	24.71	−14.88
神经科学与行为科学	57073	18	↑1	1.1	8.19	18.29	−10.1
精神、心理学	20264	19	=	0.8	7.08	10.21	−3.13
免疫学	21763	20	1	0.8	7.14	20.66	−13.52

注：↑5 表示与 2008 年度统计相比，位次上升了 5 位，=表示位次与 2008 年度统计相同。

从每篇被引用次数来看，各学科均有所增长，其中与世界平均水平较为接近的是数学、工程技术、社会科学。除计算机科学，综合类，空间科学，临床医学，神经科学与行为科学以及精神、心理学每篇被引用次数与世界平均水平的差距较 2008 年略有增大外，其余学科均不同程度地有所减小。其中，分子生物学和遗传学两个学科与世界平均水平的差距最大，免疫学论文的总被引用次数世界排位虽上升了 1 位，但每篇论文被引用次数与世界平均水平的差距依然较大。

我国国际合作论文合作伙伴主要集中在六个国家。据 SCI 数据库统计，2008 年收录的中国论文中，国际合作产生的论文为 2.3 万篇，比 2007 年增长了 12.7%。国际合著论文占我国发表论文总数的 20.1%，所占比例低于 2007 年。我国作者为第一作者的国际合著论文 1.3 万篇，占我国全部国际合著论文的 56.1%，合作伙伴涉及 97 个国家，合作伙伴排在前 6 位的国家分别是美国、日本、英国、德国、加拿大和澳大利亚。与上述六国合著的论文总数占到中国作者作为第一作者合著总数的 77.8%。中国参与工作、其他国家作者为第一作者的合著论文 1.0 万篇，共涉及 124 个国家（地区）；合作伙伴排在前 6 位的国家分别为美国、日本、德国、英国、加拿大和澳大利亚，合作论文总数占中国作者参与合著论文总数的 92.8%（见表 6–9）。

表 6–9 中国国际合作论文主要国家分布

中国作为第一作者		中国作为参与作者	
国家	论文数（篇）	国家	论文数（篇）
美国	5064	美国	4528
日本	1360	日本	1449
英国	1071	德国	958
加拿大	962	英国	937
澳大利亚	951	加拿大	873
德国	847	澳大利亚	819

从学科分布看，学科分布相对集中。国际合著论文主要集中在化学、生物学、物理学、临床医学、基础医学等领域。化学学科中中国作者作为第一作者的国际合著论文数最多，为 1620 篇。地学占本学科论文比例最高为 20.5%。中国作者参与的国际合著论文中，生物学最多。排名第二的基础医学占本学科论文比例最高，为 18.7%（见表 6–10）。

表 6–10 中国国际合作论文数较多的 6 个学科

中国作为第一作者			中国作为参与作者		
学科	论文数（篇）	占本学科论文比例（%）	学科	论文数（篇）	占本学科论文比例（%）
化学	1620	6.4	生物学	1453	12.1
生物学	1605	13.3	基础医学	1114	18.7
物理学	1548	10.3	临床医学	1111	13.1
地学	830	20.5	物理学	1074	7.2
临床医学	756	8.9	化学	1035	4.1
基础医学	702	11.8	数学	616	10.0

从科技活动产出指数的排序中可以看出（见图 6-4），北京、上海、天津排在前 3 位，同时也是高于全国平均水平（全国科技活动产出指数为 51.61%）的地区。将 2008 年监测与 2007 年监测相比较，全国科技活动产出指数比 2007 年提高了 5.46 个百分点，有 10 个地区超过这一增幅，其中，山东、广东和黑龙江的增幅超过了 10 个百分点。海南、吉林、上海等 8 个地区的科技活动产出水平低于 2007 年（见图 6-5）。参照 2007 年科技活动产出指数的排序，位次变化最大的地区是山东，由 2007 年的第 18 位上升至第 7 位。

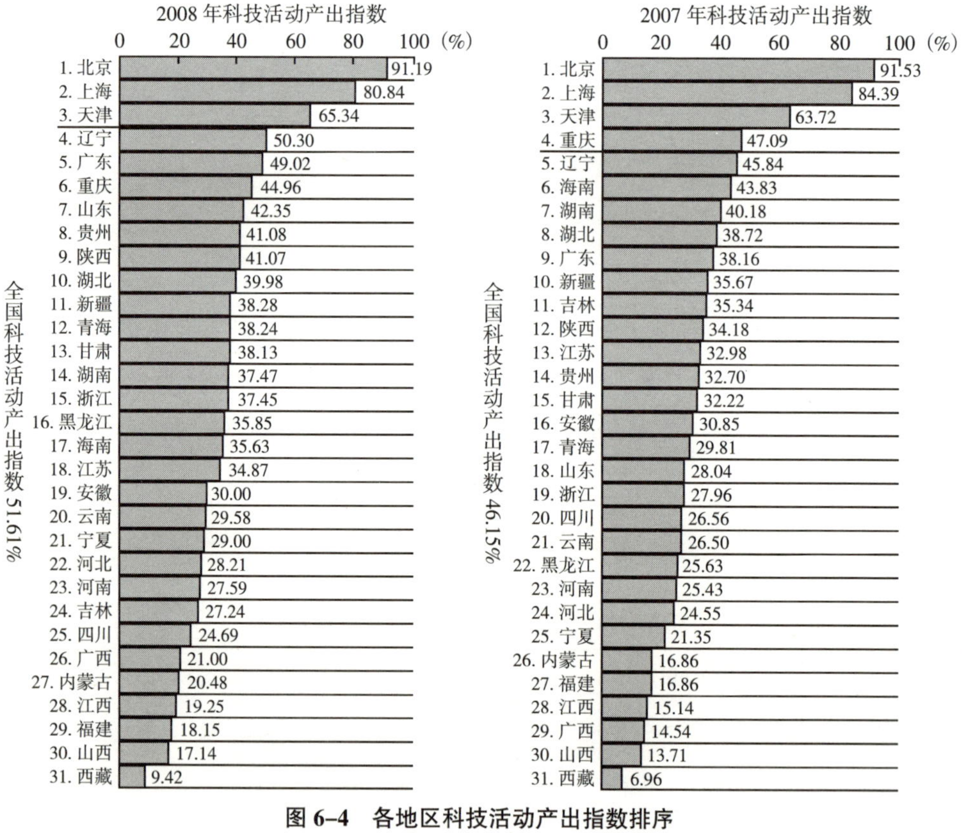

图 6-4 各地区科技活动产出指数排序

从总体情况来看，我国的 R&D 投入有效地促进了经济与社会发展。在科技促进经济社会发展指数的排序中，天津、上海、广东、北京、福建、浙江、江苏、辽宁、山东、吉林、山西、黑龙江、海南排在前 13 位，同时也是高于全国

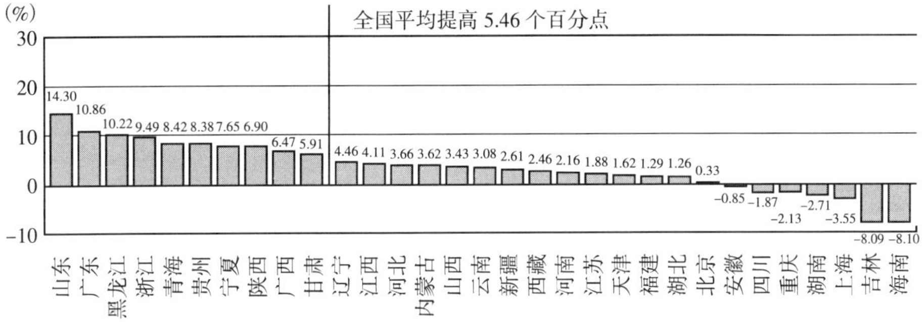

图 6-5　各地区科技活动产出指数提高百分点排序

平均水平（全国科技促进经济社会发展指数为 57.02%）的地区（见图 6-6）。将 2008 年监测与 2007 年监测相比较，各地区的科技促进经济社会发展水平均有不同程度的提高，新疆、江苏、山西、内蒙古、福建、西藏、青海、辽宁 8 个地区高于全国平均增幅（见图 6-7）。

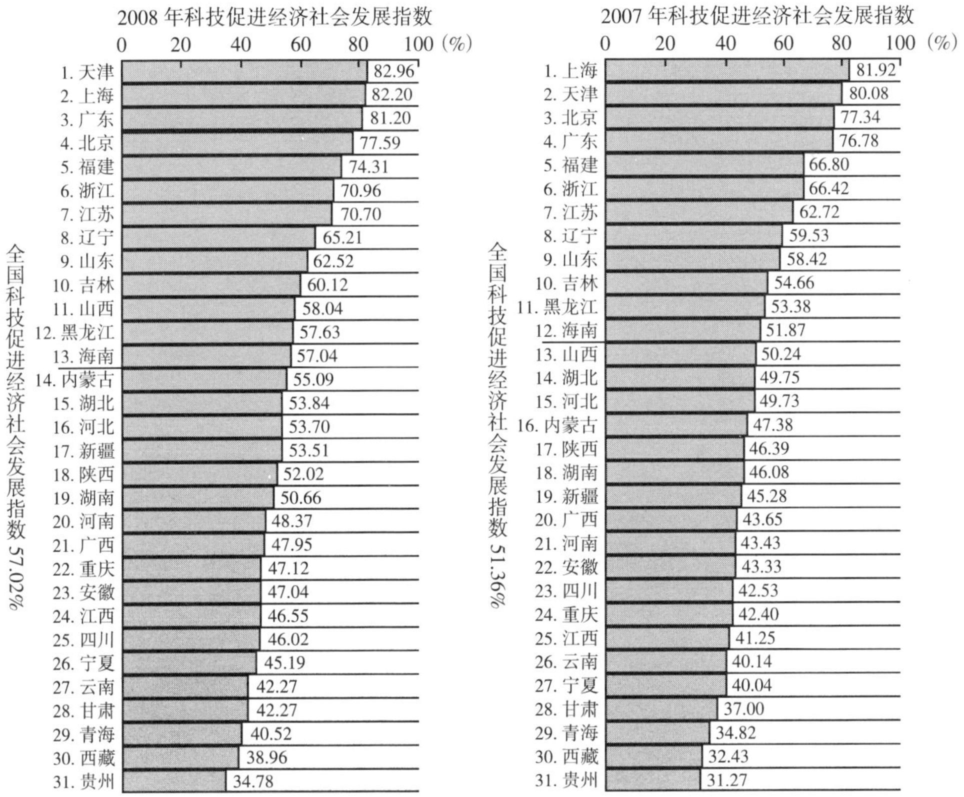

图 6-6　各地区科技促进经济社会发展指数排序

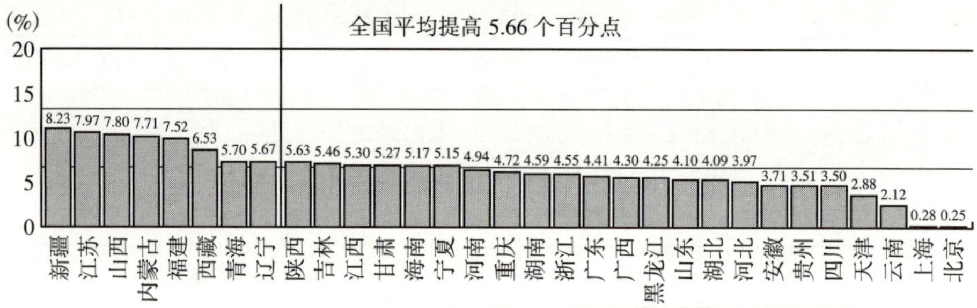

图 6-7　各地区科技促进经济社会发展指数提高百分点排序

但是与国际相比，R&D 投入总量还表现为严重不足。根据国际惯例，R&D 投入增长率应高于 GDP 增长率，这样科技发展的后劲和实力才能得到长期保持和不断加强。从我国的发展趋势来看，1991 年和 1992 年 R&D 投入增长率只是略高于 GDP 的增长率，而 1993~1996 年更是低于 GDP 的名义增长率，1997 年以后国家逐渐加大了 R&D 投入的力度。但由于我国 R&D 投入的基数小，投入的绝对值与发达国家相比差距还很大。

根据 OECD 公布的 30 个成员国和中国等 9 个非 OECD 国家（地区）的最新 R&D 数据，2007 年 39 个国家（地区）的 R&D 经费总额达到 1.02 万亿美元，标志着世界 R&D 活动进入了一个全新的发展阶段（见图 6-8）。2007 年中国 R&D 经费总额为 487.9 亿美元，比 2006 年增加 111.2 亿美元，已连续六年居世界第六位。2007 年中国 R&D 经费在 39 个国家（地区）中的份额上升至 4.8%，与英国

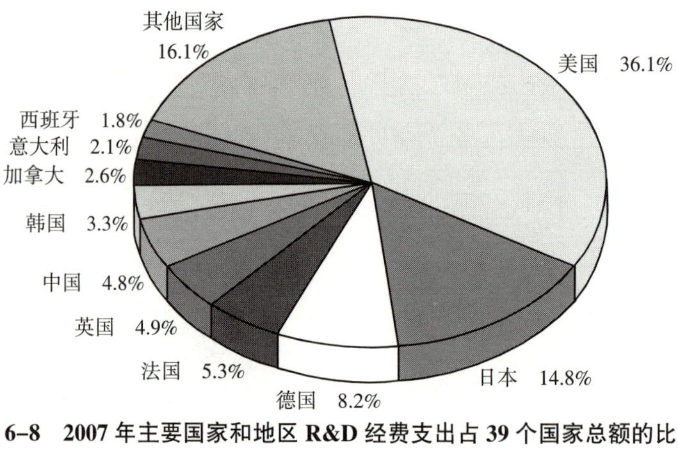

图 6-8　2007 年主要国家和地区 R&D 经费支出占 39 个国家总额的比重

和法国分别仅相差 0.1 和 0.5 个百分点，而 2002 年两国还分别比中国高出2.0 和 2.6 个百分点，同期美国、日本和德国 R&D 经费总额也分别从中国的 18 倍、8 倍和 3 倍下降到中国的 7.6 倍、3.1 倍和 1.7 倍。虽然，2007 年美、日、德、法、英五国 R&D 经费占 39 个国家（地区）的比重仍然高达 69.3%，但这一比例已经比 2000 年下降了 10.5 个百分点。世界研发活动逐渐呈现出多元化发展态势。

我国 R&D 经费投入总量和 R&D 投入强度在世界上仍居发展中国家的中下等水平，与发达国家和新兴工业化国家的差距更大。[①] 在 2007 年瑞士洛桑国际管理开发学院（IMD）发布的《国际竞争力年度报告》中，我国 R&D 投入除科技人力投入中“从事 R&D 的工程师、科学家总数”子项目得分较高外，其余排名均在 10 名以后。

三、我国各 R&D 活动主体参与 R&D 活动情况分析

1. 大中型工业企业科技活动分析

大中型工业企业在经济发展和技术创新活动中都具有重要地位。2008 年我国大中型工业企业科技活动的绝大多数指标仍保持了较高的增长，但是增长幅度低于 2007 年相应指标的增长，从主要指标增长的趋势看，我国大中型工业企业科技水平在进一步提高。其 R&D 活动情况主要表现在以下几个方面：

（1）R&D 人员队伍继续扩大，素质显著提升。2008 年我国大中型工业企业 R&D 活动人员继续保持快速增长趋势，达到 246.82 万人，比 2007 年增长了 12.1%，占从业人员的比重达到 5.19%。企业中科学家工程师的数量也有较明显的增加，2008 年已达 158.9 万人，比 2007 年增长 13.4%，占企业科技活动人员的比重达到 64.4%，比 2007 年增长了 0.8 个百分点。2008 年，大中型工业企业

① 发达国家 R&D 经费占 GDP 的比例一般在 2%以上，并且已逐步向 2.5%~3.0%发展。2006 年，美国 R&D/GDP 为 2.61%，德国为 2.46%，日本为 3.33%，法国为 2.13%。新兴工业化国家（地区）的这一比例一般在 1.5%左右，但近年来纷纷加大 R&D 的投入强度。韩国最具代表性，其 R&D/GDP 的比例 2006 年已达到 2.99%。2006 年，我国 R&D 经费占 GDP 的比例不足韩国的 1/2。

R&D 人员全时当量为 101.4 万人·年，比 2007 年增长 18.2%（见图 6-9）。[①] 科技人员队伍的不断扩大、素质的不断提高标志着我国大中型工业企业科技活动水平在不断提高；R&D 人员的持续快速增长则标志着我国大中型工业企业科研实力的持续增强。

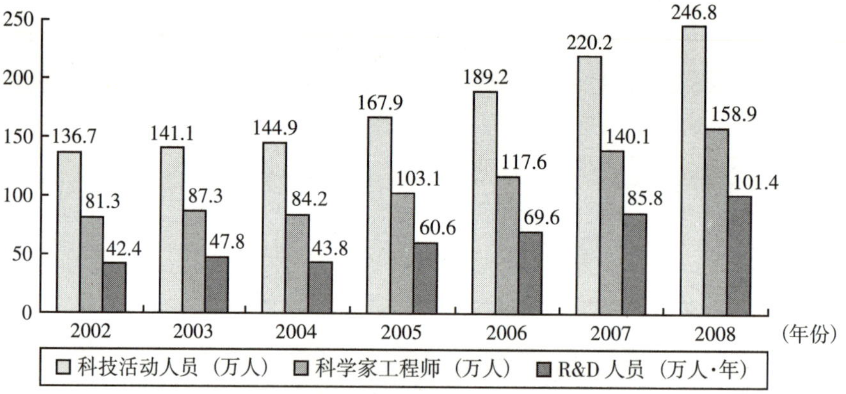

图 6-9　大中型工业企业 R&D 人员构成

（2）R&D 经费投入持续增加，自主创新能力增强。从反映企业 R&D 投入的三项指标（科技活动经费筹集额、科技活动经费内部支出额和 R&D 经费）来看，2008 年大中型工业企业的 R&D 投入继续高速增长（见图 6-10）。

2008 年大中型工业企业 R&D 活动经费筹集总额达到 5220.4 亿元，比 2007 年增长 21.1%。从资金来源结构上看，企业资金占科技经费筹集总额的比重自 2000 年以来一直在 80%以上，2008 年已达到 90.1%，这表明我国大中型工业企业自主筹集科技活动经费的机制已经形成。

2008 年大中型工业企业科技活动经费内部支出额达 5040.7 亿元，比 2007 年增长 22.2%。从支出用途看，固定资产构建的支出最多，为 1704.3 亿元，比 2007 年增长 19.7%；原材料支出次之，为 1579.5 亿元，比 2007 年增长 26.6%；劳务费支出 1015.0 亿元，比 2007 年增长 25.2%。2008 年科技活动人员人均劳务

① 根据科技统计报告《2008 年大中型工业企业科技活动分析》有关数据计算得到。

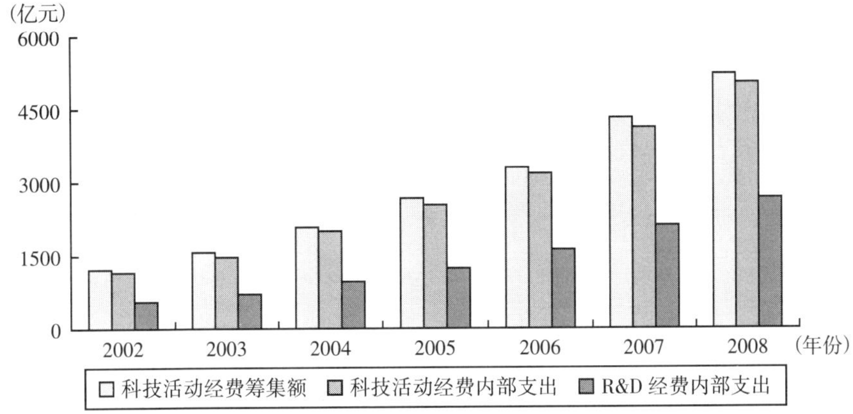

图 6-10　大中型工业企业 R&D 活动经费变化状况

费达到 4.12 万元，比 2007 年增长 12.0%。2008 年大中型工业企业 R&D 经费支出达 2681.3 亿元，比 2007 年增长 26.9%。从 R&D 强度来看，2008 年大中型工业企业 R&D 经费占产品销售收入比重为 0.84%，比 2007 年增长了 0.03 个百分点。

从 R&D 经费投入指标来看，我国大中型工业企业的投入持续增加。另外，从 2006 年开始，我国大中型工业企业 R&D 经费支出占科技活动内部支出的比例已经超过 50%，2008 年达到 53.2%。这在一定程度上说明大中型工业企业的自主创新力度正在增强。

(3) 专利产出显著增加。2008 年我国大中型工业企业专利申请量为 12.2 万件，其中发明专利申请量为 4.4 万件，分别比 2007 年增长 27.3%和 21.3%。同时，企业拥有的发明专利数量也大幅增加，2008 年大中型工业企业拥有发明专利达到 5.6 万件，比 2007 年增长 27.7%。从分企业登记注册类型来看，2008 年内资企业专利申请量 9.0 万件，虽然比 2007 年增长了 23.4%，但是内资企业当年专利申请量占全部专利申请量的比重较 2007 年下降了 2.1 个百分点；外资企业（包括港、澳、台投资企业和外商投资企业）的专利申请量为 3.2 万件，占全部专利申请的比重由 2007 年的 24.4%上升到 2008 年的 26.5%。

2. 我国高等学校科技活动分析

高等学校的科技活动在我国科技活动中发挥着越来越重要的作用。2008 年高等学校 R&D 人员占全国总量的 13.6%，R&D 经费占全国总量的 8.45%，基础研究经费则已达到全国总量的 52%。具体来说，主要表现在以下几个方面：

（1）R&D 人员和经费持续增加，占全国的比重继续下降。2008 年，高等学校投入到 R&D 活动的人力为 26.7 万人·年，比 2007 年增长 5.1%；其中科学研究人员（指投入到基础研究和应用研究活动的人员）为 24.6 万人·年，比 2007 年增长 14.9%，继续保持自 2001 年以来连续增长的势头。高等学校 R&D 经费已持续多年增长，近年增长速度有所加快。2008 年高等学校的 R&D 经费为 390.2 亿元，比 2007 年增加 75.5 亿元，增长 24%。近年来，企业已逐渐发展成为我国 R&D 活动的投资主体和执行主体，在企业 R&D 活动规模增长较快、占全国的份额逐年提高的影响下，高等学校 R&D 人员和经费占全国总量的比例呈相对下降趋势。高等学校 R&D 人员占全国 R&D 人员的比例已连续四年下降，2004 年占 18.4%，2008 年降为 13.6%。高等学校 R&D 经费占全国 R&D 经费的比例，“十五”期间基本保持在 10%上下，近几年连续缓慢下降，2008 年较 2007 年略微下降，为8.5%，处于 1995 年以来最低水平（见图 6–11）。

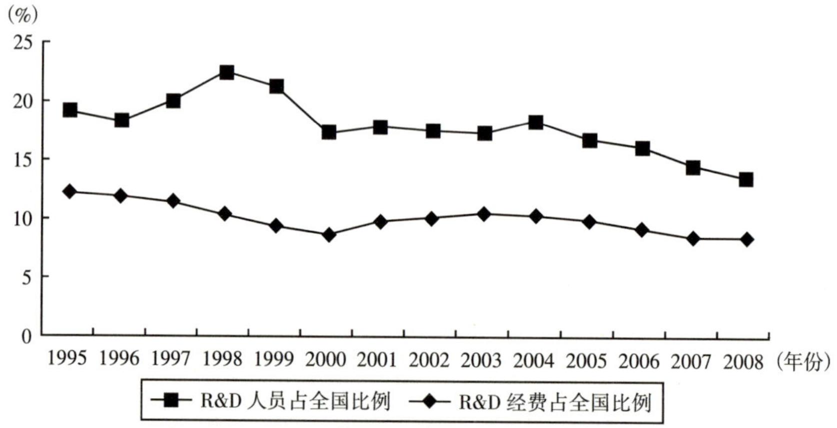

图 6–11　1995~2008 年高等学校 R&D 人员及经费占全国的比例

（2）高等学校已成为我国重要的基础研究活动部门之一。高等学校 R&D 活动的主体部分是科学研究活动（包括基础研究和应用研究），高等学校的基础研究活动多年来一直是我国基础研究活动的重要组成部分。自 2001 年以来，高等学校基础研究呈现出持续增强的态势。从 2006 年起，我国高校基础研究经费规模超过政府研究机构，成为我国最大的从事基础研究活动的部门；2008 年高校基础研究经费突破 100 亿元，基础研究活动规模超过全国半数。高等学校 R&D 人员配置继续向基础研究活动聚集。2008 年高等学校基础研究人员为 10.9 万人·年，占高等学校 R&D 人员的 40.9%，人员规模和比例再创新高。高等学校基础研究人员占全国基础研究人员的比例，2008 年达到 70.8%，同样为历年最高（见图 6–12）。

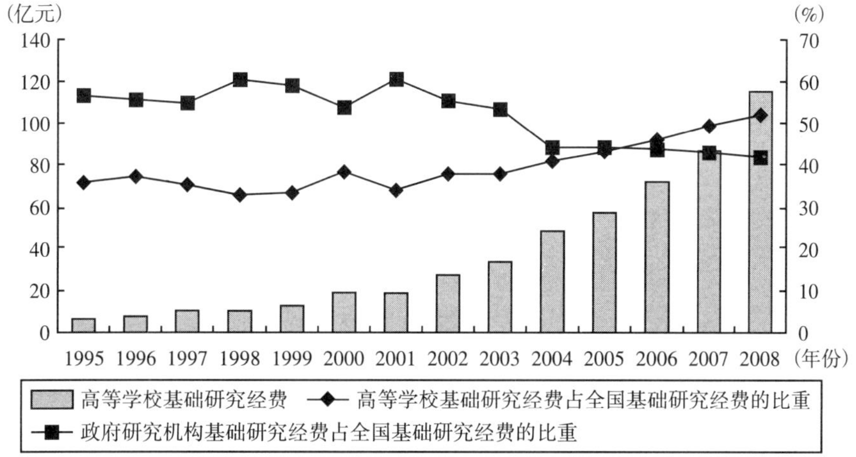

图 6–12 1995~2008 年高等学校的基础研究经费

高等学校基础研究经费较好的增长态势主要表现为：一是基础研究经费增长快。2008 年基础研究经费为 114.8 亿元，比 2007 年增加 28 亿元，增长幅度达到 32.3%，应用研究经费增长 29.1%，试验发展经费增长 0.6%。基础研究和应用研究经费增幅均为近四年来最大。二是基础研究强度继续提高。2008 年基础研究经费占高等学校 R&D 经费的比例为 29.4%，这一比例已连续五年上升。三是高等学校基础研究活动占全国的份额继续上升。2008 年，其基础研究经费占全国基础研究经费的比例为 52%，首次超过半数。

（3）高等学校 R&D 经费来源结构情况。2008 年高等学校 R&D 资金依然主要来源于政府和企业，其中，政府资金 225.5 亿元，企业资金 134.9 亿元，分别比 2007 年增长 26.9%和 22.3%，国外资金和其他来源的资金 29.8 亿元，增长11.6%（见图 6–13）。

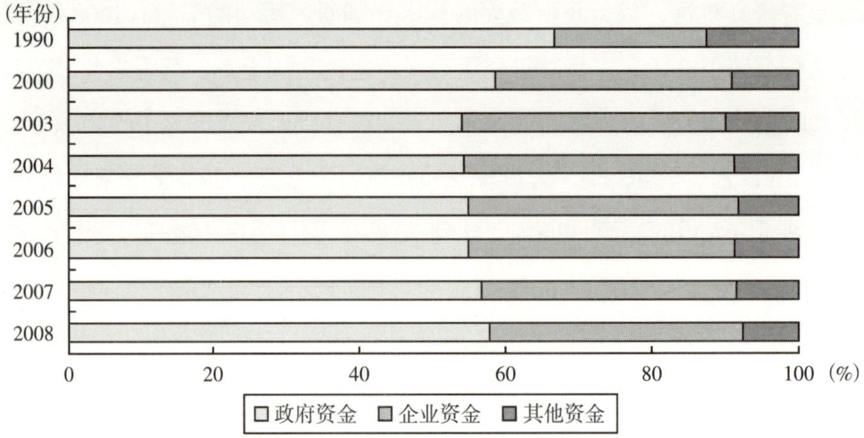

图 6-13　1990 年、2000 年、2003~2008 年高等学校 R&D 经费来源构成

高等学校 R&D 经费来源结构改变，反映出高等学校 R&D 活动特征发生了变化。20 世纪 90 年代以前，高等学校的 R&D 活动绝大部分依赖于政府的资助，企业投资较少。1990 年，高等学校 R&D 经费来源于政府的部分高达 66.6%，2003 年降至 54%，此后政府资金比例缓慢增加，2008 年升至 57.8%。在目前我国基础研究主要依赖政府支持的阶段，政府增加对高校的投入促进了高等学校的基础研究活动。高等学校 R&D 经费中来源于企业的投资超过 1/3，表明高等学校在 R&D 活动方面已与产业界建立起较稳固的联系，知识创新逐渐显现出对产业技术发展的支撑作用。

（4）高等学校 R&D 课题经费持续增长。2008 年，高等学校投入 R&D 课题的人员为 26.57 万人·年，R&D 课题经费为 323.23 亿元，分别比 2007 年增长 5.4% 和 25.2%；R&D 课题人员人均经费强度为 12.2 万元/人年，比 2007 年人均增加 1.9 万元；各学科领域的 R&D 课题经费均比 2007 年有所增加。2008 年 R&D 课题经费分布为：自然科学 17.0%、农业科学 6.5%、医学科学 8.4%、工程科学与技术62.7%、社会科学与人文科学 5.4%。工程科学与技术领域、社会科学与人文科学领域的 R&D 课题经费所占比例比 2007 年有所下降，其他领域所占比例均有提高。在各学科中，有 22 个学科的 R&D 课题经费与 2007 年相比增长超过 1 亿元，其中，计算机科学技术和生物学的 R&D 课题经费增长超过 5 亿元，增长超过 4 亿元的有机械工程、材料科学和农学三个学科，地球科学、化学、化学工程和管理学四个学科增长超过 3 亿元。

（5）科研基地数量逐渐增加。高等学校中建立的 R&D 机构是科学研究的重要基地。2008 年，高等学校共建立各类 R&D 机构 5159 个，比 2007 年增加 755 个，其中理工农医领域 4054 个，社会科学和人文学科领域 1105 个。2008 年，设在高等学校的 112 个国家重点实验室和在建的国家实验室科研活动规模扩大，在其中从事科研工作的固定人员和客座人员近 9100 人，比 2007 年增长 17.3%；开展科研项目 1.3 万余项，比 2007 年增长 20.2%；项目经费达到 45.2 亿元，比 2007 年增长 28.5%；毕业研究生超过 1.2 万人，比 2007 年略有减少。

（6）发明专利占主流并继续大幅增长。2008 年，高等学校的专利活动延续了自 2000 年以来的快速增长趋势，专利数量继续大幅增加。2008 年高等学校的专利申请数达到 45145 项，比 2007 年增加 12465 项，增长 38.1%，其中发明专利申请数为 30808 项，比 2007 年增加 7807 项，增长 33.9%（见图 6–14）。

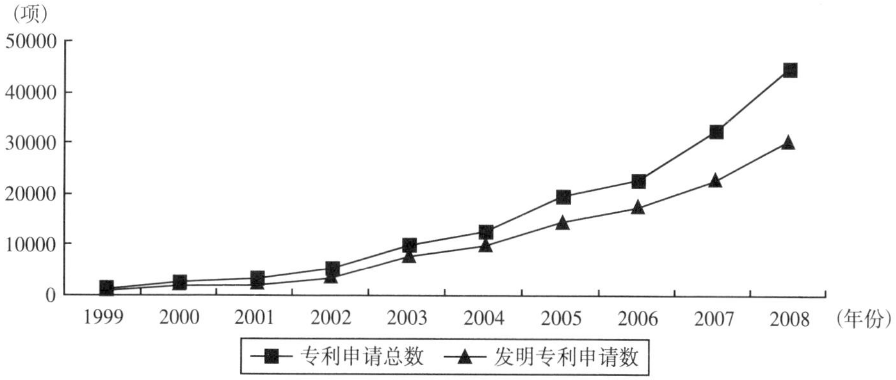

图 6–14　1999~2008 年高等学校专利申请数

2008 年高等学校获得授权的专利数为 19159 项，比 2007 年增加 4386 项，增长 29.7%，其中发明专利授权数为 10265 项，比 2007 年增加 2051 项，增长 25%（见图 6–15）。

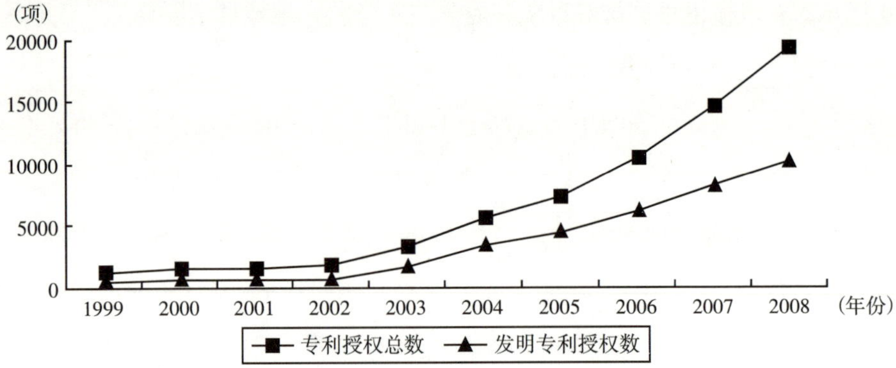

图 6–15　1999~2008 年高等学校专利授权数

三类专利中，发明专利所占比重虽有所下降，但仍是高等学校专利申请和授权的主流。2008 年专利申请数中发明专利占 68.2%，比 2007 年下降 2.2 个百分点；专利授权数中发明专利占 53.6%，连续四年出现下降，而实用新型专利授权的比例近三年逐渐增加，2008 年达到 37.8%（见图 6–16）。

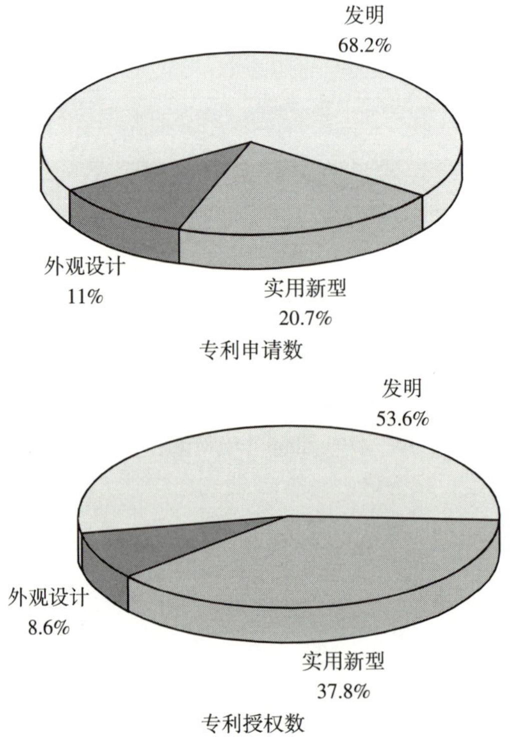

图 6–16　2008 年高等学校三类专利所占比重

3. 政府研究机构科技活动分析

尽管受国际金融危机的影响，我国政府研究机构科技活动的主要指标仍然保持着增长态势。从 2008 年指标变动的趋势看，政府对研究机构的支持持续增长，科技人员的素质不断提高，R&D 活动日益活跃，科技产出显著增长，为经济社会发展提供支撑的能力进一步加强。

（1）政府研究机构的人员规模小幅增长。2008 年，我国政府研究机构的人员规模继续保持着 2004 年以来的增长趋势，从业人员达到 61.5 万人，比 2007 年增长了 1.5%，科技活动人员 48.8 万人，增长 2.1%，科学家工程师达到 37.3 万人，增长 4.5%（见表 6–11）。

表 6–11　政府研究机构的人员规模

单位：万人

年份	2004	2005	2006	2007	2008
从业人员	56.15	56.32	56.65	60.54	61.47
科技活动人员	39.75	45.59	46.18	47.80	48.80
科学家工程师	26.26	31.86	32.9	35.65	37.26

经过转制和分类管理改革，政府研究机构的规模大幅度减小，2004 年下降到最小规模。从 2005 年起，政府研究机构的从业人员、科技活动人员和科学家工程师的数量逐年增加，这表明，转制和分类管理改革导致的研究机构规模的剧烈变动已经结束，研究机构人员数量的变化相对比较稳定，伴随着科技活动规模的扩大而增长。

（2）R&D 人员素质不断提高。2008 年，政府研究机构具有博士学位的人员有 2.59 万人，比 2007 年增长 21.6%，占科技活动人员的比重达到 5.3%，比 2007 年上升了 0.8 个百分点；具有硕士学位的人员有 7.22 万人，增长 18.0%，占科技活动人员的比重达到 14.8%，上升了 2 个百分点（见表 6–12）。2005 年，这两项比例分别为 3.4%和 9.5%。科技活动人员中具有博士、硕士学位的人员比例不断上升，标志着研究机构科技人员的素质在不断提高。

表 6-12　政府研究机构的博士和硕士人员

单位：万人

	2004	2005	2006	2007	2008
科技活动人员	39.75	45.59	46.18	47.80	48.80
博士		1.57	1.78	2.13	2.59
硕士		4.35	5.20	6.12	7.22

（3）政府科技拨款总量持续增长。政府对研究机构的拨款持续增长，经费支持的强度不断提高。2008 年研究机构中的政府资金为 1156.6 亿元，比 2007 年增加 114.9 亿元，增长 11.1%，按科技活动人员平均的政府资金已达到 23.7 万元，比 2007 年上升了 1.9 万元，增长了 8.7%。

（4）科学研究和创新活动的规模不断扩大。R&D 经费和 R&D 人员是进行 R&D 活动实际使用的经费和投入人员的工作量，是衡量研究机构进行科学研究和创新活动规模的重要指标。2008 年研究机构 R&D 经费达到 811.3 亿元，比 2007 年增加 123.4 亿元，增长了 17.9%；R&D 人员为 26 万人·年，比 2007 年增加了 0.46 万人·年，增长了 1.8%；R&D 人员中的科学家和工程师为 20.4 万人·年，比2007 年增加了 0.62 万人·年，增长了 3.1%；按 R&D 人员平均的 R&D 经费为 31.2 万元，比 2007 年增长了 16%（见表 6-13）。

表 6-13　政府研究机构的 R&D 人员和 R&D 经费

年份	2004	2005	2006	2007	2008
R&D 人员（万人·年）	20.33	21.53	23.19	25.55	26.01
其中：科学家和工程师	15.81	16.88	17.74	19.80	20.42
R&D 经费支出（亿元）	431.73	513.1	567.26	687.87	811.26

“十一五”以来，研究机构进行的科学研究和创新活动增长很快，2005~2008 年，R&D 经费年均增长 17.1%，投入的 R&D 人员年均增长 6.4%，其中，科学家和工程师年均增长 6.6%。

（5）政府研究机构以 R&D 活动为主，重视知识创新。政府研究机构主要是从事具有创造性与新颖性的科技活动的机构，R&D 活动应是研究机构的主要活动，以知识创新为目的的基础研究与应用研究在 R&D 活动中应占有较高的比例。我国的研究机构以 R&D 活动为主，重视知识创新。研究机构用于 R&D 活动的经费占科技活动支出的比重逐年上升，2008 年为 65.4%，即 2/3 的科技经费支出用于R&D 活动，比 2007 年增加了 2.6 个百分点，比 2004 年提高了 4.3 个百分点。中央部门属研究机构的这一比例更高，2008 年，用于 R&D 活动的经费占科技活动支出的比重为 75.9%，中国科学院的这一比例为 86.2%。研究机构的基础研究与应用研究在 R&D 活动中比例比较稳定，2008 年分别为 11.4%和 33.4%（见表 6-14）。

表 6-14 研究机构 R&D 经费支出占科技活动支出的比重

单位：%

年份	2004	2005	2006	2007	2008
全部研究机构	61.1	61.8	62.0	62.8	65.4
中央部门属研究机构	72.7	71.6	71.2	72.7	75.9
其中：中国科学院	85.3	86.1	85.5	86.1	86.2

（6）科技产出显著增加。专利、论文和著作是研究机构科技活动的重要产出。就民口部门研究机构的科技产出看，2008 年，专利申请量为 7974 件，专利授权量为 3870 件，分别比 2007 年增长 20.9%和 16.8%；发表科技论文 11.4 万篇，出版科技著作 4012 种，比 2007 年分别增长了 4.3%和 11.3%（见表 6-15）。专利申请和授权的增长速度明显高于论文和著作的增长速度，表明为增强自主创新能力，建设创新型国家，研究机构更加重视专利形式的科技产出。

表 6-15 2008 年政府研究机构的科技产出

	专利申请受理（项）	专利授权（项）	科技论文（篇）	科技专著（种）
数量	7974	3870	114249	4012
较 2007 年增长（%）	20.9	16.8	4.3	11.3

4. 我国高新技术产业发展状况分析

近几年来，我国高新技术产业得到了迅猛的发展。2007 年中国高技术产业出口贸易总额高达 12180 亿美元，是 2000 年的 3.89 倍，规模跃居世界第三。R&D 投入的增长对于推动高技术产业、科学技术、经济发展具有至关重要的作用。2008 年我国高技术产业规模继续扩大，但增长速度比 2007 年明显下降，且大大低于同期制造业的增长速度。发展高新技术产业一直得到中央各部门和各级政府的高度重视，2008 年我国高技术产业发展状况主要体现在以下几个方面：

（1）产业规模进一步扩大，增速放缓。2008 年我国高技术产业的规模进一步扩大，总产值达到 57087 亿元，比 2007 年增长了 13.1%，增长率比 2007 年下降了 7.1 个百分点，这一增长速度也大大低于同期制造业的增速（24.8%）。由于高技术产业增速大大低于制造业，导致高技术产业总产值对制造业总产值增长的贡献也下降，从 2007 年的 10.7%减少到 2008 年的 7.6%，下降了 3.1 个百分点。从行业来看，电子及通信设备制造业依然占据了高技术产业的半壁江山。2008 年该产业总产值为 28151.4 亿元，占高技术产业总产值的 49.3%，比 2007 年下降 0.4 个百分点。在 5 个高技术产业中，只有医药制造业所占比重上升，2008 年该行业总产值为 7875 亿元，占整个高技术产业总产值的比重达到 13.8%，比 2007 年增加了 1.2 个百分点（见图 6-17）。

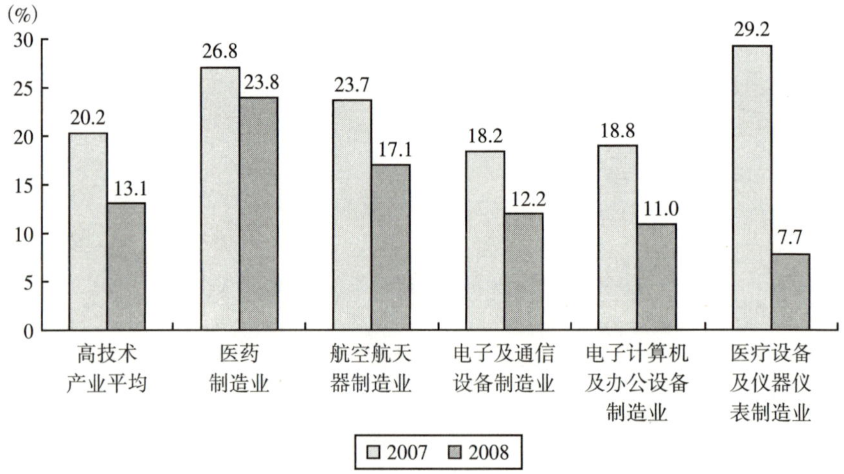

图 6-17　2007 年、2008 年高技术产业总产值增长速度按行业分布

从增长速度看，高技术产业各行业 2008 年的增长速度比 2007 年均有不同程度的下降，下降幅度最大的是医疗设备及仪器仪表制造业，从 2007 年的 29.2% 下降到 2008 年的 7.7%；医药制造业继续保持着相对较快的增长，虽然 2008 年增长速度比 2007 年下降 3 个百分点，但这是唯一一个增速继续保持在 20%以上的行业。

（2）高技术产业在整个制造业中的比重继续下降。自 1995 年以来，我国的高技术产业占制造业的比重逐年上升，到 2003 年达到最大值 16.1%。从 2004 年开始，高技术产业占制造业的比重呈逐年下降趋势。到 2008 年，高技术产业总产值占制造业的比重下降到 12.9%，比 2007 年下降 1.4 个百分点（见图 6-18）。

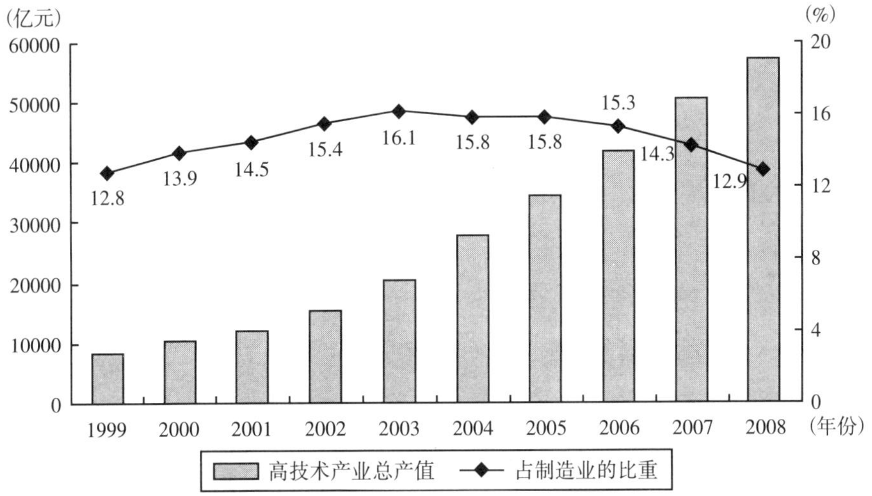

图 6-18　1999~2008 年高技术产业总产值及其占制造业总产值比重

（3）高技术产业中三资企业数量继续增长。2008 年我国高技术产业企业数共计 25817 家，比 2007 年增加 4300 家。其中，国有及国有控股企业数量 1743 家，继 2007 年比 2006 年下降 143 家后，2008 年继续下降 74 家；三资企业数则继续较快增加，达到 9296 家，比 2007 年增加了 1268 家，占全部高技术产业企业数的 36%。

尽管高技术产业中三资企业的数量仅占 36%，但是从一些主要经济指标来看，三资企业在我国的高技术产业中占据着主导地位。从图 6-19 可以看到，至

2008 年，三资企业总产值占高技术产业总产值的比重已达到 70.3%，从业人员比重为 60.2%，出口交货值占 89.9%，利税占 54.6%。虽然这些指标 2008 年的值比 2007 年略有下降，但显然三资企业在我国高技术产业中处于明显的主导地位。

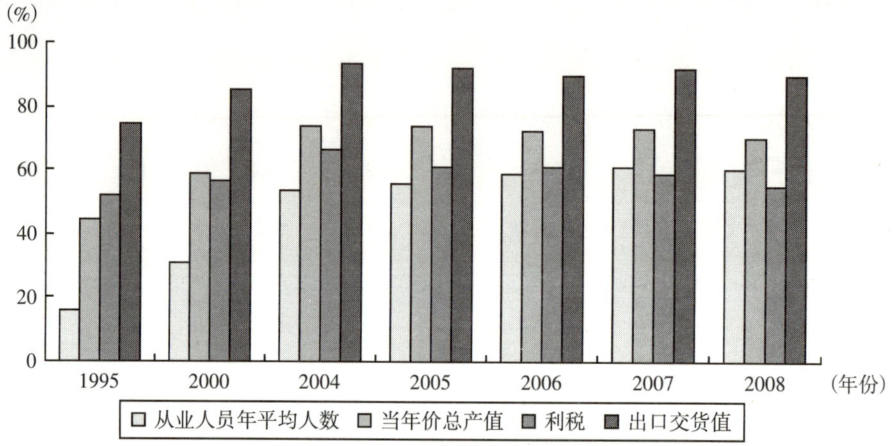

图 6-19 高技术产业中三资企业主要经济指标

（4）R&D 强度明显高于大中型工业企业平均水平，但各行业发展不平衡。高技术产业作为技术推动型的产业，高 R&D 投入是产业发展的直接动力。2008 年我国高技术产业 R&D 强度（因 2008 年高技术产业增加值未公布，这里 R&D 强度用 R&D 经费与主营业务收入的比例来表示）为 1.18%，比当年大中型工业企业的 R&D 强度高 0.34 个百分点（见图 6-20）。

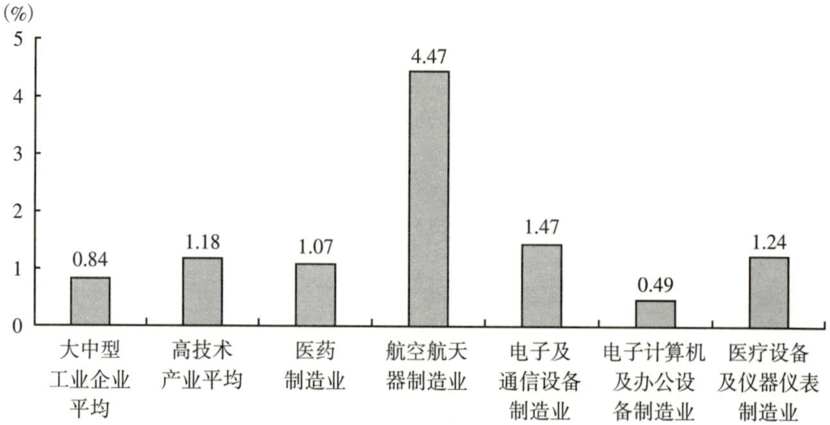

图 6-20 2008 年高技术产业 R&D 经费强度

我国高技术产业的研发强度总体水平高于制造业整体，但各行业发展并不平衡。除电子计算机及办公设备制造业外，其余 4 个行业的 R&D 强度均高于大中型工业企业的平均水平。其中航空航天制造业的 R&D 强度最高，2008 年达到 4.47%；电子及通信设备制造业和医疗设备及仪器仪表制造业的 R&D 强度超过高技术产业的平均水平，分别达到 1.47%和 1.24%；医药制造业的 R&D 强度相对较低，为 1.07%；电子计算机及办公设备制造业最低，仅为 0.49%，这一水平不仅低于高技术产业平均水平，而且也低于大中型工业企业的平均强度。

但是，我国高新技术产业发展仍然面临很多问题，如技术创新能力不强、R&D 投入相对不足、高技术人才短缺、创新效率低下等，这些不足严重制约了我国高新技术产业持续竞争力的提升。如何更好地提升高新技术产业的创新能力将是我国高新技术产业发展的关键问题。

第二节 R&D 投入强度偏低且地区差异较大

考察一个国家或地区对科学创造与创新能力给予资金支持的程度一个重要指标是 R&D 投入强度。随着中国科技活动经费的迅速增加，R&D 投入强度也在稳步增长，自 1999 年以来科技投入强度开始稳步提高，2008 年我国的 R&D 投入强度达到 1.54%，远高于俄罗斯、印度等发展中大国，稳居发展中国家首位。但是与美国、日本以及欧盟国家总体水平相比还有很大差距，我国 R&D 投入强度明显较低，且从 2008 年的增长速度来看，实现国家“十一五”科技发展规划确定的到 2010 年达到 2.0%的发展目标也存在很大难度。从表 6-1 中可以看出，2008 年我国的 R&D 投入强度仅为 1.54%，而 2007 年美国的 R&D 强度就达到 2.68%，日本为 3.34%，德国为 2.54%，韩国为 3.47%。我国 R&D 投入强度明显偏低的局面一直没有得到改变，与发达国家相比还有很大差距（见图 6-21）。目前几乎在所有研究我国 R&D 强度与经济发展问题的文献中都建议要通过提高

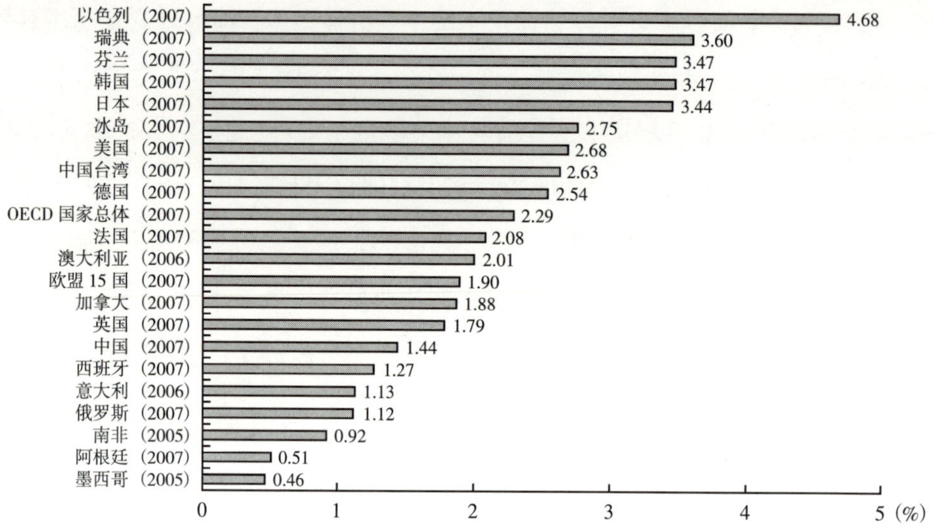

图 6-21　部分国家 R&D 经费支出总额与 GDP 之比

R&D 强度来提高科技创新能力，进而促进经济发展。

2008 年我国人均 GDP 已经达到 3266.8 美元。国际经验表明，当一个国家或者地区人均 GDP 超过 3000 美元之后，城镇化、工业化的进程会加快。这已经表明，中国工业化进入了中期的发展阶段。R&D 投入强度与工业化发展阶段关系非常密切。联合国教科文组织在 1971 年出版的《科学应用与发展》中通过对多个国家的 R&D 投资规模进行比较研究，结果表明，处于工业化初期阶段的国家，R&D 投入强度一般不超过 1.0%；工业化中期阶段国家的 R&D 投入强度为 1.5%~2.5%，国际公认的经济起飞阶段 R&D 投入强度为 1.5%；进入工业化后期阶段的发达国家 R&D 投入强度一般都在 2.5%以上。[①] 因此，按照中国处于工业化中期发展阶段这个标准来判断，我国 2008 年 R&D 投入强度达到 2.0%是正常的。与发达国家在 R&D 投入强度上的差距成为阻碍我国自主创新能力提高的关键因素之一。

另外，我国省际 R&D 投入强度差异也非常大。以 2007 年为例，R&D 投入强度最高的是北京市，达到 5.4%，最低的是西藏自治区，R&D 投入强度仅为

① 莫燕，刘朝马. 科技投入结构分析及比较研究［J］. 科学学与科学技术管理，2003（4）：39-41.

0.2%，[①] 两者相差巨大。虽然各省份的 R&D 投入强度每年都有所提高，但除北京、陕西和上海外，其他各省的 R&D 强度水平普遍较低，而且从 2003 年开始，高于全国平均 R&D 投入强度水平省份的数量在逐年减少，这反映了我国 R&D 投入的地区结构差异很大，且有两极分化的趋势，科技经费的投入更趋于向某些经济发达的省市集中。

第三节　R&D 投入来源结构与支出结构不平衡

目前，我国 R&D 经费投入的来源，由国家财政科技拨款、企业自筹 R&D 资金、银行科技（R&D）贷款和其他来源等几部分构成。从 R&D 经费来源结构变化的趋势看，政府 R&D 资金、银行科技贷款和其他来源所占比重均呈下降趋势。我国 R&D 投入经费来源结构如表 6-16 所示。

表 6-16　我国 R&D 投入经费来源结构

年份	科技活动经费筹集来源								
	总额（万元）	政府资金（万元）	比例（%）	企业资金（万元）	比例（%）	银行贷款（万元）	比例（%）	其他来源（万元）	比例（%）
1991	4270028	1263853	29.60	1216102	28.48	719308	16.85	1070765	25.07
1992	5573247	1599703	28.70	1624652	29.15	899166	16.13	1449726	26.02
1993	6754898	1753724	25.96	1857141	27.49	1188170	17.59	1955863	28.96
1994	7889057	2181386	27.65	2343579	29.71	1214698	15.40	2149394	27.24
1995	9625070	2487311	25.84	3051918	31.71	1270806	13.20	2815035	29.25
1996	10431730	2719714	26.07	3128228	29.99	1497880	14.36	3085908	29.58
1997	11819282	3098706	26.22	3483689	29.47	1551858	13.13	3685029	31.18
1998	12897557	3538300	27.43	4025040	31.21	1709832	13.26	3624385	28.1
1999	14606085	4729764	32.38	5102899	34.94	1287921	8.82	3485501	23.86

① 参见中国科技统计网.http：//www.sts.org.cn.

续表

年份	科技活动经费筹集来源								
	总额（万元）	政府资金（万元）	比例（%）	企业资金（万元）	比例（%）	银行贷款（万元）	比例（%）	其他来源（万元）	比例（%）
2000	23466834	5933920	25.29	12963664	55.24	1962129	8.36	2607121	11.11
2001	25893991	6563595	25.35	14583833	56.32	1907606	7.37	2838957	10.96
2002	29379898	77621912	26.42	16766868	57.07	2018777	6.87	2832341	9.64
2003	34590986	8392833	24.26	20535424	59.37	2593378	7.50	3069351	8.87
2004	43283258	9855191	22.77	27712063	64.02	2650049	6.12	3065955	7.09
2005	52508284	12130537	23.10	34402879	65.52	2768395	5.27	3206473	6.11
2006	61967000	13678000	22.07	41069000	66.28	3743000	6.04	3477000	5.61
2007	76951501	17037062	22.14	51896093	67.44	3839880	4.99	4178466	5.43
2008	91238070	19023138	20.85	63702420	69.82	4050970	4.44	4461542	4.89

数据来源：根据《中国科技统计年鉴（2009）》整理而得。

从我国 R&D 投入的来源结构变化看，政府 R&D 资金所占比例由 1991 年的 29.60%下降到 2008 年的 20.85%。其中 1999 年政府 R&D 资金所占比例略有升高，达到 32.38%，但随即在 2000 年又下降，但变化不大。2000 年，24 个 OECD 国家的政府 R&D 资金所占比例平均为 30%。相比之下，我国政府 R&D 投入比例还略低于这些国家，但这并不能表示我国 R&D 投入已不是政府主导型。银行贷款、其他来源均有较大幅度下降，所占比重分别由 1991 年的 16.85%和 25.07%下降到 2008 年的 4.44%和 4.89%。企业 R&D 资金呈较高增长态势，所占比例从 1991 年的 28.48%上升到 2008 年的 69.82%。但同日本、韩国相比，企业 R&D 所占比例仍略显低。

部分国家 R&D 经费支出按经费来源分布如图 6-22 所示。

从 R&D 经费的来源和流向来看，多数国家的 R&D 经费主要来自企业，同时在许多国家，由政府提供的资金达到 R&D 经费总额的 1/3 以上，其中俄罗斯和加拿大的政府资金比例甚至高出企业而成为 R&D 经费的第一来源。在我国，企业是 R&D 经费的最主要来源，企业资金占全国 R&D 经费的 70.4%，政府资金占 24.6%（见图 6-23）。

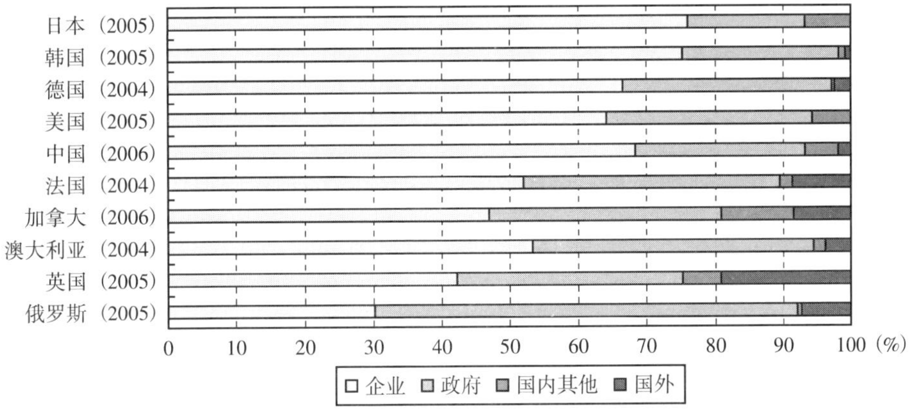

图 6–22　部分国家 R&D 经费支出按经费来源分布

注：因数据可得性原因，各国家数据年份有所不同。

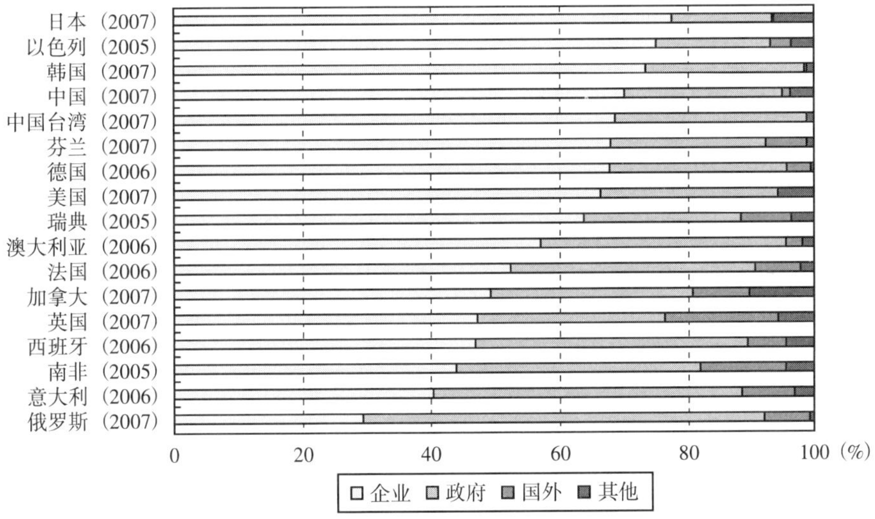

图 6–23　部分国家（地区）R&D 经费按来源分布

注：因部分数据不可得，各国家数据年份不同。

基础研究经费接近 20 亿美元，在 R&D 经费中的份额仍需进一步提高。近年来，我国全社会 R&D 经费在 R&D 创新链条中的分布情况没有发生大的变化。若以基础研究为 1，1995 年我国全部 R&D 经费在基础研究、应用研究和试验发展之间的比例是 1：5.1：13.2，2006 年我国这三者之间的比例关系为 1：3.2：15。美国 2000 年这一比例为 1：1：3，法国 1999 年为 1：1：2，意大利 1998 年为 1：2：2，日本 1999 年为 1：2：5。与发达国家相比，我国基础研究活动经费比例仍然偏低。

因此，从长远看，必须提高基础研究经费在总体 R&D 投入中的比重。2007 年，我国 R&D 经费支出总额中用于基础研究的经费为 22.9 亿美元（按汇率计算），比 2006 年增长了 3.4 亿美元，在公布数据的 24 个国家中排在美国、日本、法国、意大利、韩国之后，高于西班牙、俄罗斯等国，但仅为美国的 3.6%、日本的 12.5%、法国的 20%、意大利的 40%及韩国的 50%。我国 2007 年基础研究经费在全国 R&D 经费支出总额中的比重为 4.7%，在公布数据的 24 个国家中处于最低水平（发达国家此值在 20%左右）。从历史发展来看，我国这一比重长期稳定在 5%左右的局面没有改变。这也表明，我国的科技经费支出结构存在较大问题（即基础研究投入偏低，试验开发投入过高），需进一步改善科技经费支出结构。

世界上新兴工业化国家和发达国家经验表明，R&D 来源结构模式基本上经历三个阶段，即政府主导型、政府企业双主导型、企业主导型，最终形成的 R&D 来源结构为政府投入占 1/3 左右、企业投入占 2/3 左右。从表 6-1 可以看出，除 1999 年外，我国政府 R&D 资金来源占科技活动经费总额始终没有超过 30%，并且呈现逐年下滑的发展趋势。2008 年我国政府 R&D 投入总量占科技活动经费总额的比例为 20.85%，此比例表明我国是以企业为主体的 R&D 经费投入来源结构，但此结构是在 R&D 投入强度和 R&D 投入总量均偏低的情况下出现的，这就违反了国际上 R&D 投入来源结构具有明显阶段性的规则。分析其原因，主要是在 R&D 投入结构转换过程中，企业 R&D 投入超过政府的拐点一般发生 R&D 投入强度达到 2%左右，而我国则是在 R&D 投入强度很低的情况下发生的（如在 2000 年时我国企业 R&D 投入占 R&D 经费总量的比重就达到了 57.6%，而此时 R&D 投入强度只有 1.0%）。因此，我国 R&D 投入来源结构还是呈现出低水平的均衡状态。

第四节　政府 R&D 投入对企业 R&D 投入诱导效应不明显

世界上大部分发达国家的 R&D 投入模式虽以企业主导型为主，政府 R&D 投入占总的 R&D 投入比例由绝对地位下降到从属地位，但是政府 R&D 投入对全社会 R&D 投入仍然起决定性的影响作用。国外学者主要从微观和宏观两个层面测度政府 R&D 投入效果。实证研究证明，政府 R&D 投入对企业的 R&D 投入产生了有效的诱导效应。微观分析主要研究政府 R&D 投入对企业 R&D 行为的影响。Guellec 等对微观层次研究所做的文献综述表明，由于学术界对微观层次的研究方法存在一些争议，尚未形成统一的研究范式，导致研究结论也不一致（见表6-17）。

表 6-17　部分国家学者对 R&D 投入所产生的效应研究情况

研究角度	研究者	资助期间	样本来源	净效应（弹性）
微观层次	Shrieves（1978）	1965	美国	挤出（-0.53）
	Carmichael（1981）	1976~1977	美国	挤出（-0.08）
	Higgins（1981）	1977	美国	挤出（-0.13）
	Lichtenberg（1984）	1967、1972、1977	美国	挤出（-0.22）
	Wallsten（2000）	1990~1992	美国	挤出（-0.8）
	Holemans 等（1988）	1980~1984	比利时	诱导（0.36）
	Antonelli（1989）	1983	意大利	诱导（0.31~0.37）
	Klette（1987）	1987~1989	挪威	诱导
	Toivanen（1998）	1989、1991、1993	芬兰	大企业挤出，小企业诱导
	Busom（1999）	1988	西班牙	诱导（0.2）
宏观层次	Levy（1983）	1949~1981	美国	诱导（0.22）
	Levin（1984）	1963、1967、1972	美国	诱导（0.12）
	Levy（1990）	1963~1984	共 9 国	6 国诱导，3 国挤出

续表

研究角度	研究者	资助期间	样本来源	净效应（弹性）
宏观层次	Guellec 等（2000）	1983~1996	OECD 17 国	诱导（0.71）
	Czarnitzki 等（2001）	1996~1997	德国	诱导（0.1）
	Lach（2002）	1991~1995	以色列	小企业诱导
	Czarnitzki（2004）	1985~1997	法国	诱导

数据来源：Guellec et al.（2003），David et al.（2000），Klette et al.（2000），Czarnitzki（2004）.

而宏观分析则集中在产业和国家层面上，主要探讨了政府 R&D 投入对企业总投入的影响，且研究结论相对较统一。David 等（2000）的研究证实，在所采集的研究样本中，大部分样本的研究支持政府 R&D 投入对企业 R&D 投入具有诱导效应的结论。我国学者对政府 R&D 投入效率测度的研究主要集中在宏观层面上，如姚洋和章奇（2001）研究了我国政府 R&D 投入的效率，认为政府 R&D 投入占主导地位并不是一种有效率的状态，政府所创办的公共研究机构的 R&D 投入对企业 R&D 投入效率有负面效应。

张化尧和史小坤（2000）认为，最近几年我国 R&D 投入的快速增长受外资企业的 R&D 投入拉动影响很大，外资企业自 2001 年的全球化 R&D 投入热降温后，加大了在中国的 R&D 投入力度。回归的结果也表明，政府的 R&D 投入对企业的 R&D 投入存在较大的拉动作用。企业对政府的这种依赖也暗示着在国家创新体系的转型中，企业并没有建立起独立的研发体系。我国企业对政府的R&D 投入依赖性很强，要实现向创新型社会的转化，政府 R&D 投入起着重要的拉动作用。同时，要真正地实现自主创新，必须先要培养起技术积累和创新能力，通过各种合理的方式尽快积累吸收能力。

第五节　R&D 人员结构不合理

我国 R&D 人员总量较高，2008 年为 196.54 万人·年，居世界第二位。然而，如果从每万个劳动力中 R&D 人员比重来看，排名比较落后，只有法国的14.1%，日本的 13.6%。[①] 另外，我国高校 R&D 人员较少，如 2006 年，企业、科研院所、高校 R&D 人员所占比重分别为 65.8%、18.1%、16.1%；同年欧盟 27 国的企业、科研院所、高校 R&D 人员所占比重分别为 51.6%、14.3%、34.1%。从我国 R&D 人员从事科技活动的类型来看，从事试验发展的占 71.4%，从事应用研究的占 19.9%，从事基础研究的占 8.7%。[②] 我国 R&D 人员大多从事试验发展的研究工作，而一般意义上的科学研究（基础研究、应用研究）人员只占 30%。

第六节　部分发达国家 R&D 投入与配置经验借鉴

一、美国

美国 R&D 投入水平及投入强度一直居于世界领先水平。"二战"以后，美国顺应科学技术集群化的新趋势，根据形势与格局的变化，制定并实施了一系列行之有效的科技政策，总体来说分为三个阶段。

第一阶段为 20 世纪 50~60 年代，在此阶段，美国政府大规模增加 R&D 投入。1947 年美国联邦政府仅投入 5 亿美元的 R&D 投入，占 R&D 投入的 24%；1954 年的投入 17 亿美元的 R&D 投入，占 R&D 投入的 53%；1961 年则投入了 92 亿美元的 R&D 投入，占 R&D 投入的 63%，同时，R&D 投入强度大幅度增加，从 1953 年的 1.36%上升到 1964 年的 2.87%。"二战"以后，政府在科技活动中的作用急剧增大，大规模扩充对军事工业联合体的投资，建立了一大批国家实验室，形成了世界上唯一的以军事技术为核心的促进科技进步的格局，同时也初

① OECD. Main Science & Technology Indicators（2008/1）[EB/OL]. http：//www.sourceoecd.org，2009-12-15.

② 科技统计信息中心. 中国科技统计数据 [EB/OL]. http：//www.sts.org.cn，2009-10-20.

步确立了政府支持基础研究的较完善的体系。

第二阶段为 20 世纪 70~80 年代，基本特点为美国政府从直接参与 R&D 活动转为刺激、鼓励私人部门参与 R&D 活动，营造更有利于私人部门创新的环境，开辟了从“总量支持”到“边际支持”的时代，R&D 来源结构发生了重大变化，从政府主导型逐步过渡到了政府企业双主导型。在 20 世纪 60 年代末到 70 年代初美国经济危机的发生迫使联邦政府大量削减 R&D 投入，并诱发企业减少 R&D 投入，导致此阶段前半期 R&D 投入强度逐渐下降，从 1964 年的最高点 2.87%下降到 1978 年的 2.12%，随着经济危机的消除，后半期 R&D 投入强度逐步回复，1985 年上升到了 2.72%，并保持了相对的稳定。此阶段是美国 R&D 投入与配置政策深刻变化的时期，通过对其“二战”后的 R&D 投入政策的反省，着眼于引导整个美国经济产业结构的转型和经济增长方式的转变，形成了根据科技和经济格局的变化，更贴近时代特征、前瞻性更强的新一轮科技政策。

第三阶段为 20 世纪 90 年代至今，由于受到国际金融危机的影响，R&D 投入强度虽然出现了一些波动，但始终保持在 2.4%~2.75%的区间内。同时，政府通过制定相关优惠政策等措施，促使企业加大 R&D 投入力度，企业主导型 R&D 来源结构更加明显。联邦政府主要根据全球经济、科技发展格局发生的重大变化不断调整和完善 R&D 投入与配置政策，着眼于发展高新技术，促进 R&D 投入的国际化，重视长远发展，在加强基础研究、普及科学教育与提高教育质量的同时，进一步加强重大科技成果和尖端高新技术的商品化，不断突破传统的 R&D 投入与配置政策制定思路。进入 20 世纪 90 年代以来，美国国家战略的重心迅速转向经济，把经济利益放在对外政策的首要位置，重视增强美国的国际竞争力，政府继续努力扩大联邦政府对 R&D 活动的支持。在 1980~1992 年，美国政府科技政策做出了重要调整，如将联邦政府研究成果向私营企业的转化制度化，改变反对企业联合的反托拉斯政策，重视政府与企业的合作，把制定和实施国家技术政策作为联邦政府的正式使命。

美国是当今世界科技、经济最发达的国家，我国在 R&D 投入方面与其差距较大（见表 6-18 和表 6-19），美国的科技发展经验值得我国借鉴。

表 6-18　2000~2007 年中美 R&D 投入情况比较

单位：10 亿本国货币单位

国家	R&D 经费							
	2000	2001	2002	2003	2004	2005	2006	2007
中国	89.57	104.25	128.76	153.96	196.63	245.00	300.31	371.02
美国	267.77	278.23	277.05	289.72	301.02	324.46	343.75	

数据来源：《中国科技统计年鉴（2008）》，2007 年美国数据不可得。

表 6-19　2000~2007 年中美 R&D 投入强度比较

单位：%

国家	2000	2001	2002	2003	2004	2005	2006	2007
中国	0.90	0.95	1.07	1.13	1.23	1.34	1.42	1.49
美国	2.74	2.76	2.66	2.66	2.59	2.62	2.62	

数据来源：《中国科技统计年鉴（2008）》，2007 年美国数据不可得。

总的来看，美国的科技活动体现在以下几个方面：一是加大对基础研究的投入已成为国家 R&D 投入的战略投资重点。美国基础研究投入占财政 R&D 预算的比重一直保持在 20%。2009 年基础研究投入的预算总额为 293.19 亿美元，比 2008 年增长 3%。2001~2009 年基础研究预算增长了 37%，年均增长速度为 8%（见表 6-20）。自 2007 年“美国竞争力计划”提出以后，基础研究投入在美国国家战略投资中确立了重要地位，增长速度大幅提高，形成了完善的“官、产、学、研”体系，共同进行基础研究及其结果的开发。二是试验发展 R&D 投入逐步扩大，也非常注重科技成果转化激励机制的完善。用于试验发展的预算投入占美国财政 R&D 投资的比例最大，2005~2009 年年均增长幅度为 4%，且呈现出逐年增长趋势。2009 年试验发展的预算为 840.13 亿美元，占 R&D 总投入的 57%，比 2008 年增加 15.81 亿美元，是美国 R&D 活动中增长最快的部分。三是 R&D 经费投入主要在国防技术、生物技术、网络信息技术、卫生与健康、能源等领域。从 2009 年 R&D 预算中可以看出（见表 6-21），国防部、国土安全部、能源部、卫生和健康服务是受益比较大的部门。四是大力提倡非政府组织和私人组织进行 R&D 投资活动。

表 6-20 2001~2009 年美国政府 R&D 预算分类及增幅情况

年份	2001	2005	2008	2009	2005~2009 增加额（百万美元）	2005~2009 增长率（%）	2001~2009 增加额（百万美元）	2001~2009 增长率（%）
基础研究	21330	26847	28472	29319	2472	9	7989	37
应用研究	21960	28494	28112	27087	–1407	–5	5127	23
试验发展	43230	71729	82432	84013	12284	17	40783	94
设施装备	4744	4796	4047	6544	1748	36	1800	44
合计	91264	131866	143063	146963	15097	11	55699	60

数据来源：根据美国 OSTP 公布的 2005~2009 年政府 R&D 预算整理。

表 6-21 2001~2009 年美国政府各部门 R&D 预算分配情况

年份	2001	2005	2008	2009	2009 年占比（%）	2005~2009 增加额（百万美元）	2005~2009 增长率（%）	2001~2009 增加额（百万美元）	2001~2009 增长率（%）
国防	42235	69856	80192	80494	55	10638	15.2	38259	91
卫生健康	21037	29381	29475	29480	20	99	0.3	8443	40
航空航天	9675	11308	10436	10737	7	–571	–5.0	1062	11
能源	7772	8893	9739	10558	7	1665	18.7	2786	36
NSF	3363	4252	4500	5201	4	949	22.3	1838	55
国土安全	N/A	1216	1143	3287	2	2071	170.3	3287	N/A
农业	2182	2105	2309	1952	1	–153	–7.2	–230	–11
商务	1054	1075	1113	1157	1	82	7.6	103	10
交通	792	772	823	901	1	129	16.7	109	14
退伍军人	748	749	960	884	1	135	18.0	136	18
内务	622	648	676	617	0	–31	–4.7	–5	–1
环保局	598	577	557	550	0	–27	–4.6	–48	18
其他	1186	1034	1140	1145	1	111	10.7	–41	–3
总计	91264	131866	143063	146963	100	15097	11.4	55699	61

数据来源：根据美国 OSTP 公布的 2005~2009 年政府 R&D 预算整理。

政府资助 R&D 活动一般具有时间长、风险性高的特点，而私营行业 R&D 活动则具有时间较短、风险较低的特点，因此，美国政府鼓励非政府组织开展 R&D 活动。为了鼓励私人加大 R&D 投入，美国政府还利用《国内税收法》中的刺激因素鼓励私人组织对 R&D 活动进行投资。

二、德国

德国科技发展政策的基本目标是："科学自由、科研自治、国家干预为辅以及联邦分权管理。"德国政府在坚持此原则、保持科技发展政策连续性的情况下，积极利用政府有限干预的干预职能和手段引导掌握着国家科技发展方向。总结起来，主要体现在四个方面：

（1）20 世纪 50~60 年代的恢复教育及科研体制与重视技术革新和技术引进的政策。作为战败国的德国，在 20 世纪 50 年代科技政策的实施重点是尽快恢复高等院校，重建科学自治机构、科研机构和科学基础设施。在 20 世纪 60 年代，R&D 投入政策的重点是技术革新和技术引进，并且进一步调整和完善科研机构，目的在于使科技成为经济高速增长的强大动力。

（2）20 世纪 70 年代的 R&D 投入政策表现为利用基础研究促进经济发展。此时期德国的科技政策做了较大的调整，其重点是促进经济发展，基础研究得到前所未有的重视。同时，又以若干方式加快了大学向企业的技术转移，运用法律手段消除对技术转移的障碍，对启动技术转移的项目给予财政支持，建立了一些新的技术转移的组织形式。

（3）20 世纪 80 年代表现为促进社会、经济结构合理化的政策。面对世界经济不景气和高新技术的挑战，德国的科技政策又进行适当调整，一方面抓住经济不景气的有利时机，推动企业产业结构的调整，加大 R&D 投入和广泛采用新技术，为技术转让奠定良好基础；另一方面狠抓技术密集型企业的基础建设，并在环保技术和产品方面取得了突破性进展。在联邦政府和州政府工商会以及国家银行的通力合作下，60 多个具有德国特色的"硅谷"很快建立起来，不仅为青年创立高新技术企业提供了合适的工作环境，促进了高技术的发展，而且使园区内的科技成果就地转化为生产力，为改善经济结构提供了有益的经验和成功模式。

（4）20 世纪 90 年代至今以发展尖端技术和加强国际合作的科技政策为主。随着当代国际形势的急剧变化以及各种力量重新组合趋势的加剧，20 世纪 90 年代末以来，德国科技政策的总体战略为：一方面，大力促进尖端技术的发展，并将其作为推动创新的动力；另一方面，把握未来，加强科技工作的国际性，开展国际合作。

三、日本

“二战”后日本经济取得了高速、持续、稳定的发展，一个重要的原因是日本政府根据不同时期的特点采取不同的 R&D 投入政策。日本政府科技政策的一个明显特征是在模仿的基础上创新，即走的是一条模仿、吸收、消化、改进和创新的道路。日本为应对全球化引发的竞争组建了大部制政府机构，实施了大学和国立研究所法人制变革，确立了科技建国的法律法规，促进了国家创新体系的竞争能力和科技成果转化能力的提高，并最终在全球竞争中有所胜出。

（1）20 世纪 50 年代日本主要以恢复经济和自立为目的。“二战”失败后的日本为了确保生存，制定了以粮食增产、医疗保健为中心，重视恢复经济和自立的科技政策，重新认识科技兴国的重要性。为强化当时脆弱的产业技术基础，日本政府通过推进工业技术标准化、计量技术的发展等，确立了以引进、消化欧美技术并加以吸收、改良为中心的产业政策；在恢复经济的同时推动技术革新，改革学术体制，设置了科技厅、科技会议等行政体制，加快科技体制的整顿。此外，一方面，政府对企业在试验研究阶段的 R&D 活动给予补助金和税收优惠；另一方面，国家为了扶植重点产业制定了一系列措施，进行宏观调控。

（2）20 世纪 60 年代以经济增长和扩大社会经济基础为目的的政策。增强自主技术开发能力，努力缩短与欧美间的技术差距，开发自主技术是日本 20 世纪 60 年代 R&D 投入政策的主要特征之一。日本在高校和政府研发机构等进行科技成果调查、收集工作，挖掘优秀科研成果，并进行成果转化，迅速形成产业。1961 年日本设立了新技术开发事业团，制定了工矿业技术研究组合法，以此来推动产业界的共同 R&D 活动。为了提高工业技术，日本于 1966 年实施了大型工业技术研究开发制度，制定了国民经济重点且急需的大型研究开发计划，国家对重点技术的研究开发设立补助金制度。为了振兴民间企业的 R&D 活动，日本于

1967 年创设了增加 R&D 投入的税额抵扣制度，国家在金融政策方面对 R&D 活动给予优惠。

（3）20 世纪 70 年代的应对动荡不安的世界形势的政策。20 世纪 60 年代末，日本的 GDP 已跃居全球第二位，国家财政明显增强，R&D 投入力度明显加大。在 70 年代中期，日本的 R&D 投入总量超过法国和英国，R&D 投入增速高于 GDP 增速，R&D 投入强度不断提高，从 1970 年的 1.8%增加到 1979 年的 2.04%。依靠科技来解决 20 世纪 60 年代经济高速增长时期产生的弊病和努力化解 1973 年和 1979 年发生的两次石油危机等问题是这一时期日本实施 R&D 投入政策的重要出发点。

（4）20 世纪 80 年代的重视创造性的 R&D 投入政策。进入 20 世纪 80 年代以后，日本在世界上的经济地位大幅提高，国家总体实力更加强大，R&D 投入强度进一步提升，从 1980 年的 2.13%上升到 1990 年的 2.91%，同时高度重视基础研究，基础研究投入占 R&D 投入的比例保持在 13%~16%。随着日本科技水平的提高，日本在科技政策方面更加重视自主开发和基础研究。发展创造性的科学技术是 20 世纪 80 年代日本 R&D 投入政策的主要特征。

20 世纪 70~90 年代这段时期是日本吸收、消化和改进的重要阶段，其对科技发展战略进行了重大调整。1986 年制定了《科学技术政策大纲》，基本方针是，以振兴富有创造性的科学技术为中心，重点发展与人类社会协调的科学技术和重视科技研究的国际性。根据此方针，日本政府在坚持以民间企业为主力、以产业技术为主攻方向的同时，加强基础研究，开发独创性技术，促使科学技术从模仿阶段向创新阶段发展。

（5）20 世纪 90 年代至今，强调知识创新与技术创新相结合的政策。泡沫经济的崩溃和经济的衰退导致日本 R&D 投入的下降。1991~1995 年 R&D 投入强度有所下降，但此后迅速调整，R&D 投入强度基本适应经济增长，呈平稳上升趋势，2003 年达到峰值 3.35%。日本 R&D 经费的 80%来源于企业（特别是大型企业），政府对 R&D 的贡献只有 20%。1995 年，《科学技术法》的制定是日本科技发展史上的一个重要转折点和里程碑，标志着日本从此踏上了“科学技术创新立国”之路。转型后的日本 R&D 投入政策与以往相比，特别突出以下两个重要原则：一方面，鉴于基础研究的不确定性和风险性，政府应当为这种创造性的发挥积极创造条件；另一方面，为了实现上述目标，日本政府决定走一条在强化基础研究的同时，又强调促进基础研究与技术开发应用相结合的道路。重视开创未来的高水平的基础研究，强调知识创新和技术创新相结合，是新时期日本R&D 投入政策的主要特征。

为迎接 21 世纪的挑战，为日本经济参与国际竞争和实现持续增长提供动力，实现“高科技大国”的战略目标，日本政府在科技战略定位、方针政策等方面进行了调整和改善，如从科技立国向科技创新立国转变、从劳动密集型产业结构向技术密集型产业结构转变、从低技术密集型产业结构向高技术密集型产业结构转变、以高技术密集型产业作为主导产业。日本政府各省厅有关科研机构、大学科研单位和民间大企业，都制定出了各自的发展科技和实现技术产业化的长期规划与措施。日本政府创新的主要政策包括：

1）加强政府对科技和技术产业化的宏观调控，发挥政府对技术产业化的推动与协调作用。如 1996 年制定的《科学技术基本计划》将发展高技术产业纳入统一规划和法制轨道，使日本的技术产业化和产业结构科学化进入了一个新阶段。政府出面组织、协调“官、产、学”联合攻关，集中人力、物力和财力加快高技术产业化，被证明是一种高效率的研究模式。1982~1992 年日本研制的新产品中 70%是“官、产、学”联合研究的成果。

2）重视增强研究开发的综合能力，强调基础研究、应用研究和开发研究三者协调发展。长期以来，日本重视应用研究、轻视基础研究，重视引进技术、轻视资助开发新技术，科技发展不平衡，为了改变这一问题，日本加大政府科技投入，重视技术研究开发，以确保发展后劲和增强国际竞争力。1995 年日本政府投入的科研经费为 24908 亿日元，比 1994 年增加了 1324 亿日元。1996 年科研经费预算为 26721 亿日元，比 1995 年增加 1913 亿日元，投资重点是能够带动整体技术和经济发展的相关领域。

3）鼓励民间企业发挥主力军作用。在日本政府的鼓励下，日本的大企业科研经费一般占销售总额的 5%左右，企业成为 R&D 投入的主力军。

总结日本的科技发展轨迹及其科技政策，笔者认为日本政府在继续保持高额的 R&D 强度、重视高技术产业发展、构筑信息化及加强国际科技合作等方面值得我们学习、借鉴。

四、韩国

自 20 世纪 50~60 年代初开始进入起飞阶段以来，经过几十年的发展，韩国从一个自然资源贫乏、经济技术比较落后的国家，一跃而跻身于“亚洲四小龙”的行列，达到中等发达国家的水平。韩国的发展与其实施的积极的 R&D 投入政策有着密切的关系：

（1）20 世纪 60 年代的集中引进、消化吸收和再创新的政策。在 20 世纪 60 年代初期，韩国的科技发展处于起步阶段，1964 年 R&D 投入强度只有 0.2%，R&D 投入严重匮乏，科技人员严重不足。因此，韩国政府在制定第一个“五年经济发展计划”时，分析了世界先进国家的产业发展模式，确定自己的技术发展模式为“不平衡成长”，其特点是高度重视应用技术，在一段时期内重点围绕一两个重点产业，集中引进重点产业所需的关键技术，实行产、学、研合作，集中资金、人才，进行消化吸收和创新。

（2）20 世纪 70 年代的促进产业结构改造和升级的政策。20 世纪 60 年代，韩国在引进技术的基础上实施重化工发展计划，实现了产业结构的改造和升级。为此，韩国政府专门成立了 16 个国家级科研机构，引导国内 R&D 活动方向。为了鼓励国内的 R&D 活动，为其创造更为有利的环境条件，韩国政府出台了《技术研究开发促进法》，明确规定了 R&D 活动税收优惠政策和企业 R&D 活动预备金制度，引导企业将 R&D 活动重点放在产品开发上，以增强出口竞争能力，扩大产品在国外的市场。这一时期 R&D 占 GDP 的比重为 0.4%~0.8%，公共投资与个人投资的比例为 50：50。

（3）20 世纪 80 年代的转换 R&D 来源结构的政策。20 世纪 80 年代以来，随着经济和工业发展重点转移到资本和技术密集型工业，韩国政府于 1982 年首次提出了“以技术为主导”的发展战略，开始制定并实施了第一个科技发展五年计划，强调开展面向未来的、长远的、大规模的研究和发展项目。同时，由于从国外引进技术许可证的条件越来越苛刻，韩国 R&D 投入政策的重点是鼓励国内的科技研究与开发活动。1980~1990 年，R&D 投入增长了近 10 倍，R&D 投入强度从 1981 年的 0.64%迅速上升到 1991 年的 1.91%，在 R&D 来源结构上，逐步由“政府主导型”转变为“企业主导型”，政府与企业的 R&D 投入比例由 50：50 转变为 16：84。

（4）20 世纪 90 年代至今的促进从模仿走向创造的政策。进入 20 世纪 90 年代，鉴于一些工业发达国家加强了各自的技术保护措施从而限制工业发展的实际情况，韩国积极主动地调整了传统的 R&D 投入政策，并于 1991 年底提出了“高级先进国家计划”，确立了科技发展“为实现世界化而发挥先导作用的科学技术，从模仿走向创造的科学技术，提高生活质量的科学技术”的三个基本政策方向。从科学研究和开发的具体内容来看，从以量的膨胀为主转换为以质的高级化为焦点；从以批量生产技术为主转换为以具有创新的研究开发为中心；从技术型竞争力转换为信息、知识竞争力；在经济增长的同时追求国民生活质量的提高。从研究重点来看，韩国把高技术列入重点发展目标，技术开发和引进进一步向高技术产业倾斜。这一时期，R&D 投入强度在 2%~3%，进入 21 世纪后则始终保持在 2.5%左右的水平上。

五、部分发达国家 R&D 投入新趋势

当今世界，在各国的经济发展中，科技进步发挥着重要的作用，科学技术已经成为经济增长的主要动力。为提升国际竞争能力、实现长期发展与维护国家安全，世界各国都呈现出大幅度增加 R&D 投入的趋势，且 R&D 投入占 GDP 的比值也不断提高。国际 R&D 投入的新趋势主要概括为以下几点：

（1）大幅度增加 R&D 投入成为国家战略。R&D 经费占 GDP 的 3%已经成为主要发达国家和新兴工业化国家共同的投入目标。2002 年美国 R&D 经费达 2922 亿美元，占 GDP 的 2.82%。欧盟在《关于使 R&D 经费占 GNP 的 3%的行动计划》

中，明确要求各成员国到 2010 年将 R&D 投入增至占 GDP 的 3%，目前欧盟主要国家的 R&D 经费占 GDP 的比例均在 2%以上。2001 年日本 R&D 经费为1279 亿美元，占 GDP 的 3.09%，此年韩国 R&D 经费总支出为 125 亿美元，占GDP 的 2.96%。印度通过 R&D 投入倍增计划，确定到 2007 年 R&D 经费占 GDP 的比例达到 2%，巴西确定到 2010 年达到 2%。目前国际 R&D 投入的特点是经济发达国家 R&D 投入强度均在 2%~3%。

（2）R&D 国际化趋势越来越明显。R&D 国际化是经济全球化不断发展的必然要求。[①] 伴随着世界经济的全球化，R&D 活动国际化趋势非常明显，科技国际化迅猛发展，结果是很多国家在不同程度上都参与了跨国 R&D 合作。R&D 国际化直接或间接地影响着世界经济全球化的进程，这是经济发展需要科技进步、科技进步促进经济发展、经济与科技之间的关系日益密切带来的必然结果。R&D 国际化最突出的表现在于各国直接的 R&D 合作不断加强，越来越多的国家认识到提升科学研究与技术开发的核心能力是维护其国际竞争力的基本保证。通过国际 R&D 合作融入世界科技发展浪潮已成为各国政府的战略选择。随着我国经济全球化程度的不断加深，必然会面对 R&D 国际化这一现实，如何在全球范围内配置、利用好 R&D 资源，应向发达国家借鉴经验，提高我国的科技水平，最终增强我国的综合国力。

（3）政府 R&D 投入领域与重点更加明确。从对各个国家的分析来看，各国政府都已经明确了自己的 R&D 投入领域与重点。如作为头号科技强国的美国，其目标强调全面领先，要在一切科学领域中处于领先者地位，在主要科学领域中保持明显领导地位，确保美国在那些可能对产业和经济发展产生广泛、深远影响的技术领域保持领先者的地位。美国近期的科技研发重点为反恐战争、确保国土安全和发展美国经济三项最优先的任务；德国政府则强调发展高尖端技术，确定了原始创新、高技术领先与尖端技术等方面的目标，通过构建创新联盟和能力网来对德国研究体系进行改革，效果显著；日本政府强调产业共性技术的发展，日

① 黄鲁成，罗亚非. R&D 国际化研究 [M]. 北京：清华大学出版社，2006.

本科学领域中的基础研究和开发技术成绩非常突出，并且洁净能源、绿色技术等环境技术在全球是最先进的。日本重视从三个方面推进创新的基本战略，即科学技术创新、社会创新和人才创新。①

综上所述，结合国际上有关国家 R&D 投入方面的经验，笔者认为我国目前 R&D 投入存在的主要问题体现在以下几个方面：一是 R&D 投入力度不够，R&D 投入强度明显偏低。二是我国的 R&D 投入来源结构呈低水平的均衡状态。三是目前我国的企业（尤其是大中型工业企业）R&D 投入还不足。从 R&D 投入的来源结构来看，我国企业 R&D 投入虽然占主导地位，但大中型工业企业 R&D 投入不足问题表现尤为明显。我国大中型工业企业 R&D 活动的规模不大，投入水平普遍偏低，R&D 经费占销售收入的比重长期在 0.5%左右徘徊，2005 年只有 0.76%，而发达国家此比值一般为 3%~5%，高技术企业甚至高达 20%。四是 R&D 配置方面不尽合理。我国的 R&D 资源配置体现出了明显的企业化特征。政府研发机构所获得的 R&D 投入在 R&D 总投入中所占的比例高于发达国家，高校获得的 R&D 投入在 R&D 总投入中所占比重明显偏低，总在 10%左右徘徊，与发达国家高校 R&D 开支所占比重超过政府研发机构的趋势是不吻合的。五是基础研究投入一直较少。从历年的 R&D 经费活动类型来看，基础研究所占经费比例明显偏低，2008 年基础研究、应用研究、试验发展经费支出所占比重分别为 4.8%、12.5%和 82.8%。与主要发达国家和一些新兴工业化国家基础研究投入所占比例 13%~19%相比，我国基础研究无论投入的总量，还是投入的强度都有明显差距。

① 国际科技合作政策与战略研究课题组. 国际科技合作政策与战略［M］. 北京：科学出版社，2009：2-52.

第七节 科技投入强度的国际总体比较及对中国的政策启示

增加科技投入能够促进研究开发，推进经济转型，提高国际竞争优势，科技投入强度成为一国整体创新能力的重要衡量指标之一。尽管学术界对科技投入产生的作用主要存在两种观点，即正面的杠杆效应和负面的挤出效应，但世界各国都不同程度地加大了科技投入。Bushee（1998）指出，有效地使用科技研发投入能够使企业盈余管理，证明科技研发投入强度与机构投资者持股存在关系。Koh Ping-Sheng 和 Reeb David M.（2015）采用蒙特卡洛模拟方法表明，科技研发支出在财务报表中缺乏创新。Kuen-Hung Tsai、Ming-Hung Hsieh 和 Erik Jan Hultink（2011）强调增加研发投入会对企业产品创新产生正面影响。国内学者中许治和师萍（2005）建立模型指出，较低的知识产出与较低的 R&D 学习效率是我国科技投入强度偏低的主要原因。崔本强（2014）、梁达（2016）通过对我国 R&D 研发活动的分析，认为科技研发投入能够不断完善创新体制，对创新创业有重要作用。杜希双和刘红玫（1997）认为，我国高技术产业要不断增大 R&D 投入强度、消化吸收并进行自主创新才会更具国际竞争力。郑文范和刘晓宇（2010）对我国“十一五”R&D 投入现状分析指明，R&D 经费占 GDP 比重（R&D 投入强度）并没有达到预期目标，并总结其中不足，为实现“十二五”预期目标提出可行性建议。罗枫（2013）对日本 10 年间科技投入进行分析，充分证明“科技兴国”的重要性，日本的科技投入发展过程值得我国借鉴。

据科学技术部发展计划司《科技统计报告》（第 6 期）显示，世界经济合作与发展组织 30 个成员国和中国、俄罗斯等国家在内的 39 个国家和地区的科技 R&D 经费占世界 R&D 经费总额的 95%以上，加强科技投入、提升科技投入强度成为大部分国家的发展战略。2014 年我国 R&D 经费总额为 13015.6 亿元，与 2013 年相比增加 1169.0 亿元，增长 9.9%，R&D 投入强度为 2.05%，从纵向角度来看，我国科技投入规模、科技投入强度均达到了较高水平，经费支出结构有了明显的改善（见表 6–22），但从横向来看，韩国、日本、美国、德国、法国等发达国家科技投入强度不断增加，比重长期保持在 2%以上，其中以色列科技投入强度近 10 年均居世界第一，因而与世界其他发达国家相比，我国科技投入强度仍处于较低水平（见表 6–23）。

表 6–22　2005~2014 年我国近 10 年科技投入规模及强度情况

年份	科技投入总量（亿元）	科技经费投入的应用结构						科技投入强度（%）
		基础研究		应用研究		试验开发		
		投入量（亿元）	比例（%）	投入量（亿元）	比例（%）	投入量（亿元）	比例（%）	
2005	2450.0	131.2	5.4	433.5	17.7	1885.3	76.9	1.33
2006	3003.1	155.8	5.3	504.5	16.8	2342.8	78.0	1.42
2007	3710.2	174.5	4.7	492.9	13.3	3042.8	82.0	1.49
2008	4616.0	220.8	4.8	575.2	12.5	3820.0	82.8	1.47
2009	5802.1	270.3	4.7	730.8	12.6	4801.0	82.7	1.70
2010	7062.6	324.5	4.6	893.8	12.7	5844.3	82.7	1.76
2011	8687.0	411.8	4.7	1028.4	11.8	7246.8	83.5	1.84
2012	10298.4	498.8	4.8	1162.0	11.3	8637.6	83.9	1.98
2013	11846.6	555.0	4.7	1269.1	10.7	10022.5	84.6	2.08
2014	13015.6	613.5	4.7	1398.5	10.8	11003.6	84.5	2.05

数据来源：根据《中国科技统计年鉴（2015）》整理而得。

表 6–23　2000~2014 年世界主要国家科技投入强度情况

单位：%

年份	以色列	韩国	日本	德国	美国	法国	中国	英国
2000	4.0	2.65	3.12	2.48	2.69	2.15	0.90	1.86
2004	4.42	2.85	3.13	2.49	2.68	2.16	1.23	1.88
2007	4.68	3.47	3.44	2.54	2.68	2.08	1.49	1.79
2011	4.4	4.03	3.39	2.88	2.77	2.24	1.84	1.70

续表

年份	以色列	韩国	日本	德国	美国	法国	中国	英国
2012	4.2	3.45	3.48	2.87	2.81	2.24	1.98	1.84
2013	4.21	4.15	3.49	2.94	2.81	2.23	2.08	1.63
2014	4.11	4.29	3.58	2.84	2.74	2.26	2.08	1.70

数据来源：根据《中国科技统计年鉴》、《主要科学技术指标》整理而得。

总结和借鉴世界发达国家科技投入经验，对于提高我国科技投入强度及完善科技政策等方面具有重要的意义。

一、国际科技投入规模及强度规律分析

1. 世界部分国家科技经费投入情况

选择中国、美国、日本等 11 个国家 2013 年科技投入经费总额数据进行对比汇总，全球的科技经费投入总额已突破了 1 万亿美元，标志着世界 R&D 活动进入了一个全新的发展阶段，各国科技投入经费占比如图 6–24 所示。

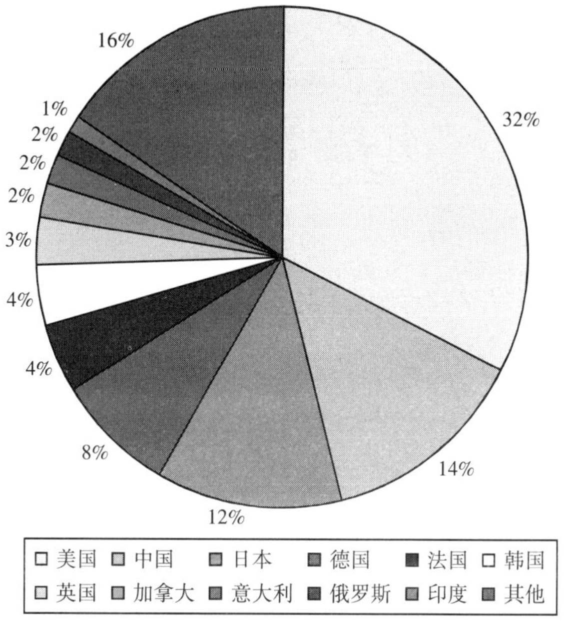

图 6–24　2013 年中国、美国、日本等 11 个国家（地区）R&D 经费总额的比例分布

数据来源：根据《主要科学技术指标 2014/2》整理而得。

从图 6-24 中可以看出，美国、中国、日本国家科技投入所占比例较大，2014 年中国科技投入经费总额为 1912 亿美元，在上述 11 个国家中已经超过日本居于第二位，远高于德国、法国、英国三个大国的 R&D 投入总额，与美国的差距迅速缩小。除此之外，加拿大、俄罗斯、意大利、韩国等国家的 R&D 经费投入在世界研发体系中不断提高。2014 年，美国、日本、德国、法国、英国五国的 R&D 经费比例相较于 2012 年呈现下降趋势，由 60%下降到 59%，表明科技投入活动在世界范围内逐渐呈现多元化发展态势，发展中国家在科技投入活动中的地位逐步提升，中国在科技投入过程中的表现更加令人瞩目。

2. 国际科技投入强度总体分析

赵立雨、张炳南和师萍等（2010）认为科技投入强度能够有效促进我国科研事业稳步发展；刘红志（2007）研究发现科技投入强度成为衡量各国创新能力的重要指标之一。随着世界范围内的科技投入经费不断提升，中国的科技投入强度也在逐年增长，2014 年我国 R&D 投入强度为 2.05%，已经突破 2%，但是相较于发达国家，仍需增加科技投入强度（见图 6-25）。

图 6-25 中，前 6 个国家的 R&D 强度均超过 3%，分别为：韩国 4.29%、以色列 4.11%、日本 3.58%、芬兰 3.17%、瑞典 3.16%、丹麦 3.05%，其中韩国的 R&D 强度占据第一位。其他主要国家的研发强度为：奥地利 2.99%、德国 2.84%、美国 2.74%、法国 2.26%、中国 2.05%、英国 1.7%。相较于俄罗斯、印度等发展中国家，中国的 R&D 投入强度稳居首位，按照目前的增长速度来看，虽然逐渐靠近 2020 年达到 2.5%的发展目标，但与美国、以色列、韩国、日本、德国等国家相比仍然相差甚远。

3. 部分国家 R&D 人员及人均 R&D 经费分析

随着世界 R&D 经费的稳步提高，各国 R&D 人员数量也在继续扩大，2013 年部分国家的 R&D 人员数量不断扩大，同时人均 R&D 经费情况有所提高（见图6-26 和表 6-24）。

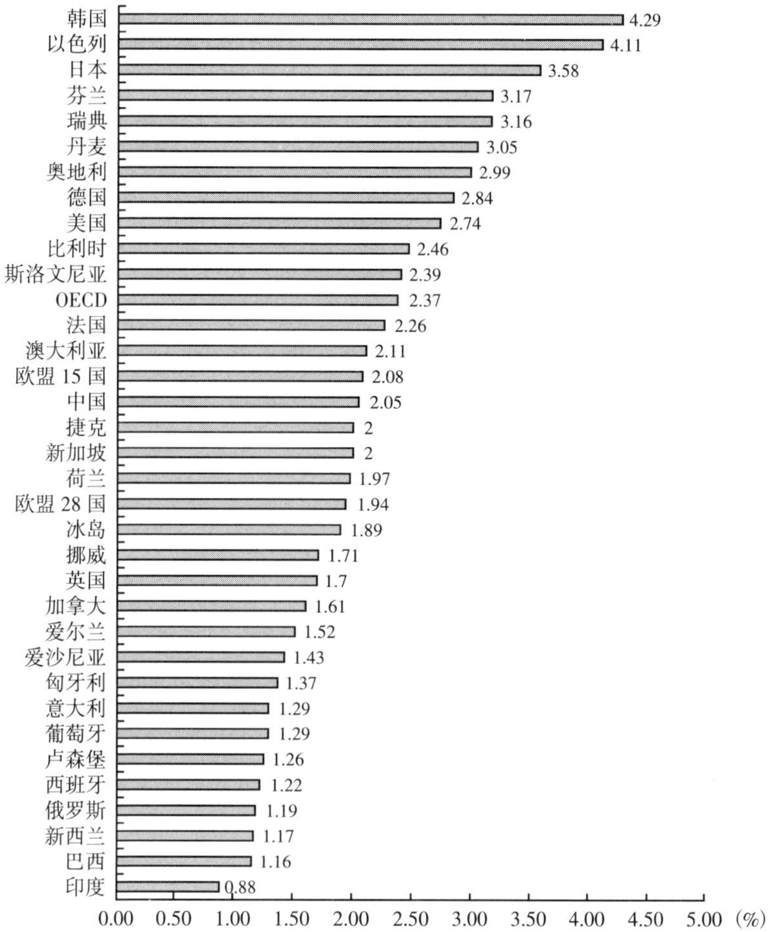

图 6-25 2014 年世界主要国家科技经费投入强度比较

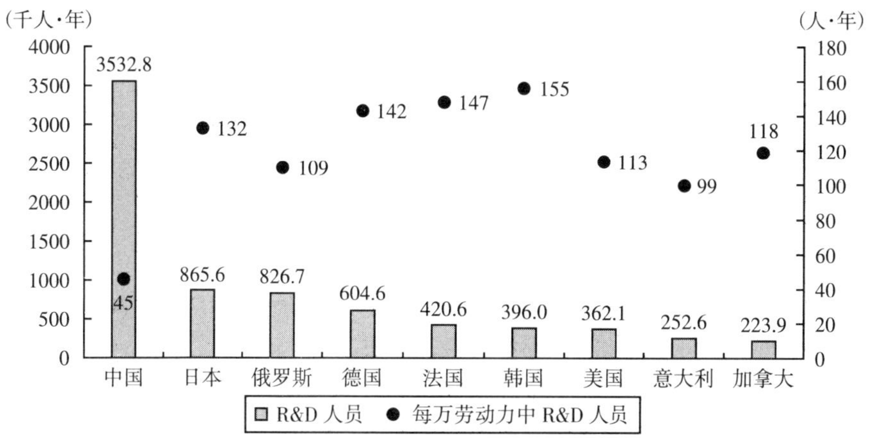

图 6-26 2013 年部分国家 R&D 人员

数据来源：根据《主要科学技术指标 2014/2》整理而得。

由图 6-24 和图 6-26 可以得出部分国家 2013 年人均 R&D 经费情况（见表 6-24）。

表 6-24　2013 年部分国家人均 R&D 经费情况

	日本	德国	英国	法国	加拿大	意大利	俄罗斯	韩国	中国
R&D 经费（亿美元）	1709	1095	435	626	298	268	235	541	1912
R&D 人员数量（人）	865.6	604.6	362.1	420.6	223.9	252.6	109	396	3532.8
R&D 人均经费（万美元/人）	19.7	18.1	12	14.9	13.3	10.6	21.6	13.7	5.4

数据来源：根据《主要科学技术指标 2014/2》整理而得。

由以上数据可以看出，横向对比，中国的 R&D 人员数量在 9 个国家中处于最高；纵向对比，2013 年中国的 R&D 人员数量较 2007 年的 1736 千人增加到 3532.8 千人，R&D 人员数量在迅速提高。但是从人均 R&D 经费来看，我国处于非常落后的地步，上述其他 8 个国家的人均 R&D 经费都高于 10 万美元，而只有我国的人均 R&D 经费仅为 5.4 万美元，远低于 10 万美元，而这个数据仅仅为俄罗斯的 1/4，德国的 1/3。

二、我国科技投入强度偏低的原因分析

1. 目前政府 R&D 经费投入不足

从 R&D 经费来源方面看，谭文华和曾国屏（2005）研究认为，多数发达国家科技进步发展在工业发展初期和中期主要依靠政府主导，政府资金投入在初期阶段大多超过 50%，在中期阶段大多超过 40%，在工业发展后期阶段，企业 R&D 经费投入力度会逐渐超过政府，成为 R&D 经费主要来源，最终与政府的 R&D 经费投入比例维持在 60∶35，部分国家来源于政府 R&D 资金比重如表 6-25 所示。

奥地利、意大利、法国等国家来源于政府 R&D 经费投入在 35%以上，其他国家政府投入大都在 30%以上。近年来，随着政府对科技创新的投入持续增加，2014 年的财政科技拨款达到 6455 亿元，虽然总体规模较大，但从 2014 年我国

表 6-25　部分国家来源于政府 R&D 资金比重

单位：%

国家	2012 年	2013 年	国家	2012 年	2013 年
美国	30.8	—	韩国	23.8	—
奥地利	—	39.1	瑞典	—	28.2
加拿大	—	34.9	瑞士	25.4	—
捷克	—	34.7	土耳其	—	26.6
丹麦	—	29.3	英国	27	—
法国	35	—	中国	21.6	21.1
德国	29.2	—	意大利	42.5	—

经费来源比例来看，政府、企业、国外和其他经费投入占经费支出总额的比重分别为 20.25%、75.42%、0.83%和 3.5%，与国际相比，我国目前 R&D 经费来源于政府的 R&D 资金明显偏低，经费来源结构存在一定的失调（见表 6-26）。我国来源于政府的 R&D 经费 2014 年所占比重仅 20%左右，相较于 2013 年还有下降趋势，政府经费投入是基础研究经费和高等学校经费的主要来源，政府经费投入偏低，会影响其对经费投向的引导作用，不仅一定程度上使我国基础经费来源缺乏，还会弱化高等学校在研发活动中所起的作用，这将不利于我国科研活动的可持续发展。

表 6-26　2011~2014 年 R&D 经费的资金来源构成

单位：%

年份	政府资金	企业资金	国外资金	其他资金
2011	21.68	73.91	1.34	3.08
2012	21.57	74.04	0.97	3.41
2013	21.11	74.60	0.89	3.40
2014	20.25	75.42	0.83	3.50

数据来源：《中国科技统计年鉴（2015）》。

2. R&D 经费支出结构不合理

R&D 经费支出主要有基础研究、应用研究、试验发展三类活动。主要发达国家的 R&D 投入结构合理，虽然应用研究与试验发展仍是研发投入的主体，但对于具有前瞻性、对生产力推动较深远的基础研究的投入比例也较高。比如，意大利和法国的基础研究投入比例达到 24%，1/4 的科技 R&D 投入都是放在基础研究上，而美国、韩国、俄罗斯的基础研究比例也都在 15%以上。中国的科技经费支出占比存在着严重不合理现象：在基础研究方面，2013 年仅达到 4.7%，发达国家这方面的比例是中国的 5 倍以上；在应用研究方面，2013 年中国仅达到 10.7%，发达国家的比例是中国的 2 倍以上（见图 6–27）。基础研究和应用研究对于我国的科学研究具有很重要的意义，两者的有机结合既能够使科学研究成果保持国际领先水平，又能优化我国基础研究和应用研究科技经费的比例。财政应重点提高基础研究经费的增长幅度，否则，对我国创新型国家建设和自主创新能力的提高将产生长期不利的影响。

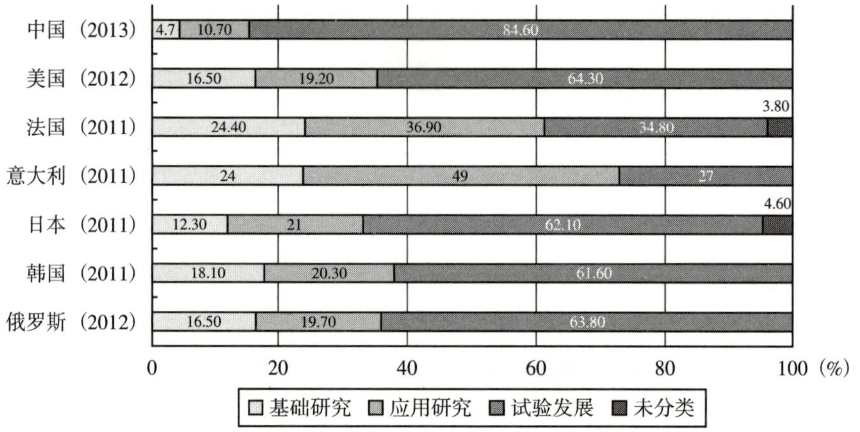

图 6–27 部分国家 R&D 经费支出按活动类型分

数据来源：根据《主要科学技术指标 2014/2》整理而得。

3. R&D 人力投入强度指标低

科技活力和竞争力的重要影响因素之一就是科技人员数量。我国 R&D 研发人员总量保持逐年增长的趋势，截至 2013 年，我国参与研究活动的总人数达到 353 万人，相比其他国家而言，虽然我国研究人员规模位居世界第一，但由于国家人数差异、基数很大，仅比较科研人员的绝对数量是不合理的，R&D 人员总量占就业人员总量的比率能够正确反映我国科研领域的人力资源情况。通过国际之间的比较发现，我国 R&D 人力投入强度指标远低于发达国家，2013 年每万劳动力中的 R&D 人员数量仅达到 45 人，而日本、法国、德国和韩国的这一指标达到 130 以上，美国、加拿大和俄罗斯也达到 100 以上。人才对我国实施创新驱动发展战略来讲至关重要，应加大高等教育人才的培养力度，吸引、培养和用好科研人员，使每位科研人员的研究结果体现个性化、突出化，建立合理的创新评价机制，鼓励更多的科技人员进行研究与开发，激发科研人员的创新活力（戴宏，2016）。

三、基于国际经验的我国科技投入强度提升策略分析

R&D 是国家创新与活力的重要源泉。我国《国家中长期科学和技术发展规划纲要（2006~2020 年）》已经明确提出到 2020 年全社会 R&D 投入占 GDP 的比重提高到 2.5%以上的目标，力争使科技进步贡献率达到 60%以上。为了顺利完成这个目标，应总结日本、美国等的国际 R&D 投入经验，结合我国的R&D 发展规律，统筹协调各部门间的 R&D 活动，加快创新步伐，完善我国的R&D 投入体系。

1. 有效结合民间力量，加大政府科技投入

政府在科技投入中占据举足轻重的地位。美国一直坚持科技兴国战略，早在 20 世纪末 21 世纪初，政府就将科技基础研究作为科技战略，调整国内发展战略，具体表现为缩减国防支出，大力提高科技投入强度。日本政府提出了提高科技投入促进地区经济发展的战略（杨书臣，2005），鼓励支持企业与大学共同参与建设产业集群，在 2003 年，其投入经费达 413 亿日元。英国政府的科技投入在全社会科技投入中达 1/3，并且与有关慈善类基金合作获得资金用以扩大研发投入，鼓励风险投资措施，每年增加一定数量金额用于基础科学研究（刘成伟，2007）。

目前我国研发投入以企业为主体，政府部门研发投入处于增加趋势，但增加力度不够，因此，在不断加大总体经费投入的同时，应不断合理化经费的来源比例，提高政府科技经费所占比例。除不断加大政府投入力度外，还应该鼓励有能

力、有需求的民间力量投入到研发活动中，这既可以减少政府的财政压力，还能够调动民间的创新研发氛围，民间资本根据不同的市场服务类型、服务内容和服务要求有更强的针对性，使有限的资源发挥其最大价值。

2. 优化我国研发体系，加大基础研究投入强度

研发体系的构成与完善要靠政府、法律行政部门、监督管理部门的协作来实现，应总结美国、德国和日本的经验，达到提高我国科技投入强度的目的。美国拥有严格的计划与法律制度，不仅对科技预算的编制有详细规定，而且对划拨款项的金额也有具体指导；科技的管理是由专管的行政部门进行，并设有相关委员会，协助管理部门制定完成研发任务；除对经费预算进行有效的监督，还对研发预算任务可行性进行评估。德国对研发活动有长远的战略规划，对资助方式有明确的计划，财政支持方面由联邦政府和州政府共同努力，设立相关机构比如德国研究协会，以此保障科技活动，重视对研发支出活动的绩效评价。日本先后制定各种计划管理研发预算，促进研发活动多样性发展，达到科研的安全稳定，“官民分立”和“部门分管”组成日本独特的研发体制，设立中介机构对科研提供咨询。

我国应重视基础研究，加大中央政府与地方政府对基础研究经费投入力度，提高基础研究创新能力；设立非官方的组织机构，评估科研产出，为科研提供咨询服务，鼓励民间机构组织科研，促进科研发展多样性；完善我国科技立法，制定相应的法律法规，详细规划科技发展战略，注重科技立法细则条例，保障科研活动有效展开；完善科研活动监督管理，对科研经费的预算、执行进行严格监督，确保“好钢用在刀刃上”，充分发挥科研经费价值，提高科研质量，使科研良性循环、有效发展。

3. 发展壮大科研队伍，激发科研人员活力

长期以来，美国对科研人员的培养和引进政策相对完善，为国内的美国公民提供优质的教育资源及服务体系，为高等学校提供充足的科研经费，使美国国内形成了一种人人崇尚科学创新与实践的良好氛围，为科研成果的专利提供了成熟完备的制度，保证科研人员的积极性；对于人才引进，美国为世界范围内的优秀

科研人才提供了便捷的签证渠道以及丰厚的待遇，从而汇集了大量全球的顶尖人才。日本政府从 2001 年开始在国内设立专项领域的人才培养基地，从 2004 年开始推出丰厚的青年学者培育资金来招揽吸引国际上优秀的科研人才。韩国政府根据不同时期的经济发展特点适时地改变本国人才培养政策的重点，如从 20 世纪 60 年代的轻工业人才培养重点到 90 年代的研发高新技术的竞争性科研人才培养重点，另外，韩国政府高度重视教育的财政支持及改革，为国内人才的培养提供完备的政策及管理体制。

虽然我国研究人员规模位居世界第一，但我国研发人力投入强度指标相对发达国家而言仍偏低。人才对我国实施创新驱动发展战略来讲至关重要，应借鉴美、日等发达国家做法来壮大我国的科研队伍，激发其科研活力。综上分析，我国应不断探索适合本土的科研人员培养、吸引政策，对现有的科研经费管理体制进行改革，为科研人员营造一个宽松的科研环境，建立合理的创新评价体系，激励更多的科技人员投入到研发创新中。

4. 加强高新技术研发，加大高新技术产业科技投入强度

高新技术科技产业是国民经济的战略性先导产业，对一个国家加强科技对经济的支撑作用具有战略意义。2013 年，美国对高新技术产业进行集中、明确的资金支持，科研上的投入将达到 1400 亿美元，基础能源科学项目、生物与环境研究项目、先进科学计算研究项目得到优先资助，预算分别增长 6.6%、2.5%、3.3%和 27.3%，通过对智能机器、先进分析等战略技术的超强、超前投入，从而为当今美国强大的科技实力及创新能力奠定了良好的发展基础。韩国以其先进的电子产业而占据了大部分国际市场上的电子领域，由于多年的发展，其产品已经占据了大部分国际市场，在电子领域占据重要地位。20 世纪以来，韩国根据世界的科技发展潮流制定了适合本国的科技发展规划，把生物技术、新材料等确定为本国的科技战略发展方向。印度通过探索把软件产业作为国家的战略产业，并且给予大量的科技投入支持，才有了当今的“亚洲硅谷”之称，成为了世界上第二软件大国，提高了本国的竞争力及综合国力（华锦阳和汤丹，2010）。相应地，我国也可以借鉴上述发达国家的成功经验，实施适合本国的战略产品计划，加大

对高技术领域的科技投入，从而实现创新驱动发展战略。

从发展趋势看，世界各国非常重视科技投入规模和强度，研究政府科技投入绩效最优的途径，在实践上不断加大科技投入规模，提升科技投入强度。对中国来说，分析政府科技投入的规模，基于国际经验确定和实现科技投入目标强度，使有限的政府科技投入资金发挥最大的作用，是我国当前急待解决的重要问题之一。科技投入强度的提升对推进我国科技进步，增强国家整体的国际科技竞争力，具有重要的实践意义。

第七章　我国 R&D 投入总量与目标强度预测

成邦文和何榕（2004）等认为，对我国未来 R&D 经费总量及其与 GDP 比值进行科学的预测是制定科技发展规划的重要组成部分。R&D 投入规模与投入强度不仅反映一个国家或地区对科技的重视程度，而且可以反映可持续发展能力。要走自主创新和可持续发展道路，需要随着经济的增长不断加大 R&D 投入力度，提高我国的 R&D 投入强度。但如何科学合理地预测 R&D 投入总量及 R&D 投入目标强度（可以反映 R&D 投入与 GDP 的相互关系），对政府有关部门进行科技规划、制定科技政策具有重要意义。R&D 投入及 R&D 投入强度是一组国际通用的、用于衡量一个国家或地区科技活动规模及科技投入水平的重要指标，也是国内外用于评价地区竞争力的重要内容。在国内外有关文献中，对 R&D 投入进行预测分析基本上采用以下几种方法：一是基于定性分析的主观判断方法，主要按照地区工业化进程界定 R&D 投入强度；二是采用回归理论的统计分析方法，对 R&D 投入及 R&D 投入强度进行分析；三是采用灰色分析方法，以灰色模型——GM（1，1）进行 R&D 预测；四是以科技贡献率与 R&D 投入关系为基础，对未来 R&D 投入进行预测分析；五是采用反映系统动态特性与演化规律的 Logistic 微分方程组，研究 R&D 投入问题。以上几种方法对定量预测 R&D 总量投入及 R&D 投入强度，制定科技政策与科技发展规划起到了重要作用。通过综合分析这几种方法，本书认为，预测我国未来的 R&D 投入总量及目标强度时须注意几个问题：一是未来 R&D 投入及目标强度与 GDP 的发展阶段相关；二是要考虑 R&D 投入具有的滞后性特征；三是 R&D 投入过程中具有很多的不确定性因素；

四是 R&D 投入与 GDP 之间的互动关系。

中共十六大报告明确提出了全面建设小康社会，到 2020 年实现 GDP 翻两番的奋斗目标。实现这一目标，需要发挥科学技术第一生产力的作用，实施“科教兴国”战略，为经济持续、稳定发展提供支撑。今后一段时期内，作为国际通用的评价指标——R&D 经费及其与 GDP 的比值（即目标强度）会有多大，将呈现出什么样的增长趋势，需要进行科学的分析和预测。预测应以我国现阶段的国情和未来的发展为出发点，从定性与定量的角度，对我国 R&D 经费总量及其强度的变化趋势、结构特征进行分析。本章在研究过程中，主要采用翟军和盛建明（1997）提出的多变量灰色模型 MGM（1，n）进行分析，从系统的角度对 R&D 总量投入与目标强度进行预测。

另外，主要从我国提出的全面建设小康社会与创新型国家的现实背景出发，借鉴国际经验，预测未来 10 年 GDP 总量增长与 R&D 投入总量。实现现代化建设“三步走”战略，核心与关键是依靠科技进步。基于对国际科技发展的现实与未来态势的深刻把握，2006 年党中央、国务院在全国科学技术大会上做出了建设创新型国家的决策。根据党中央的决策部署，国家科技部颁布实施了《国家中长期科学和技术发展规划纲要（2006~2020 年）》，提出了“自主创新、重点跨域、支撑发展、引领未来”的科学技术发展的指导方针，明确提出了未来 15 年我国科学技术发展的总体目标：通过多方面的努力，使我国全社会 R&D 投入占 GDP 的比例逐年提高，到 2010 年达到 2%，到 2020 年达到 2.5%以上，力争使科技进步贡献率达到 60%以上，对外技术依存度降低到 30%以下，本国人发明专利年度授权量和国际科学论文被引用数均进入世界前 5 位，我国进入创新型国家行列。到 2020 年我国的 R&D 投入和目标强度是否能顺利实现？未来的 R&D 结构应保持在什么状态才是理想的？本章对此进行了合理预测并给出了有关建议。

第一节 预测基础与前提假设

以创新型国家的建设带动和促进我国社会主义现代化建设“三步走”战略目标的实现，核心思想是以 R&D 的有效投入和合理配置推动技术创新来驱动经济增长，本书基于三个方面的前提条件进行预测。

一、基于现实基础与国际差距的背景

自改革开放以来，党和政府采取了一系列重大举措来促进我国科技事业的发展，取得了很大的科技成就，为推动社会经济发展和改善人民生活提供了有力的支撑，显著增强了我国的综合国力和国际竞争力。同时，在市场经济体制的背景下，国际科技活动结构和方式发生了根本性的变化，科技活动不再是仅局限于国有的科研机构、大学和企业，民间的科技创新活动非常活跃，规模日益扩大，尤其是许多私营、民营企业积极开展技术创新，企业正在成为 R&D 活动的主要力量，以市场为主导的科技资源配置格局正在形成。与国外发达国家和新型工业化国家相比，我国仍存在较大差距，表现在关键技术自给率低，部分企业还不具备完整的 R&D 体系，技术吸收能力较低，农村经济的科技水平落后，高新技术产业在整个经济活动中所占比例不高，产业技术的部分关键领域存在着较大的对外技术依赖，科研实力不强，优秀科技人才匮乏，科技投入不足，体制仍存在较多问题。因此，党和政府必须做出更大的努力，进一步深化科技改革，大力推进科技进步和创新，带动生产力实现质的飞跃，推动我国经济增长从资源依赖型转向创新驱动型，推动经济社会发展切实转入科学发展的轨道。

二、基于我国经济社会发展对科技的巨大需求

随着未来我国经济社会的发展，各行业和不同地区对科技的需求将呈现持续

增长和多层次、多样化的特征。在解决当前经济社会发展面临的重大问题方面，保障能源安全、建立资源节约型和环境友好型社会对科技的需求将更为迫切；在经济方面，主要包括农业发展、制造业发展、现代服务业发展和高技术产业发展等方面对科技的需求；在社会发展方面，包括城镇化与城市发展、人口健康和公共安全对科技的需求。从目前来看，我国面临着人口增长、能源供应、生态环境和自然资源等对经济增长越来越强的约束，我国不可能继续走发达国家历史上曾经走过的传统工业化道路，要求在未来 15~20 年内，必须加快发展科学和技术，创造性地运用科学和技术的力量，克服各种困难和制约因素，促进经济和社会协调发展，确保实现未来的发展目标。

三、基于国际科技发展合作态势

从国际科技发展趋势来看，国际科技合作与交流成为选择，各国应互相学习和借鉴，实现双赢。发达国家通过合作，可以集聚智力、资金和技术资源，解决知识生产要素的优化配置问题，发展中国家和地区则通过 R&D 活动与国外合作，培养科技人才队伍，弥补自身 R&D 经费的不足，促进本国科学技术的整体发展。面对世界经济快速发展、科技进步突飞猛进的新形势，应及时了解、分析和研究世界主要国家国际科技合作的进展趋势，加强国际科技合作的战略研究，为我国的科技创新、发展国际科技合作以及制定相关政策提供重要的支撑。

从世界范围来看，我国经济总量虽然居于前列，但人均 GDP 刚刚进入中等偏下收入国家的行列，经济文化落后的状况还没有得到改变。科学技术经济成为推动经济发展、促进社会进步、维护国家安全的主导力量。R&D 活动是科技活动的主体，在科技活动中居于最核心的地位。到 2020 年，我国要实现创新型国家的建设目标，并在此基础上到 21 世纪中叶基本实现现代化，一个关键的问题是构建与经济发展所处阶段相协调的、科学合理的 R&D 投入政策。

第二节 我国 GDP 与 R&D 投入总量及目标强度预测

目前国内外大部分研究只注重对已经发生的 R&D 投入活动效率进行研究，而缺少对未来 R&D 投入规模及目标强度（GERD/GDP）进行预测。即使有关国家对 R&D 活动进行了预测，但在预测时还是依据建立在定性分析基础上的主观判断，缺乏对影响目标强度比值的关键因素及其定量关系的具体分析，预测结果的科学性与可靠性不高，与事后的现实产生较大差距。为了提高预测的科学性、可靠性和准确性，对 R&D 投入规模与目标强度进行定量预测非常重要。本书采用翟军和盛建明（1997）提出的多变量灰色模型 MGM（1，n）进行定量预测，根据对 OECD 和我国有关时间序列数据的分析，对我国 2010 年和 2020 年两个阶段的 GDP 和 GERD/GDP 进行了预测，为我国科技管理部门制定相关科技政策提供借鉴。根据《国民经济和社会发展第十一个五年规划纲要》，到 2010 年我国 GDP 将达到 26.1 万亿元左右，年均增长 7.5%，根据中共十七大提出的“实现人均 GDP 到 2020 年比 2000 年翻两番”的目标，2020 年我国 GDP 总量应达到 44.01 万亿元。经测算，2011~2020 年我国 GDP 的年平均增长率为 5.36%。综合这两个阶段，2006~2020 年我国 GDP 年平均增长率如果能达到 5.93%的水平就可以实现全面建设小康社会的经济增长目标。而实际上 GDP 为 5.93%的年平均增长率远低于改革开放以来我国国民经济 10%左右的年平均增长率，因此，这一目标是合理的且留有充分的余地，到 2020 年我国能够实现人均 GDP 比 2000 年翻两番的目标。而要实现到 2010 年、2020 年全社会 R&D 投入占 GDP 的比重达到 2%、2.5%的目标，R&D 投入在此期间需要保持 16.33%的平均增幅，这一增幅高于同期 GDP 增速近 9 个百分点，在 2011~2020 年 R&D 投入应保持 7.74%的平均增幅，这一增幅高于同期 GDP 增速 2.38 个百分点。在上述两个阶段，我国 R&D

投入的年平均增幅为 10.13%，远低于 1991~2002 年 R&D 投入 22.03%的年均增幅，但高于这一时期 GDP 5.93%的年平均增长率。本书中预测终止的时间点为 2020 年，为了使预测结果更加科学，已有数据的终结点为 1997~2005 年，预测区间约 10 年。

1. 多变量灰色模型 MGM（1，n）构建

自我国学者邓聚龙提出灰色系统理论之后，在各个领域（如工业、管理、水利工程、农作物生产等）灰色预测模型得到了广泛应用。随后，有关学者对该模型进行了深入研究，由于现实的社会和经济系统中常包含多个变量，且各变量之间是相互影响的，翟军和盛建明（1997）提出了多变量灰色模型，随后肖燕彩和陈秀海（2009）对多变量灰色模型的公式进行了递推并加以改进，[①] 这些研究为本书提供了有益的借鉴。翟军等认为，多变量灰色模型 MGM（1，n）旨在从系统的角度对各变量进行统一描述，其形式是 n 元一阶常微分方程组，它是 GM（1，1）模型在 n 元变量情况下的自然推广，不是 GM（1，1）模型的简单组合。

要想准确、合理地对我国 R&D 投入总量、GDP 总量及目标强度进行预测，首先需要将 R&D 和 GDP 看作是复杂系统中互相影响、互相作用的两个变量。加大 R&D 投入可以使 GDP 得到增加，而特定期的 GDP 对下期 R&D 投入又有很大影响作用。对未来 R&D 投入的预测应该与 GDP 预测有机结合起来。由于主观判断方法的定性分析不太科学，没有说服力，回归分析时会依赖较多数据资料，R&D 投入过程中还存在风险性和滞后性等特点，简单地依靠定性分析和回归分析结果都不太可靠，同时，R&D 投入活动受到多种因素影响，是一个比较复杂的非线性系统，实践证明，多变量灰色模型 MGM（1，n）考虑了多个互相影响因素，比较适用于小样本量，预测结果精确度较高，不仅可以对带有不确定性和滞后性因素的系统进行预测，同时又可以充分考虑系统内部各因素之间的良性互动关系。从系统角度来看，MGM（1，n）模型是单变量 GM（1，1）模型在多变

① 肖燕彩，陈秀海. 多变量灰色预测公式的改进［J］. 数学的实践与认识，2009（6）：98-101.

量条件下的改善和扩展，充分反映了各个变量之间的相互关联。MGM（1，n）模型对未来 R&D 投入、GDP 方面的预测提供了很好的方法。根据 MGM（1，n）模型的机制，其算法步骤主要有：

（1）输入原始序列 $X^{(0)}$，对其进行累加生成序列 $X^{(1)}$；

（2）计算数据矩阵 L 与 Y；

（3）计算模型参数的估计值；

（4）计算出预测值。

首先，令 $x_i^{(0)}(k)_i(i=1, 2, \cdots, n; k=1, 2, \cdots, m)$ 为 n 个时间序列，m 代表每个序列中的数据个数。$x_i^{(1)}(k)_i(i=1, 2, \cdots, n)$ 为相应的一次累加生成序列，即：

$$x_i^{(1)}(k)=\sum_{j=1}^{k}x_i^{(0)}(j) \tag{7-1}$$

其中，$i=1, 2, \cdots, n;\ k=1, 2, \cdots, m$

记 $x^{(0)}(k)=(x_1^{(0)}, x_2^{(0)}, \cdots, x_n^{(0)})'$；$x^{(1)}(k)=(x_1^{(1)}, x_2^{(1)}, \cdots, x_n^{(1)})'$

其次，利用多变量灰色理论建立 MGM（1，n）模型，其矩阵形式为：

$$\frac{dx^{(1)}}{dt}=Ax^{(1)}+B \tag{7-2}$$

式（7-2）的连续时间响应为：

$$x^{(1)}(t)=e^{At}x^{(1)}(0)+A^{-1}(e^{At}-I)B$$

其中，$e^{At}=I+At+\frac{A^2}{2!}t^2+\cdots=I+\sum_{k=1}^{\infty}\frac{A^k}{k!}t^k$

2. 辨识参数 A、B 的求解

为求辨识参数 A 和 B，将式（7-2）离散化，可得：

$$x_i^{(0)}(k)=\sum_{j=1}^{n}\frac{a_{ij}}{2}(x_j^{(1)}(k)+x_j^{(1)}(k-1))+b_i \quad i=1, 2, \cdots, n;\ k=1, 2, \cdots, m$$

其中，$Y_i=[x_i^{(0)}(2), x_i^{(0)}(3), \cdots, x_i^{(0)}(m)]'$；$i=1, 2, \cdots, n$

记 $a_i=(a_{i1}, a_{i2}, \cdots, a_{in}, b_i)' \quad i=1, 2, \cdots, n$；

由最小二乘法可以求得 a_i 的辨识值$\hat{a}_i$：

$$\hat{a}_i=(\hat{a}_{i1},\ \hat{a}_{i2},\ \cdots,\ \hat{a}_{in},\ \hat{b}_i)'=(L'L)^{-1}L'Y_i$$

则可以得到 A、B 的辨识值$\hat{A}$、$\hat{B}$。

3. 预测模型与模型检验

多变量灰色模型 MGM（1，n）的计算值为：

$$\hat{x}^{(1)}(k)=e^{\hat{A}(k-1)}(x^{(1)}+\hat{A}^{-1}\hat{B})-\hat{A}^{-1}\hat{B};\ k=2,\ 3,\ \cdots \tag{7-3}$$

$$\hat{x}^{(0)}(1)=x^{(0)}(1),\ \hat{x}^{(0)}(k)=\hat{x}^{(1)}(k)-\hat{x}^{(1)}(k-1);\ k=2,\ 3,\ \cdots \tag{7-4}$$

经过模型模拟，其精度为：

$$\sigma^2=\sum_{i=1}^{n}\upsilon_i'\upsilon_i/mn,\ i=1,\ 2,\ \cdots,\ n;\ k=1,\ 2,\ \cdots,\ m$$

利用后验差比值 C 及概率 P 进行检验。

4. 模型应用

（1）根据以上分析思路，进行数据整理与建模。考虑到数据的可获得性，以我国 1997~2005 年的 R&D、GDP 数据为基年进行分析，拟预测出至 2020 年我国 GDP 总量和 R&D 投入总量。记第 t 期 R&D 投入为 $x_1(t)$，第 t 期 GDP 的产出为 $x_1(t)$。建立多变量灰色 MGM（1，n）方程组为：

$$\begin{cases}\dfrac{dx_1^{(1)}}{dt}=a_{11}x_1^{(1)}+a_{12}x_2^{(1)}+b_1\\[2ex]\dfrac{dx_2^{(1)}}{dt}=a_{21}x_1^{(1)}+a_{22}x_2^{(1)}+b_2\end{cases} \tag{7-5}$$

$$x_1^{(1)}=[x_1^{(1)}(1),\ x_1^{(1)}(2),\ \cdots,\ x_1^{(1)}(m)],\ x_2^{(1)}=[x_2^{(1)}(1),\ x_2^{(1)}(2),\ \cdots,\ x_2^{(1)}(m)],$$

$$x_i^{(1)}(k)=\sum_{j=1}^{k}x_i^{(0)}(j),\ i=1,\ 2,\ \cdots,\ n;\ j=1,\ 2,\ \cdots,\ m$$

在实证过程中要将 R&D 投入与 GDP 数据进行初值化，主要目的是为了避免矩阵失真。①

① 研究过程中的多变量灰色模型数据计算采用 Matlab 程序实现。

表 7-1 我国 1995~2003 年 R&D、GDP 数据

单位：亿元

年份	1997	1998	1999	2000	2001	2002	2003	2004	2005
GDP	78973.0	84402.3	89677.1	99214.6	109655.2	120332.7	135822.8	159878.3	183084.8
R&D	509.2	551.1	678.9	895.7	1042.5	1287.6	1539.6	1966.3	2450.0

数据来源：《中国统计年鉴（2005~2006）》；中华人民共和国国家统计局。

表 7-1 给出了我国 1995~2003 年 R&D 和 GDP 数据资料，利用表中的相关数据进行计算分析，可以得到如下矩阵：

$$L=\begin{pmatrix}[x_1^{(1)}(1)+x_1^{(1)}(2)]/2 & [x_2^{(1)}(1)+x_2^{(1)}(2)]/2 & 1\\ [x_1^{(1)}(2)+x_1^{(1)}(3)]/2 & [x_2^{(1)}(2)+x_2^{(1)}(3)]/2 & 1\\ [x_1^{(1)}(3)+x_1^{(1)}(4)]/2 & [x_2^{(1)}(3)+x_2^{(1)}(4)]/2 & 1\\ [x_1^{(1)}(4)+x_1^{(1)}(5)]/2 & [x_2^{(1)}(4)+x_2^{(1)}(5)]/2 & 1\\ [x_1^{(1)}(5)+x_1^{(1)}(6)]/2 & [x_2^{(1)}(5)+x_2^{(1)}(6)]/2 & 1\\ [x_1^{(1)}(6)+x_1^{(1)}(7)]/2 & [x_2^{(1)}(6)+x_2^{(1)}(7)]/2 & 1\\ [x_1^{(1)}(7)+x_1^{(1)}(8)]/2 & [x_2^{(1)}(7)+x_2^{(1)}(8)]/2 & 1\\ [x_1^{(1)}(8)+x_1^{(1)}(9)]/2 & [x_2^{(1)}(8)+x_2^{(1)}(9)]/2 & 1\end{pmatrix}$$

$$=\begin{pmatrix}1.589372 & 1.763614 & 1\\ 2.841152 & 3.382117 & 1\\ 4.269710 & 5.725145 & 1\\ 5.901382 & 8.275342 & 1\\ 7.378563 & 11.63514 & 1\\ 9.437528 & 16.62819 & 1\\ 11.67224 & 22.58221 & 1\\ 13.72821 & 29.1026 & 1\end{pmatrix}\qquad Y=\begin{pmatrix}1.189826 & 1.563426\\ 1.471361 & 1.371463\\ 1.518156 & 2.562317\\ 1.582341 & 2.795812\\ 1.812517 & 4.510891\\ 1.89669 & 5.424582\\ 2.271372 & 5.912416\\ 2.621518 & 7.57341\end{pmatrix}$$

经整理计算后得：

$$\hat{A}=\begin{pmatrix}0.0426 & 0.0362\\ 0.4382 & 0.0426\end{pmatrix} \qquad \hat{B}=\begin{pmatrix}1.1524\\ 0.5641\end{pmatrix}$$

得两变量序列的一次累加变量 MGM（1，2）方程组如下：

$$\begin{cases}\dfrac{dx_1^{(1)}}{dt}=0.0426x_1^{(1)}+0.0362x_2^{(1)}+1.1524\\ \dfrac{dx_2^{(1)}}{dt}=0.4382x_1^{(1)}+0.0426x_2^{(1)}+0.5641\end{cases}$$

利用式（7–3）、式（7–4）计算（即乘以初值）可得表 7–2 所示的结果。

表 7–2　R&D、GDP 预测结果及 R&D 投入强度

年份	GDP 预测值（亿元）	R&D 预测值（亿元）	R&D 目标强度（%）	年份	GDP 预测值（亿元）	R&D 预测值（亿元）	R&D 目标强度（%）
1997	78973.0	481.5	0.64	2009	243132.4	4487.1	1.85
1998	84402.3	551.1	0.65	2010	261000.0	5220.0	2.00
1999	89677.1	678.9	0.76	2011	274996.1	5624.0	2.05
2000	99214.6	895.7	0.90	2012	289742.7	6059.3	2.09
2001	109655.2	1042.5	0.95	2013	305280.0	6528.3	2.14
2002	120332.7	1287.6	1.07	2014	321650.6	7033.6	2.19
2003	135822.8	1539.6	1.13	2015	338899.0	7578.0	2.24
2004	159878.3	1966.3	1.23	2016	357072.4	8164.5	2.29
2005	183084.8	2450.0	1.34	2017	376220.3	8796.5	2.34
2006	196539.5	2850.1	1.45	2018	396395.0	9477.3	2.39
2007	210983.1	3315.6	1.57	2019	417651.5	10210.9	2.44
2008	226488.0	3857.2	1.70	2020	440048.0	11001.2	2.50

从表 7–2 中可以看出，预计到 2010 年我国 R&D 投入总量为 5220.0 亿元，R&D 投入强度为 2.00%，到 2020 年 R&D 投入总量为 11001.2 亿元，R&D 投入强度为 2.50%，预测值与我国科技发展战略目标是一致的。2006~2020 年我国所预测的 GDP 总量、R&D 投入总量和 R&D 投入目标强度趋势图分别如图 7–1、图 7–2 和图 7–3 所示。

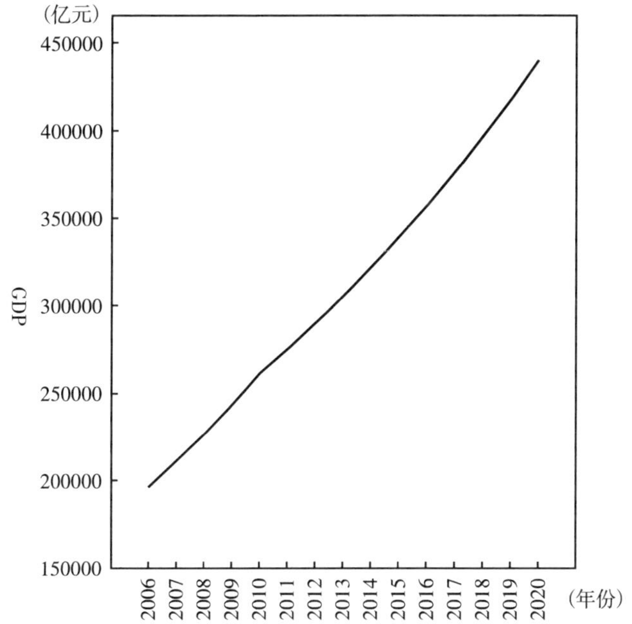

图 7-1 2006~2020 年我国 GDP 预测总量趋势

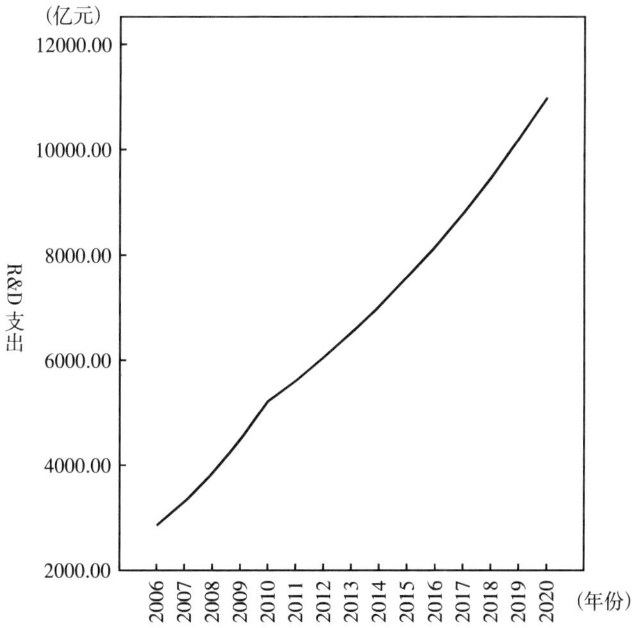

图 7-2 2006~2020 年我国 R&D 预测总量趋势

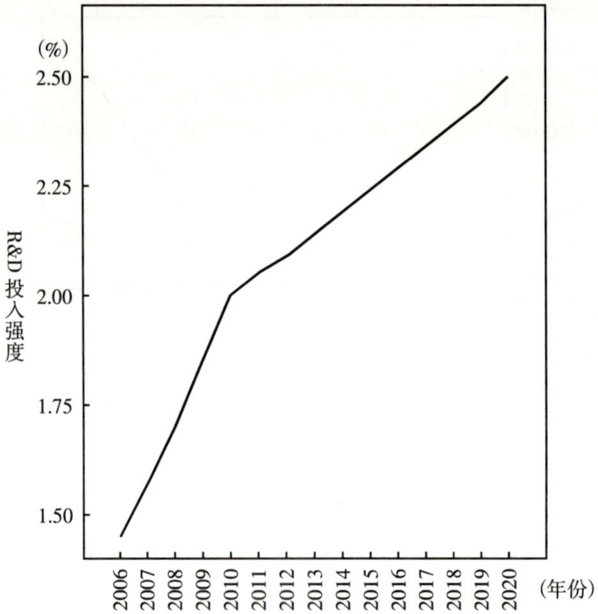

图 7–3　2006~2020 年我国 R&D 投入目标强度预测趋势

（2）模型检验如表 7–3 所示。

表 7–3　多变量灰色预测模型预测精度等级检验

项目	S2	S1	C = S2/S1	P
GDP	0.0149	468.68	0.031% < 0.35	1
综合评价	C1 = 0.00031 < 0.35，P = 1		预测效果	好
R&D	0.063	12.366	0.505815% < 0.35	1
综合评价	C2 = 0.00505815 < 0.35，P = 1		预测效果	好

以 2006 年为起点，到 2020 年我国经济与社会发展主要分为两个阶段。第一阶段为“十一五”规划时期（2006~2010 年），此阶段社会经济发展的主要目标是：在优化结构、提高效益和降低能耗的基础上，实现 2010 年人均国内生产总值比 2000 年翻一番；资源利用效率显著提高，2010 年单位 GDP 能源消耗比2005 年降低 20%左右。第二阶段（2011~2020 年）为“十二五”、“十三五”规划时期。此阶段发展的主要目标是：在优化结构、提高效益和降低消耗、保护环境的基础上，实现人均 GDP 到 2020 年比 2000 年翻两番，自主创新能力显著提高，

科技进步对经济增长的贡献率大幅上升，进入创新型国家行列。

2006 年我国 GDP 为 19.7 万亿元，根据《国民经济和社会发展第十一个五年规划纲要》的有关指标（见表 7–4），2010 年我国 GDP 将达到 26.1 万亿元左右，这一时期我国 GDP 的年均增长率需要达到 7.35%；根据中共十七大提出的“实现人均 GDP 到 2020 年比 2000 年翻两番”的目标，2020 年我国 GDP 总量应为 440048 亿元，在这一时期我国 GDP 应至少保持 5.36%的年均增长率。

表 7–4　“十一五”时期经济社会发展的主要指标

类别	指标	2005 年	2010 年	年均增长率（%）	属性
经济增长	国内生产总值（万亿元）	18.2	26.1	7.5	预期性
	人均国内生产总值（元）	13985	19270	6.6	预期性
经济结构	服务业增加值比重（%）	40.3	43.3	[3]	预期性
	服务业就业比重（%）	31.3	35.3	[4]	预期性
	R&D 经费/GDP（%）	1.3	2	[0.7]	预期性
	城镇化率（%）	43	47	[4]	预期性

注：国内生产总值为 2005 年价格；带 [ ] 的为五年累计数。
数据来源：国民经济和社会发展第十一个五年规划纲要。

这两个时期的 GDP 年均增长率（7.35%、5.36%）远低于改革开放以来我国国民经济 GDP 约 10%的年均增长率，因此目标的设计是合理而留有充分余地的，到 2020 年我国应该能够实现人均 GDP 比 2000 年翻两番的目标。

与经济发展目标相对应，以 2006 年为起点，到 2020 年我国科学技术发展同样分为两个阶段。第一阶段（2006~2010 年）的主要目标是实现战略调整，不断完善国家创新体系，为建设创新型国家奠定科技发展的制度基础。本阶段全社会 R&D 投入占 GDP 的比重达到 2%，对外技术依存度从目前的 50%降低到 35%以下，国际科学论文被引用数从目前的世界第 20 位进入前 10 位，本国人专利年度授权量达到 3 万件，使我国成为亚洲最重要的知识和技术产出国之一，向社会不断输送科技创新人才与高素质的知识劳动者。第二阶段（2011~2020 年）的主要目标是加速科技发展，进入创新型国家的行列，到 2020 年全社会 R&D 投入占 GDP 的比重达到 2.5%，对外技术依存度降低到 20%以下，国际科学论文被引用数进入世界前 5 位，本国人专利年度授权量达到 10 万件，进入世界前 3 位，使我国成为世界最重要的知识和技术产出国之一。同时，我国将在战略高技术领域取得重大突破，在信息、生物、能源和材料高技术等领域实现重点跨域，进入高技术先进国家行列；在航天、核技术、微纳米技术、激光技术、关键材料等领域达到世界先进水平，使我国的战略高技术具备以自主创新为主，解决经济社会发展的重大科学技术问题的综合能力，形成较强的国际技术竞争力，使我国成为世界重要的技术创新中心之一。

根据以上我国 GDP 总量的未来预测，为实现 2010 年、2020 年全社会 R&D 投入占 GDP 的比重达到 2%、2.5%的目标，2006~2010 年我国 R&D 投入的年平均增幅应在 16%以上；2011~2020 年我国 R&D 投入的年平均增幅应保持在 7.74%。在上述两个阶段，我国 R&D 投入的平均增幅低于 2002 年以来的增速。R&D 投入强度是反映一个国家科技投入水平的重要指标之一，国际经验表明，R&D 投入增长率应高于 GDP 增长率，以保障经济与科技的可持续发展。我国自 2002 年 R&D 投入强度超过 1%（1.07%）以来，R&D 投入进入较快增长阶段，年均增长率约为 24%，同样也远低于 1991~2005 年 R&D 投入 22.03%的年均增幅。根据国际经验，R&D 投入强度的变化呈现出一定的规律性，即在社会经济正常运行和增长的情况下，R&D 强度的发展轨迹是一条类“S”曲线(亦称逻辑斯蒂曲线，Logistic Curve)（见图 7-4）。

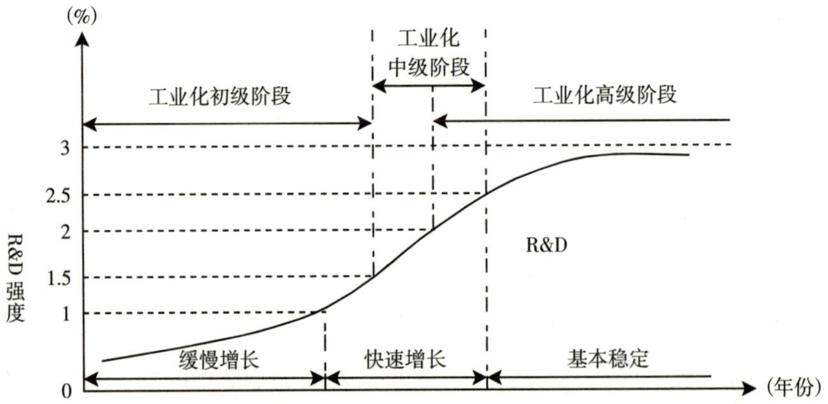

图 7-4 典型发达国家和新兴工业化国家的 R&D 投入强度变化规律

从此“S”曲线可以发现 R&D 投入强度变化的两个拐点，其中第一个拐点是 R&D 强度大约为 1.0%，第二个拐点大约为 2.5%。R&D 投入强度规律主要表现在两个方面：首先，R&D 投入强度具有发展阶段性。R&D 强度变化的总过程大致划分为三个阶段，即缓慢增长阶段（R&D 投入强度<1%）、快速增长阶段（1%<R&D 投入强度<2.5%）和基本稳定阶段（R&D 投入强度>2.5%）。R&D 投入强度增至 1%是一个较为漫长的过程，从 1%到 2%是一个较快的增长阶段（大概持续 10 年，如美国为 10 年，法国为 9 年，德国为 7 年），超过 2.5%以后就进入增长持续缓慢的基本稳定阶段。其次，R&D 投入强度与工业化发展阶段关系紧密，大幅度增加 R&D 投入成为世界各国的发展战略重点。在工业化发展初期，R&D 投入强度一般不超过 1.5%；工业化发展中期，R&D 投入强度一般为 1.5%~2.5%；发展到工业化后期，R&D 投入强度一般超过 2.5%，有的国家接近甚至超过 3.0% 的水平。根据以上分析，对我国 R&D 投入总量及目标强度的模拟测算（见表 7-2）是合理的，经过各方面的努力，此目标是完全可以且应该能够达到的。

第三节　我国未来 R&D 投入来源结构与支出结构理想状态分析

一、R&D 投入来源结构的理想状态

R&D 投入总量与 R&D 强度是一个国家自主创新的基础，要实现创新型国家的建设目标，必须借鉴国际经验，进一步加大我国 R&D 投入力度。在 R&D 经费来源方面，国外经验证实，加大政府 R&D 投入，以财政强有力的 R&D 投入带动全社会 R&D 投入，改变我国 R&D 投入的低水平结构合理但不能适应经济社会发展所需的现状，实现我国 R&D 投入模式的转型。发达国家经验表明，R&D 投入的来源结构中，企业、政府分别占 2/3、1/3 比较合理。我国今后一段时间内可以

加大政府 R&D 投入所占比例，到 2010 年政府的 R&D 投入比例提升到 35%左右，此期间内企业 R&D 投入的比例约为 60%。而后 2011~2020 年，政府 R&D 投入比例回落到 30%左右，企业 R&D 投入的比例约占 63%（见表 7-5）。

表 7-5　我国未来 R&D 投入来源结构理想分布状态

年份	全社会 R&D 投入（亿元）	政府 R&D 投入（%）	企业 R&D 投入（%）
2006	2850.1	27.8	65.5
2007	3315.6	29.5	64.1
2008	3857.2	31.2	62.7
2009	4487.1	33.1	61.3
2010	5220.0	35.0	60.0
2011	5624.0	34.5	60.3
2012	6059.3	34.0	60.6
2013	6528.3	33.5	60.9
2014	7033.6	33.0	61.2
2015	7578.0	32.5	61.5
2016	8164.5	32.0	61.8
2017	8796.5	31.5	62.1
2018	9477.3	31.0	62.4
2019	10210.9	30.5	62.7
2020	11001.2	30.5	63.0

二、R&D 经费支出结构的理想状态

R&D 经费的支出结构可以从两个方面衡量：一是 R&D 经费在不同执行主体之间的分配；二是 R&D 经费在 R&D 活动类型（基础研究、应用研究和试验发展）之间的配置。

1. R&D 经费在不同执行主体之间分配的理想状态

经验研究表明，在 R&D 经费支出中，政府研发机构支出对经济的影响最大，主要是长期以来依赖于政府高比例的 R&D 投入；高校 R&D 经费支出比例虽然与

国际经验相比明显偏低，但对经济增长有明显的促进作用；R&D 资源配置体现出明显的企业化特征，但企业 R&D 支出对经济增长影响最小，没有起到应有的作用。因此，必须改变这一格局。根据 R&D 投入在政府研发机构、高校、企业三大研发主体间配置比例约为 12%、18%、70%的国际经验以及现阶段我国 R&D 投入促进经济增长情况来看，到 2010 年，政府研发机构、高校、企业三大研发主体 R&D 支出的理想比例为 18%、16%、66%；到 2020 年这一理想比例应保持在 12%、18%、70%（见表 7-6）。

表 7-6　我国未来 R&D 投入在执行主体间的理想分布状态

年份	全社会 R&D 投入（亿元）	政府研发机构（%）	高校（%）	企业（%）
2006	2850.1	20.7	11.1	68.2
2007	3315.6	19.9	12.4	67.6
2008	3857.2	19.3	13.6	67.1
2009	4487.1	18.7	14.6	66.7
2010	5220.0	18.0	16.0	66.0
2011	5624.0	17.3	16.2	66.5
2012	6059.3	16.6	16.5	66.9
2013	6528.3	15.9	16.7	67.4
2014	7033.6	15.4	16.9	67.7
2015	7578.0	14.8	17.1	68.1
2016	8164.5	14.2	17.3	68.5
2017	8796.5	13.7	17.4	68.9
2018	9477.3	13.1	17.6	69.3
2019	10210.9	12.5	17.8	69.7
2020	11001.2	12.0	18.0	70.0

2. R&D 经费在 R&D 活动类型之间配置的理想状态

经验研究表明，在 R&D 经费支出中，应用研究对经济增长影响最大，基础研究次之，试验发展对经济增长影响最小。根据 R&D 投入在基础研究、应用研究和试验发展之间配置比例为 13%~19%、20%~25%、56%~65%的国际经验以及现阶段 R&D 投入促进经济增长情况来看，到 2010 年，基础研究、应用研究、试验发展三大 R&D 活动类型的理想比例约为 9%、20%、71%；而到 2020 年这一理想比例应保持在 13%、22%、65%（见表 7–7）。

表 7–7 我国未来 R&D 投入在执行主体间的理想分布状态

年份	全社会 R&D 投入（亿元）	基础研究（%）	应用研究（%）	试验发展（%）
2006	2850.1	6.0	18.2	75.8
2007	3315.6	6.6	18.9	74.5
2008	3857.2	7.3	19.4	73.3
2009	4487.1	8.1	19.7	72.2
2010	5220.0	9.0	20.0	71.0
2011	5624.0	9.3	20.3	70.4
2012	6059.3	9.7	20.5	69.8
2013	6528.3	10.1	20.7	69.2
2014	7033.6	10.5	20.9	68.6
2015	7578.0	10.8	21.1	68.1
2016	8164.5	11.3	21.3	67.4
2017	8796.5	11.6	21.5	66.9
2018	9477.3	12.2	21.6	66.2
2019	10210.9	12.5	21.9	65.6
2020	11001.2	13.0	22.0	65.0

三、基础研究、应用研究与试验发展之间关系分析

就 R&D 活动的各类型经费比例来看，长期以来，我国的基础研究、应用研究以及试验发展的比例大致保持在 1∶3∶14。2006 年我国这三者之间的比例关系为1∶3.2∶15。美国 2000 年这一比例为 1∶1∶3，法国 1999 年为 1∶1∶2，意大利 1998 年为 1∶2∶2，日本 1999 年为 1∶2∶5。与发达国家相比，我国的基础研究投入在研究开发活动中的比重偏低（见图 7–5）。因此，要提高我国自主创新能力，必须要加大对基础研究的投入力度，调整 R&D 经费投入结构。

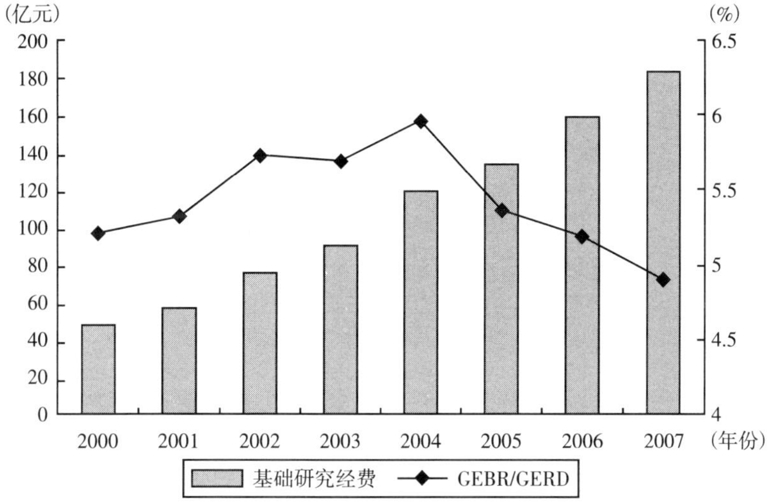

图 7-5　2000~2007 年基础研究投入及 GEBR/GERD 变化

随着 20 世纪 90 年代初我国"稳定地加强基础研究"战略的实施，我国基础研究投入的经费规模呈现出快速增长的态势。2000 年的基础研究经费达到 46.7 亿元，2005 年达到 131.3 亿元，以每五年超过一番的速度增长。据最新资料统计，2006 年基础研究投入经费为 155.8 亿元，2007 年为 174.5 亿元，基础研究投入逐年增加。

从历年有关数据来看，我国 R&D 投入（如 2005 年、2006 年、2007 年、2008 年分别为 2450.0 亿元、3003.1 亿元、3710.2 亿元、4570 亿元）、R&D 投入强度（2005 年、2006 年、2007 年、2008 年分别为 1.33%、1.42%、1.49%、1.52%）、基础研究投入虽呈逐年增长趋势，但基础研究投入强度（GEBR/GERD）长期稳定在 5%左右的局面没有改变，2004 年我国 GEBR/GERD 指标达到 6.0%，但 2005 年、2006 年和 2007 年逐年下降，分别为 5.4%、5.3%和 4.7%。与发达国家相比，我国基础研究投入不足。数据显示，2006 年我国 R&D 经费支出总额中用于基础研究的经费为 19.5 亿美元，在公布数据的 17 个国家中属中等水平，仅为美国的 3.2%，日本的 10.7%，韩国的基础研究经费是我国的 1.9 倍。我国 2006 年基础研究经费在全国 R&D 经费支出总额中的比重为 5.19%。发达国家这一比重大多在 20%左右，相对较低的日本也在 10%以上；甚至波兰、阿根廷等发展中国家也超过了 20%。对比发达国家，我国 R&D 经费中基础研究的比重很小，如表 7-8 所示。

表 7-8 部分国家基础研究占 R&D 经费比重

国家	中国（2006 年）	日本（2003 年）	韩国（2003 年）	俄罗斯（2003 年）	美国（2004 年）	法国（2003 年）
基础研究支出 R&D 经费（%）	5.2	13.3	14.5	15.1	18.7	24.1

数据来源：科学技术部. http：//www.most.gov.cn/.

同时，我国 R&D 经费的应用结构不合理，在基础研究、应用研究和试验发展三大资金应用去向方面，试验发展研究投入相对过高，而基础研究投入所占份额偏少。我国近年来 R&D 投入的应用结构如表 7-9 所示。

表 7-9 1997~2008 年我国 R&D 投入及配置情况

R&D 投入的配置结构								R&D 投入强度（%）
年份	R&D 总量（亿元）	基础研究		应用研究		试验发展		
		投入量（亿元）	比例（%）	投入量（亿元）	比例（%）	投入量（亿元）	比例（%）	
1997	509.26	27.44	5.39	132.46	26.02	349.26	68.60	0.64
1998	551.1	28.95	5.25	124.62	22.61	397.54	72.13	0.65
1999	678.9	33.90	4.99	151.55	22.33	493.46	72.68	0.76
2000	895.7	46.73	5.22	151.90	16.96	697.03	77.82	0.90
2001	1042.5	55.60	5.33	184.85	17.73	802.03	76.93	0.95
2002	1287.6	73.77	5.73	246.68	19.16	967.20	75.12	1.07
2003	1539.6	87.7	5.7	311.5	20.2	1140.5	74.1	1.13
2004	1966.3	117.2	6.0	400.5	20.4	1448.7	73.6	1.23
2005	2450.0	131.2	5.4	433.5	17.7	1885.3	76.9	1.33
2006	3003.1	155.8	5.3	504.5	16.8	2342.8	78.0	1.42
2007	3710.2	174.5	4.7	492.9	13.3	3042.8	82.0	1.49
2008	4616.0	220.8	4.8	575.2	12.5	3820	82.8	1.54

数据来源：根据《中国科技统计年鉴（2009）》整理。

根据我国有关发展战略目标，中央财政是我国基础研究的投入主体。确保中央财政大幅增加对基础研究的投入，满足国家基础科学研究的需求是中央财政 R&D 投入的基本责任。相关资料显示，如果我国中央财政 R&D 投入实现将其中的 20%投入到基础研究之中，我国 2010 年 GEBR/GERD 达到 10%，2020 年达到 15%的目标就有了基本的保障。

在现阶段我国 R&D 投入的快速增长期，特别是在我国企业 R&D 投入增长较快但对基础研究投入刚刚起步的情况下，政府的 R&D 投入应充分发挥调节和平衡 R&D 支出结构的作用，加大财政科技拨款中基础研究经费所占的比例，向基础研究倾斜。

我国研发投入配置结构（即基础研究、应用研究以及试验发展之间）存在一定的问题，基础研究和应用研究所占比重偏低现象一直没有得到解决，基础研究占研发投入的比例基本维持在 5%左右，与发达国家相比，我国科学研究经费（基础研究与应用研究经费之和）在研发投入中所占比重明显偏低。2007 年我国科学研究经费占研发投入的比重为 18.0%，而发达国家和新兴工业化国家均超过 35%，其中法国在 60%以上，俄罗斯也超过了 30%。当今技术发展对科学研究依赖程度不断提高，科研成果产业化周期在缩短，多数发达国家都在不断加大对科学研究的投入力度。因此，我国要制定相关措施，改善研发投入配置结构，提高科学研究在研发投入配置中的比例，使科学研究和试验发展经费之比控制在 1:2 左右。一方面，中央财政的科技投入要向基础研究和应用研究倾斜，国际经验表明，财政的基础研究经费是基础研究投入的最重要保障，典型创新型国家的经验表明，基础研究的经费中，政府资助的比重通常达到一半以上；另一方面，企业也要加大对基础研究的投入力度，典型创新型国家中企业不仅是全社会 R&D 投入主体，也是基础研究经费投入的一个重要方面，同时要增加对高校基础研究的支持，发掘高校基础研究潜力。另外，要加强科技经费的宏观管理，建立、健全基础研究投入协调机制，以确保基础研究在研发投入中的比例有所提升，从而使研发投入配置结构得到有效调整。

第四节 实现我国 R&D 投入总量与目标强度的协调机制分析

根据国际经验，结合我国的国情，笔者认为构建一个有效的协调机制来实现 R&D 投入目标强度非常重要。

一、以政府为主导

无论是在以多方面协调型为模式的美国，还是在集中管理型的印度，可以看出政府在 R&D 活动中发挥着主导性作用，各国政府不仅通过制定一系列政策激励企业等增加 R&D 投入，而且直接增加财政拨款支持 R&D 活动。一方面，政府应持续加大 R&D 投入力度；另一方面，政府要加强引导，改善 R&D 投入结构，特别是中央政府财政投入应向基础研究投入倾斜。美国原计划将联邦研发经费从 2003 年的 1173 亿美元增加到 2008 年的 1344 亿美元，但 2005 年就已达到 1320 亿美元。美国政府大力支持基础研究并将其作为一项国策。欧盟也正在努力实现宏大而艰巨的“里斯本目标”，即在布鲁塞尔设定的至 2010 年将研发支出占到 GDP 3%的目标。日本的研发支出每年都占 GDP 的 3%以上。近几年我国 R&D 投入呈不断增长趋势，但基础研究投入不足及其在整个 R&D 经费中投入比重偏低的局势没有得到改变，成为我国未来创新活动的瓶颈。根据有关专家预测，我国的基础研究投入目标强度在 2010 年应达到 10%，2020 年应达到 15%，要使这一目标得以实现，确保中央财政大幅增加对基础研究的投入，满足国家基础科学研究的需求是中央财政 R&D 投入的基本责任。

二、以企业为主体

从对美、日、韩、印等大多数科技发达国家的考察来看，典型创新型国家中企业既是全社会 R&D 投入的主体，也是基础研究经费投入的重要来源（见图 7–6），大多数发达国家企业 R&D 经费占全部 R&D 经费的比重都在 60%以上，韩国和日本均超过 77%，美国为 70.3%，加拿大、意大利这一比重在 50%以上，而阿根廷、波兰等发展中国家这一比重较低。

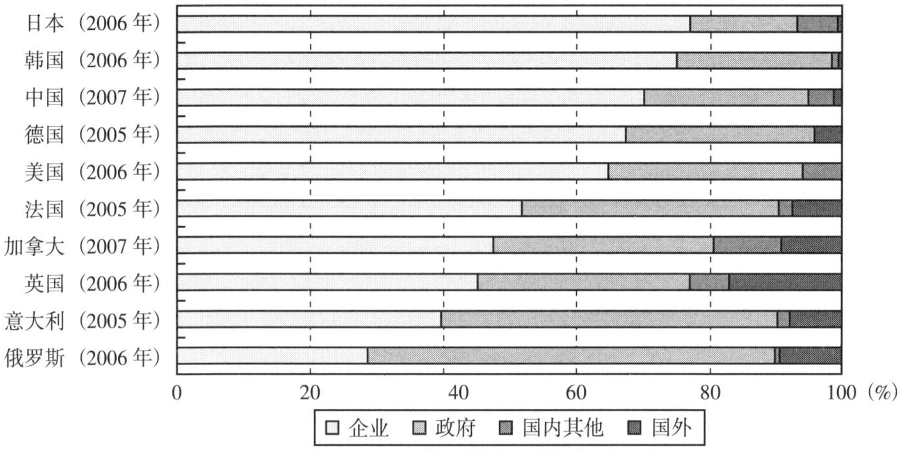

图 7–6 部分国家 R&D 经费支出按经费来源分布

企业不但是我国 R&D 经费的最大来源，同时也是 R&D 活动的主要执行部门，有关数据显示，2007 年我国的 R&D 经费支出总额中来自企业的资金占 70.4%，来自政府的资金占 24.6%，其他方面的资金占 5.0%，企业是我国 R&D 活动的资金投入主体。2007 年企业 R&D 经费支出额占全社会 R&D 经费总额的 72.3%，其在我国 R&D 活动中的主体地位已不可动摇。我国应实行激励措施和优惠政策，鼓励企业增加科技投入力度。如国家的重大科学研究项目可以采用国家与企业共同出资支持立项，产学研合作执行的方式，促进产学研建立长期的战略联盟；鼓励企业设立研究人才奖励基金，吸引高端研究人才等。

三、充分发挥高校等科研机构的支持作用

从国际经验看，高校是 R&D 活动的主要阵地之一。在美国、日本、德国的 R&D 执行中，高校占 14%~20%。我国科研机构和高等院校是基础研究的两大执行主体，但我国高等院校的科技研究潜力还没有得到充分的发掘。与发达国家相

比，我国 R&D 经费分配执行结构中，R&D 机构的比例过高，高等学校和企业的比例过低。2007 年我国高校的 R&D 经费超过了 310 亿元，随着对大学科技经费投入的不断增加，以及大学自身的不断发展，大学不仅要作为科研的执行主体，也要成为科技投入的重要力量。在我国科技投入的快速增长期，增加对高校科技研究的投入、增强高校知识创新的能力、加强高校在整个国家研究开发体系中科学研究和人才培养机制的基础保障作用，具有重大意义。

四、发挥事业性中介机构在科技投入中的协调作用

世界各国在对科技投入进行分配和使用的过程中，除政府以外，事业性中介机构（包括一些 NGO）起到了重要的协调作用，如在美国表现为 NSF 的作用，德国表现为 DFG 和各类基金会的作用，日本则表现为隶属于文部科学省的侧重资助自由探索性研究的学术振兴机构（JST）。借鉴此经验，我国在科技投入协调机制的建设方面，除发挥政府和企业的作用之外，应充分发挥事业性中介机构的作用，使其成为完善我国科技投入协调机制的有益补充。

另外，还需要进一步完善科技经费的预算体系和管理机制，建立、健全信息技术平台，为实现 R&D 投入及目标强度提供一个以政府为主导、企业为主体、高校与科研机构共同支持的协调机制（见图 7-7）。

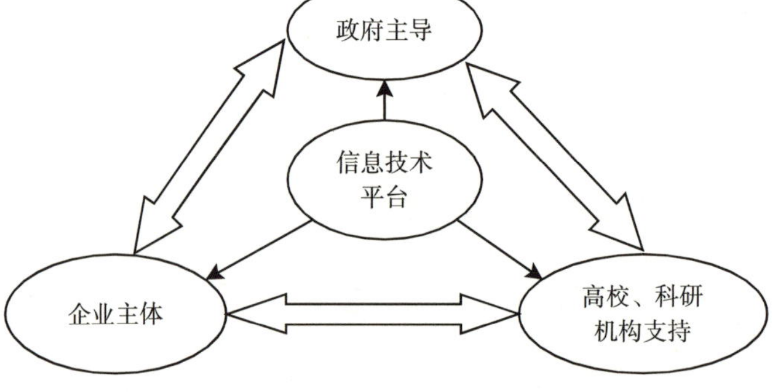

图 7-7　政府科技投入目标强度实现的协调机制

五、区域之间需要加强协调

我国在强调提高 R&D 投入强度的同时，需要充分考虑不同地区的经济发展水平和其已经形成的产业结构特点，各地区要结合自身的特点，找到一条适合自己的发展道路，形成我国 R&D 投入的梯队，实现优势互补。①

对于那些有充分知识积累、具有人力资本和产业结构优势的经济发达地区，如北京、上海和广东等省市，要充分利用自身优势，加大 R&D 投入力度，从整体上提高本地区的产业竞争力和综合实力；对于陕西和四川这样 R&D 投入较多，但是整体经济水平却相对较低的省份，一方面要在科研体制改革上做文章，另一方面充分利用自己的优势发展高技术产业，真正使 R&D 投入产生经济效益；对于处于中低等投入水平的地区，要根据其各自历史、自然资源等方面的特点有针对性地加大特色产业的 R&D 投入，积极培育适合自己特色的主导产业，发挥自身优势，带动其他产业的发展。

本章主要以部分发达国家的 R&D 经验和我国《国家中长期科学和技术发展规划纲要（2006~2020 年）》发展战略规划为基础，采用多变量灰色模型 MGM（1，n）对我国未来 R&D 投入总量及目标强度进行了科学预测。经测算，到2020 年我国 R&D 投入总量为 11001.2 亿元，R&D 投入强度为 2.50%，预测值与我国科技发展战略目标是一致的。若要顺利实现预测值，需要构建一个以政府为主导、企业为主体、高校等科研机构支持的协调机制。

① 谢兰云，曲勇义. 我国区域 R&D 强度与产业结构的灰色关联分析［J］. 中国人口·资源与环境，2010（1）：118-123.

第八章　提高我国R&D投入绩效的对策分析

在深入研究我国R&D投入现状及广泛吸纳国外先进经验的基础上，要进一步发挥科技公共政策的“杠杆作用”，即通过政府政策的诱导作用，刺激全社会提高R&D投入力度及产出效率，为完善我国R&D投入政策提供决策依据和政策建议。

第一节　提高基础研究投入强度

基础研究是指创造科学知识与新技术的研究，这些知识与技术随后能够得以开发、转化和应用。基础研究是整个科技活动及创新的基础和源泉，是提升国家经济实力与国际竞争力的重要支撑，对于一个国家的长远发展来说至关重要。科技政策学的奠基者尼瓦尔·布什就曾经指出：“一个在基础科学知识上依赖于其他民族的国家，它的工业进步将是缓慢的，它在世界贸易中的竞争地位将是虚弱的。”从基础研究到国家利益，是一个十分漫长而复杂的链条，其中各环节必须完整、配套、流畅，才能够最终实现国家投入基础研究的回报。目前我国对基础研究的关注越来越多，基础研究投入也呈不断增加的趋势，并保持了较稳定的基础研究投入强度（即基础研究经费/R&D经费）。2015年，中国科技进步对经济增长的贡献率为55%，而美国在同一时期则高达88%。中国对基础研究的投入在其全部研发投入（包括公共部门、工业界和私人的投资）中占比较低，中国只有4.7%，而与之相比，法国是 24.1%，美国是 17.6%，日本是 12.6%。应借鉴国外经验加大对基础研究的支持力度。

一、中央财政应向基础研究倾斜，加大对基础研究的投入

基础研究处于创新链前端，研究难度高，创新风险大，几乎没有直接经济回报，社会共享特征明显，属于财政和研发政策支持的核心内容。中央财政是我国基础研究的投入主体，在今后一段时期内这种局面不会根本改变。中央财政应向基础研究倾斜，加大对基础研究的投入，建议确保中央财政大幅增加对基础研究的投入，建立基础研究经费增长比例大幅高于 R&D 经费增长的机制，加大重要科学平台和人才培养的投入力度。此外，国际经验表明，政府在对基础研究的支持方面，必须肩负起重任。政府在基础研究方面的财政经费投入非常重要。典型创新型国家的经验表明，基础研究的经费中，政府资助的比重往往达到一半以上。如在美国，联邦政府的 R&D 投入中，基础研究所占的比例呈上升趋势，从 20 世纪 50 年代的不足 10%（1953 年为 9.52%）上升到近几年的 40%（2004 年为 38.63%）；应用研究所占比例比较稳定，50 多年来平均为 21.32%；试验开发所占的比例呈下降趋势，从 50 年代的最高 71.83%（1957 年）下降到 2003 年的最低 33.60%。联邦政府的基础研究投入占全国基础研究经费的比例最高为 1967 年的 71.97%，最低为 1997 年的 52.59%，平均为 63.50%，基础研究经费投入从 1953 年的 2.65 亿美元增加到 2004 年的 360.75 亿美元。在中国，财政是我国基础研究经费的最大来源，2000 年全国全社会 R&D 资源清查表明：我国基础研究经费大约有 88%由政府提供，研究机构和高校事业收入对基础研究课题的补助约占 7%，剩余 5%是企业的投资。中央财政持续增加对基础研究的投入是我国基础研究不断发展的重要保证。在我国现阶段 R&D 投入的快速增长时期，政府的 R&D 投入应该充分发挥调节和平衡 R&D 支出结构的作用，加大财政科技拨款中基础研究经费所占的比例。因此，可以借鉴美国、日本等国的做法，不断调整我国财政科技投入结构，加大对战略性新兴产业、前沿高技术研究、社会公益性研

究和科技基础条件建设的支持，在财政科技投入高速增长的情况下向基础研究倾斜，是目前提高我国基础研究投入强度的可行办法。

二、加强企业对基础研究的投入

对多数科技发达国家（如美国、日本、韩国、印度、德国）的研究表明，典型创新型国家中企业不仅是全社会 R&D 投入的主体，而且企业基础研究经费投入是基础研究的一个重要方面。从我国企业提高技术创新能力和参与全球竞争能力的现实需要来看，加强企业在基础研究方面的能力和水平不仅是必要的，也是可能的，重要的是加强引导和协调，形成以政府为主体，包括企业、大学和非营利机构在内的基础研究投入的多元化格局。需要综合运用财政、金融以及产业政策，形成激励企业从事基础研究投入的机制，并在此基础上建立多元化的基础研究投入体系。另外，也可借鉴美国中小企业创新基金做法，大力资助中小企业与高校对具有应用价值的基础研究成果的技术转移开发项目，向企业开放国家基础研究相关计划申请，从而引导企业逐步加大对基础研究的重视和投入。

增强企业对基础研究的积极性可以从如下四个角度着力：第一，在改善宏观经济环境、健全知识产权保护等方面采取有效措施，引导企业增强自主创新意识，更多地开展基础研究活动；第二，利用产业联盟等形式吸引更多的企业尤其是大企业参与到基础研究计划项目中来，由企业牵头组织实施项目；第三，对企业给予税收、金融上的优惠支持，鼓励企业加大基础研究投入；第四，引导企业真正成为创新主体，研究制定有利于激励企业投入基础研究的财税政策和评价体系。

三、重视基础研究成果的推广

借鉴国外经验，我国必须重视基础研究成果的推广问题，改进文化导向的科研评价体系。基础研究需要科研人员静下心来进行长期的、系统的积累和探索。要加强对以专利等知识产权形式出现的基础研究成果的保护和重视，加强对基础研究成果的社会经济价值的评价。要抓住那些对我国的经济、科技、社会发展具有战略性、基础性、关键性作用的重大课题，联合攻关，全力突破，要优先发展能源、水资源和环境保护技术，装备制造业和信息产业核心技术，加快发展生物技术、空间和海洋技术等，大力加强基础科学和前沿技术研究。

建立完善基础研究成果推广的激励机制，不断挖掘科研人员和管理人员推广转化的积极性、主动性和创造性，推进基础研究成果推广工作又好又快发展。加强基础研究知识产权保护和支持力度，在维护国家利益的同时兼顾保护基础研究成果完成人员、单位的利益。应遵循基础研究成果推广的客观规律，充分认识到基础研究成果具有很强的原创性，其转化应用的探索活动受理论本身复杂性、转化环境条件等方面因素制约，可能成功，也可能失败，许多重大创新成果正是在失败的基础上产生的，大力营造相对宽松的、宽容失败的成果推广应用的环境和氛围，加强对转化管理人员、科技工作者等转化参与主体的理解、保护与支持，鼓励其推广的信心和勇气，不急于求成，推动基础研究成果的推广。

四、建立国家战略基础研究基金

基础研究是技术开发的先导，是应用开发的源泉。科学的基础作用和长远价值，决定了必须对基础研究进行稳定支持和超前部署，以在未来科技竞争中赢得主动。同时，基础研究也要围绕经济社会发展和国家安全的主要领域，为技术创新和应用开发服务，基础研究也必须面向国家的重大战略需求。基础科学创新要造福经济，必须培育研发活动的全链条——从基础科学到技术、产品和市场。并非所有基础科学都会在实验室之外的现实世界开花结果，有的研究纯粹是好奇心驱动。然而，只要有可能，就应该让新知识转化为真正的技术突破，或将成果应用从一个领域转化到其他领域。

从国际经验来看，基础研究强度的快速增长期通常伴随着面向基础研究战略需求的机构的设立，如美国在 20 世纪 50~60 年代基础研究的第一个快速增长期内，于 1958 年设立国家航空航天局，与其他联邦机构（国防部、能源部、卫生部等）一起支持与其特定任务密切相关的基础研究。这些机构以及以合同和补助金的方式，支持具有广泛和一般目的的基础研究的国家科学基金，建立了市场经济体制下，既能满足科学的自由探索又能服务国家目标的支持和管理基础研究的制度体系。

加强基础研究，提高原始创新能力，全面促进我国基础研究的发展，推动知识创新和基础研究成果的转化应用，是建设创新型国家的重要基础，是我国科技部门所面临的共同任务。在我国基础研究经费的高速增长期，可以设立面向国家战略的“国家战略基础研究基金”，通过“国家战略基础研究基金”协调不同渠道间分散的、重复的基础研究投入，统筹不同执行主体的职能和分工，促进不同研究机构之间的有效合作与互动，以促进基础研究和应用开发的协调发展，从而加强应用开发研究，提高科技成果转化率和科技进步贡献率，加快形成具有市场竞争力的产品和产业。基金委就是该链条的源头供给者。链条的其他环节则由科技部等部门提供支持，包括科技部组织实施的国家科技重大专项（已设立 16 个专项，到 2020 年将再设立 15 个专项）和国家重点研发计划（本年度启动 36 个项目）。这些资助计划将研究人员、开发人员和风险投资人联系在一起，针对的问题包括：解决空气污染问题、化学工程中增加低碳能源利用、海洋探测与深海空间站等。

第二节　增加对高校 R&D 支持

从国际经验看，高校是 R&D 活动的主要阵地之一。我国科研机构和高等院校是基础研究的两大执行主体，但我国高等院校的科技研究潜力还没有得到充分的发掘。与发达国家相比，我国 R&D 经费分配执行结构中，研究开发机构的比例过高，高等学校和企业的比例过低。2007 年我国高校的 R&D 经费超过了 310 亿元，随着对大学的科技经费投入的不断增加，以及大学自身的不断发展，大学不仅要作为科研的执行主体，也要成为科技投入的重要力量。在我国科技投入的快速增长期，增加对高校科技研究的投入、增强高校知识创新的能力、加强高校在整个国家研究开发体系中科学研究和人才培养机制的基础保障作用，具有重大意义。

从国际经验来看，基础研究的最主要阵地在高校。“二战”后，美国联邦政府对高校稳定的、高强度的经费支持使得高校成为美国最大的基础研究系统，其基础研究经费支出占全国基础研究经费的比例从 20 世纪 50 年代的不到 40%迅速上升到 70 年代的 60%左右并保持到今天。美国高校的基础研究，学科覆盖面广，侧重于物理、数学、生物技术和创新型的基础研究，科研和教学相结合的特色鲜明，在整个国家的研究开发体系中具有基础保障作用。美国、日本和德国等典型创新型国家，其研发执行中，高校占 14%~20%。与发达国家相比，我国 R&D 经费分配执行结构中，研究开发机构的比例过高，高等学校和企业的比例偏低。我国高校的基础研究潜力还有待进一步充分的发掘。从近 10 多年来的发展趋势看，我国高校 R&D 投入中，基础研究、应用研究和试验发展所占比例也呈现出基础研究所占比例逐渐上升、试验发展和应用研究所占比例下降的良好发展趋势，但是基础研究在研发中的比例仍然偏低。总的来看，世界各国高校的研发执行类型中，高校是以基础研究为主，基础研究达到一半以上；而我国则是以应用研究和试验开发为主，应用研究超过一半，需要在改革中通过不断调整加以解决。

近年来，中国科技部、财政部、教育部推动实施了若干国家重大科技专项，主要针对一些有望形成核心自主知识产权、对企业自主创新能力的提高具有重大推动作用的战略性产业，将高校、科研院所的研发方向和国家、产业、企业的竞争力结合起来。每个重大专项的资金规模都到达了百亿元级，中国政府要求这些专项应当将政府对高校的科技投入作为启动资金，将企业等渠道的科研投入作为持续发展资金，通过这种方式来吸引企业科技投入。随着这些计划的推行以及政府给予高校更大的自主发展权，高校成为科技市场主体的趋势越来越明显，高校的校长们变得像职业经理人一样，思考将政府科技拨款用在哪些地方，思考如何与企业打交道，有的高校还将政府的科技投入转为股本与企业共同组建研发共同体，架设从高校到企业的科研资源传递通道。加大对高校基础研究的投入，特别是形成对研究型大学基础研究的稳定支持机制。一方面，明确国家对高校“211”

工程和“985”工程投入中用于基础研究的比例；另一方面，逐步建立起对高校基础研究人员、基地等稳定支持的投入渠道，以更充分地发掘高校的基础研究潜力，培养以高校为主要阵地的基础研究队伍，使高校成为我国基础研究的主力军。

加大高校 R&D 投入量要注意以下几点：第一，设计切实可行的高校财政投入方案，将资金使用标准化、制度化、科学化。运用在校生、教师质量、科研成果、社会生产力转化程度等相关指标，重新核定高校财政投入公式，规范高校财政资金的投入。第二，通过提高高校 R&D 投入比例，加大政府对基础研究的支持力度；强化对高校人才的引入及培育机制，提升高校师资力量。第三，发挥财政资金杠杆的作用，引入社会资本增加对高校的投入。加强协同创新和产学研，利用高校的能力为企业提供技术支持和创新，从而使高校为自身获取更多的资金，增加社会资源的投入。

第三节　提高 R&D 投入绩效的制度安排

一、健全 R&D 活动中的组织形态

随着 R&D 活动的环境发生很大变化，目前的 R&D 活动中的组织形态也呈现出几个重要特点。一是产学研合作成为普遍形态。发达国家的经验表明，各国在产业技术上的重大突破多是以产学研合作的创新模式实现的。对于面广量大的各类企业，为了弥补 R&D 活动中资源的缺口，分担研发成本，降低创新风险，很多国家均采用产学研合作方式。我国的产学研合作起步于 20 世纪 70 年代末，到了 90 年代中后期，强强联合的产学研合作开始起步，逐步形成了多形式、多层次、多方位的格局。二是技术联盟发展迅猛。技术联盟是指政府、科研、教育和企业等不同部门或单位在功能和资源优势上的协同和集成化，是技术创新上、

中、下游各环节的有机融合和对接，通过科技成果转化、创新外包、联合攻关、合作研发等形式，形成以市场为导向、政府为主导、企业为主体、高校和科研院所为依托互动组合的战略性、长期性和紧密型的创新体系。20 世纪 80 年代以来技术联盟作为 R&D 活动的重要方式应运而生并迅速发展。根据 MERIT/UNCTAD 的数据资料，1990~2000 年世界范围内报告的技术联盟总数达到 6477 个，是 1980~1989 年技术联盟总数的两倍，而且大多数集中在高新技术领域。实践证明，创新主体间通过建立技术联盟，可以实现技术优势互补，共同承担技术开发风险，提高 R&D 的成功可能性。三是虚拟 R&D 组织模式日趋成熟。R&D 组织模式与经济条件、技术水平和市场环境密切相关。从 20 世纪 50 年代发展至今，共经历了五代重要模式（见表 8-1）。

表 8-1 五代 R&D 组织模式及其主要特征

项目	第一代	第二代	第三代	第四代	第五代
时间	20 世纪 50~60 年代初期	20 世纪 60~70 年代	20 世纪 80 年代	20 世纪 90 年代	21 世纪至今
经济环境	“二战”后，经济刚刚复苏	经济总体繁荣	石油危机及能源短缺，经济滞胀	经济复苏，重视核心技术	经济繁荣，高技术企业发展迅速
技术环境	技术成为创新的来源	技术变革合理化	技术与市场结合	新型产品开发系统	技术复杂性提高
市场环境	消费旺盛	供需平衡	供过于求	高效、质量导向的生产	产品技术含量提高
创新特点	连续性创新	连续性创新	连续性创新	不断连续性创新	莲花式创新
组织方式	职能式	矩阵式	分布式合作	多方位的实践团队	共生网络化
技术	初始的资料	数据基础	信息基础	信息技术作为竞争武器	知识基础
管理核心	产品管理	项目管理	企业管理	顾客管理	知识管理

数据来源：Debra M. Amidon Rogers. The Challenage of Fifth Generation R&D [J]. Research-Technology Management，1996，36（7/8）.

根据发达国家的有关经验，我国应在把握基本规律的基础上，重点推进与实施有关方面的制度安排。

1. 促进产学研合作

我国未来产学研合作需要在国家政策的引导和市场需求的导向下，进一步消除企业、高校和政府研发机构之间的分割，提升 R&D 效率。

（1）促进互惠互利。企业、高校和科研机构是不同的利益主体，产学研合作客观上要求必须将各方的眼前利益与长远利益结合起来。企业要合理评估高校和科研机构的创新成果价值，尊重创新性劳动，依托合作方的力量，弥补专业知识等方面的缺陷，分担技术风险。高校和科研机构要根据企业重大核心技术的实际需求，努力开展原创性的研究，形成具有自主知识产权的科研成果，分担企业风险，弥补企业不足。近年来，在政府的直接推动下，合作计划和项目，我们在应用性共性技术发展方面进行了一系列探索，为企业此类技术发展提供了有益支持。无论是高校、企业还是政府，当前产学研协同创新都缺乏对企业应用性共性技术的系统设计，其效果离我们期望目标相距甚远。然而如果不同能力结构水平的高校或学科在产学研合作中，能够结合自身能力结构水平有针对性地开展不同形式的产学研合作，则有可能有效降低这种差异对主体目标实现的干扰。而不是热衷于企业产品层面的合作导致高校很难将产学研真正纳入实质性框架范畴，也很难在评价体系中给产学研合作给予有效支持。高校应根据自己的发展定位，结合自身能力结构水平来确定合作重点，实现能力结构与合作目标匹配，形成不同类型大学产学研协同创新专业化分工格局、差异化发展。

为解决企业应用性共性技术缺失的问题，近年来各级政府多采取事前资助方式，引导高校、科研机构与企业组建各种类型的产学研创新联盟。但由于缺乏相应的制度设计，使得政府对产学研的资助，不仅没有发挥杠杆效应，反而成为企业、高校无偿获取资源的“公共地”，甚至助长企业创新投入的惰性，陷入“资助创新，不资助不创新”的困境中，固化了企业对政府资助的预期，而这一局面进一步加剧企业不愿意对产学研联盟有效投入的意志。由于企业对联盟没有必要投入，企业参与产学研共同研发将退化为联盟中高校与企业两两间的“技术交易”，缺乏实质合作。同时，企业也没有动力参与对联盟有效治理机制的建立，无法形成有效的研发合作和知识转移机制，结果导致联盟未能形成自我发展的良性循环，甚至成为获取和分割政府资源的同盟，也就不可能在协同创新中积累支撑企业可持续发展的应用性共性技术能力，最终使得政府的种种努力陷入低水平均衡陷阱。为此，在政府产学研专项资助中，需要将企业对产学研联盟实质性投入作为获得资助的前提条件。同时，各级政府设立的产学研联盟资助计划，应由目前事前资助为主，转向事前资助与事后补贴并重，灵活运用各种研发税收激励手段，激励企业对产学研联盟加大投入，积极参与联盟的治理，让联盟真正形成系统合力，弥补企业应用性共性技术缺失的短板，为企业自主创新能力提升提供有力支撑。

（2）深化内部机制。鼓励、支持产学研合作体内部的机制创新，深化内涵，形成活力涌动的创新局面。以重大技术研发项目为纽带，鼓励研发人员的自由组合，形成结构合理的创新团队。支持研发团队通过个人投资、合同研发、项目合伙、研发项目公司制等多种形式，开展跨行业、跨地区和跨国度的合作创新，共同承担重大技术攻关项目。另外，在共同培养人才等方面也需要有效的制度支持。要加快建立以企业为主体、市场为导向、产学研紧密结合的技术创新体系，引导和支持创新要素向企业集聚，促进科技成果向现实生产力的转化。任何一个系统存在和可持续发展必须具备三种机制：激励机制、管理监督机制和更新机制。产学研合作创新网络组织作为一个系统也不例外，它的运行机制主要包括激励机制（利益分配机制、动力机制）、管理监督机制（内部监督机制、外部监督机制、运作模式）和更新机制。

1）激励机制。第一，利益根本机制，主要包括依法签好 R&D 项目的技术合同、协商订立投入支付与产出方式、保证合理收益、知识产权归属等。第二，动力机制，包括动力因素与动力机制，如生存发展因素、经济利益因素、科技与经济结合因素、外部环境因素以及产业界、高等院校、科研院所之间相互作用产生的内在合作驱动力等。

2）管理监督机制。管理监督机制包括三个方面：外部监督机制（主要依靠社会与政府力量）、内部监督机制（组织结构设计和高层管理人员的责任）、运作模式（由于实际情况不同，并没有一个固定的运行模式可以套用）。

3）更新机制。任何一个系统都需要不断通过各要素的更新而发展，产学研合作创新网络组织的动态性符合了这个要求。要保证产学研合作创新网络组织的良性运行就必须从上述三点出发构建一个良好的机制。下面我们引用加拿大优秀网络中心的实例介绍成功的产学研合作创新网络组织的运行机制及其效果。

2. 推进技术联盟建设

技术联盟来源于战略联盟范畴，是指两个或两个以上的大企业（同一国家的或不同国家的皆可），为了实现某一技术创新战略目标而建立起来的一种合作伙伴关系。目前我国的技术联盟运行效率还较低，通过制度的有效设计与实施，解决技术联盟运行中的各种问题显得非常重要。

（1）鼓励发展形式多样的技术联盟。可以以大企业集团为龙头，吸纳各方加盟，形成企业带动型；也可以以产业体系中的中小企业群为主体，以共性技术的研发为目标，形成集群型；以中介机构所具有的网络、信息等优势为平台，面向市场，吸纳各方参与，形成中介机构带动型；以高校或科研机构为龙头，以优势的技术和配套资金投入为支撑，吸引企业等参与，形成技术带动型；在企业内部建立由高校与科研机构参与的研发中心，既进行技术研发，又进行人力资源的培训，形成企业科技教育延伸型。

（2）突出关键领域。正确处理好自主创新与利用外部资源的关系，合理利用外部资源可以缩短研发周期，集成已有的科技成果和先进技术，结合局部的原始创新，形成具有自主知识产权的核心技术和关键技术，实现跨越式发展。政策重点支持以解决我国经济社会与科技发展中具有重大意义的关键性、共享性技术为方向的技术联盟建设。

（3）选择合适的联盟伙伴。技术联盟伙伴选择直接决定了联盟目标实现以及联盟所需的技能和资源的获取。我国企业在选择技术联盟伙伴时，关键在于联盟能否产生优势互补或优势相长的效应，而不在于合作伙伴的实力强大与否。同时，在建立技术联盟时，伙伴之间文化的兼容性也对联盟的成败具有深刻的影响，联盟伙伴之间应该具备一种对文化差异理解的态度和灵活地协调文化差异的能力，向对方长处学习的热情和相互信任及强烈的责任感等。联盟伙伴文化的兼容性有助于了解彼此的文化，从而降低未来由于文化差异导致冲突的可能性。已有的文献认为，兼容性可以提升技术联盟的效果，可以使企业间发生相应的“化学反应”，有利于企业差异的融合，使技术联盟运行更为稳定和顺利，促使企业充分利用由互补性而产生的学习潜力。

3. 探索虚拟 R&D 组织的建设

虚拟 R&D 组织是虚拟组织概念渗透所形成的一种 R&D 新模式，它围绕特定的研究目标和内容，利用计算机网络和通信工具，将有能力、有愿望参与产品开发的企业和研究机构连接起来，实现系统软硬件、试验检测设备、人才等资源的共享。在构建虚拟 R&D 组织时，应有效地完善运作机制、建立动态的组织结构、构建合适的知识整合模式，同时加强内部信用机制建设。随着经济的发展，科学技术已经成为企业和国家间竞争的关键因素，有效地发挥科技资源的潜在功能在很大程度上取决于采取何种组织形式来进行科技研究的活动，而由于虚拟 R&D 组织是由信息、技术、人才等资源有效集成的网络组织结构，既是一个精密的组织，又是一个资源和能力可迅速扩大的动态联盟，因此，虚拟 R&D 组织比传统科研机构拥有更丰富的资源，能在更大范围内进行优化组合，以低成本达到组织柔性的目的，满足多变的市场需求。虚拟 R&D 组织反映了科学技术活动领域组织间合作、网络化和全球化的趋势，它所采取的全新创新理念、动态的组织结构、人力资本模式和治理机制，使得这种新型组织方式体现出更强的生命力和发展前景。同时，企业与高校、研究机构共同组建虚拟 R&D 组织，不仅有利于各组织成员取长补短，在“共赢”的基础上优势互补，而且能促进整体 R&D 水平的提高，加快科技成果产业化，从而推进产业进步和社会发展。

二、协同促进政府 R&D 投入与诱导企业加大 R&D 投入力度

20 世纪 60 年代，西方学者认为 R&D 活动中存在的“市场失灵”是政府介入 R&D 活动的主要原因。国内外研究也证实，政府 R&D 投入存在多方面的溢出效应。从政府层面上分析，加大 R&D 投入主要是政府对 R&D 的直接投入和诱导、激励企业加大 R&D 投入这两种政策工具。但在实践中这两种政策工具往往存在相互挤出效应和替代效应，因此在政策设计与实施过程中要注意把握政府直接投入和诱导企业投入政策的协调，实现最佳结合。

（1）加大政府公共 R&D 投入力度。坚持政府 R&D 投入的主导地位，注重 R&D 投入的结构和效率，不断优化资助结构，优化配置科技资源，加大政府在基础研究等公共领域的公共 R&D 投入力度，如加大对产业共性技术和基础性技术等 R&D 活动的支持，利用“技术外溢”的特性可以有效减少企业 R&D 活动的成本，缩小其 R&D 活动私人收益和社会收益的差距，从而能有效提高企业从事 R&D 活动的积极性。发挥政府科技资助的促进作用，使政府公共财政发挥最佳的杠杆作用，如 Dominique 和 Bruno（2000）的研究表明，在 OECD 国家，政府在基础研究领域每投资 1 美元将带动企业 1.7 美元的 R&D 投入。

（2）提高政府对高新技术产业化的宏观调控能力，推动产业供给结构和产业结构的顺利调整。在产业不同的生命周期通过政府 R&D 投入手段，调整高新技术产品市场价格，促进厂商调整生产方向，促进新型创新生产要素的重组，实现有限创新资源的优化配置。利用政府购买，保护和刺激社会 R&D 投入需求。通过政府购买，对高新技术产品需求进行最大限度的刺激和创造，也能有效地保护社会 R&D 投入的需求和热情。

（3）政府可以通过制定一系列税收、金融等优惠政策，支持和诱导企业加大 R&D 投入，确立以企业 R&D 为主体，鼓励企业积极开展 R&D 活动，如可以明晰产权、改进税收优惠政策、加快市场制度和知识产权等有关制度建设，建立支持企业 R&D 的金融体系等。为防止政府 R&D 投入对企业等经济活动主体产生挤出效应（即负的溢出效应），需完善有关法律制度，如维护有关活动主体 R&D 成果的拥有权从而遏制“搭便车”现象的产生。

三、完善 R&D 投入配置的监督评价体系

纵观世界各国，基本上都制定了比较完善的政府 R&D 投入评价制度，专门组织专家或科技评估机构对 R&D 投入预算与投入方向、重点、效果等进行评估和评价，把所投入的有限资金效用发挥到最大化，将资金运用到重点项目和领域，避免重复或浪费资源。我国在一些政府 R&D 投入的科研专项管理中，对项目预算和立项资金也实施了评估评审，如“973”专项还开展了项目中期评估，

评估结果与项目后期资助的确定直接相关，这对提高财政资金效益发挥了较好的作用。但从总体情况来看，我国科研工作中重投入、轻管理的现象较普遍，特别是对 R&D 投入资金的使用情况缺乏科学的绩效考评。创新经费管理机制，加强科技经费监管，是各级科技管理部门的重要职责。因此，应借鉴先进国家的经验，建立健全科学的绩效考评制度，将科技评估作为 R&D 投入决策的重要组成部分。

另外，还要加强科技评估中介机构的建设，完善我国的科技评估体系，提高 R&D 经费投入效率。较高的 R&D 经费投入效率是保障政府和企业对 R&D 活动持续投入的关键。我国目前还没有形成一套完整的对 R&D 活动的效率进行调查、评估的方法，使得相当一部分的研究仅仅停留在实验数据与研究报告上，缺少实际的应用价值，R&D 经费的投入不能取得理想的效果，政府（特别是地方政府）不愿扩大 R&D 投入，使得我国科技拨款占财政投入的比重较少。因此，必须重视 R&D 活动效率的评价，使政府和企业的 R&D 经费投入取得好的绩效，以调动政府和企业对 R&D 投入的积极性。强化自主创新基础能力建设的投资管理，建立公开透明、科学合理的政府投资项目审理制度，构建分级管理的多层次监管体系，促进建设项目的合理布局，提高建设资金的使用效益。

四、健全和完善各项税收政策

国家税收制度和政策作为政府调控经济发展的一项重要手段，通过利益机制，影响全社会（尤其是企业）R&D 投入，降低其投资成本和投资风险，增加投资的预期收益，进而实现对全社会 R&D 投入的鼓励和推动作用。国外一些发达国家在 R&D 税收政策方面的经验值得借鉴，如美国采用的投资税收抵免和费用扣除政策、加速折旧政策、对产研联合给予特殊政策等，英国实施的额外费用扣除政策、减税和免税政策等。税收优惠政策是科技政策的发展方向。有关研究显示，我国税收政策的激励作用有限，虽然 R&D 税收优惠政策名目较多，但是税收优惠占企业 R&D 投入的比例较低，受益面较窄，应该对现行政策进行修改完善，扩大企业受益面。

因此，应建立健全各项税收政策。如应加强对中小企业 R&D 的财政激励，以促进我国中小企业 R&D 投入。要提高税收政策的法律层次，规范科技税收政策。加大对合作 R&D 的支持，尤其是企业与高校及公共 R&D 机构的合作研发，实践表明，很多国家都支持合作研发，而企业与高校及公共 R&D 机构的合作研发更是支持的重点。为了吸引跨国公司在我国设立研发机构，应该根据国外经验，制定相应的激励跨国公司 R&D 的税收优惠和资助政策。

第四节　推动科技资源优化配置体制与机制建设

改革开放以来，有关部门和广大科技界不断探索、不断创新，逐步建立起适应社会主义市场经济体制的国家科技投入体制机制，有力推动了科技与经济的紧密结合，促进了我国科技进步和社会发展。但由于新时期国家科技投入体制是在我国全面推进改革开放的进程中逐步建立的，改革中难免会不断出现一些新的问题和挑战。为了加快推进有关科技体制的改革，实现科技资源的优化配置，在总结以往经验的基础上，国家科技部门应尽快建立起推动科技资源优化配置的体制与机制，加强中央与地方之间科技资源的协调，开展包括省部会商、部际合作、部门协调、组建企业技术创新战略同盟等推动创新资源优化配置的活动。另外，可以考虑构建推动地方 R&D 投入的区域创新体系，建立中央部门间的合作机制，推动科技资源集成和优化。

继续深化体制改革，不断提高市场化程度，为科技进步创造良好的制度环境。要大胆革除阻碍科技生产力发展的一切体制机制障碍，进一步促进科技与经济的结合。要营造有利于创新火花竞相迸发、创新思想不断涌流、创新成果有效转化的环境，让科技工作者更加自由地讨论、更加专心地钻研、更加自主地探索，为我国走上创新驱动、内生增长、经济全面协调可持续发展之路提供有力的科技支撑。

推动科技资源优化配置体制与机制建设，首先，要推进科技资源配置的市场化进程，其主要包括，研究开发机构运作的市场化、科技经费来源的市场化、科技研究过程和科技研究成果的市场化等。所谓科技开发机构运作的市场化有两层含义：一是科研机构的设立、重组或破产要根据市场需要，并遵循市场规律；二是科研机构必须面向市场，按照“独立自主，自负盈亏”的原则，围绕“产业化、市场化、企业化”的目标，设计本身的运行模式，塑造自身的组织体制，完成转轨变形中脱胎换骨式的改造和重组。而科技开发经费的市场化发展方向对优化我国科技资源配置的效率有重要影响，但不可以把科技开发经费来源的市场化仅局限于市场化运作模式的科技开发机构，实际上，即使是那些非市场化的研究开发机构的部分研究开发费用也可以来源于市场的投入，并具有相当的市场化的特征。所谓科技开发过程的市场化，是指研究开发单位的科技活动从立项之初到实施过程都应当有明确的经济观念和市场意识，并面向市场，对其经济和社会价值进行客观评价，力求以比较低的投入，获取较高的收益。科学技术成果的市场化指的是，科技成果要回归市场，接受市场的检验。市场的回归既可以以直接消费品的形式，也可能以各类不同的劳务进行。

其次，尊重和保护知识产权及各项智力劳动成果。市场经济条件下的商品交易行为是以等价交换为基本原则的一种产权性交易，科技成果的产权能否得以保全，社会各个方面对技术成果发明人或持有人的合法权益是否给予足够的尊重，不仅对科技成果的转让效率和秩序有重要影响，而且直接关系科技活动的激励机制。20 世纪 80 年代以来，我国知识产权保护方面的立法速度和执法水平虽取得了令整个世界叹服的成就，但距社会发展的要求还有很多差距。由于科技成果的范围十分广泛，对侵权行为的监督有许多困难，而且伴随现代信息技术的发展，科技成果传播的渠道和速度更为快捷与方便，在此情况下，对科技成果所有人正当权益保护的要求更高，但执行起来也更加复杂。我们必须下大气力研究各类新情况，同时提高整个社会的知识产权保护意识，加大对各种侵权行为的打击力度，减少和杜绝对科技成果的侵害，以利于形成一种良好的法制环境，提高整个社会不断创新的积极性。

再次，重塑科技创新体系，建立相应的政策支撑系统。科技资源的优化配置，除去资源本身的积聚和质量之外，还取决于各类资源要素的合理组织、整个经济系统的创新能力，以及资源配置的环境条件等。建立一个全新的以企业为主体、产学研结合、政策支撑、风险投资为中介的创新体系对提高我国科技资源的利用效率和提高整个社会的科技发展水平具有重要意义。现阶段，应该做好如下工作：①以税收优惠和资金支持为杠杆，鼓励企业成为科技创新的主体，鼓励开发具有自主知识产权的科技成果。②支持技术要素参与分配，允许科技人员通过成果转化获得股权收益，允许设立科技人员个人股，允许放宽对技术股份所占比例的限制，允许科技人员在转让成果时获得转让费。③建立由社会、企业、金融机构、区县政府参与的风险投资网络。④建立完善的科技成果转化服务体系。科技成果转化服务体系既是提高成果转让速度，实现科学技术生产力功能的需要，也是加快科技经济一体化，提高我国综合国力的需要。此外，适应当代科技发展的要求，加强创新中介服务网络建设。加快建立技术交易市场、技术产权交易所、无形资产评估事务所、技术开发咨询中心、高新技术成果转化服务中心等中介服务机构，推进创新成果产业化的步伐。

最后，重新定位国家科技资源配置的功能，解除制约企业技术创新的各种障碍。在对现代科技资源的配置过程中需重视的一个规律性问题是，现代高新技术产业的发展是与中小企业、民营企业发展相联系的，其经营较为适于采用分散经营的模式，而非传统产业高度集权、大规模经营的发展模式；其资源的组织将更多建立在权益资本激励的基础之上，而不是传统的利益分配和资源调度方式的基础之上。此外，应当对科技资源的配置失衡问题给予高度重视。就我国当前的实际情况而言，首先需要解决的是创新主体错位的问题。我国传统的科技体系带有典型的“科研院所主导型”和“政府推动型”特征。创新主体的错位，不仅导致企业创新动力的不足，而且影响了整个社会科技资源配置的质量。解决这一问题首先需要从明晰产权关系、建立现代企业制度入手，这样才能调动不同利益主体投资的积极性，提高科技资源的利用效率和与之相关的管理工作的水平，充分体现产权明晰、责权明确、管理科学的要求，从根本上转变和优化我国的科技资源配置模式。

第五节　创新 R&D 经费投入管理模式

创新 R&D 经费投入管理机制，加强科技经费监督，是各级科技管理部门的重要职责，也是提高 R&D 经费使用效率的基本保障。以服务科研的基本理念进一步构建科技经费全过程监管服务体系，完善科技计划、科技项目和科技经费既相互衔接又相互制约的机制，努力提高财政科技投入使用效益。

（1）要加快推进科技计划管理信息系统建设，建立和完善国家科技计划经费管理制度，强化科研项目经费的监督管理。

各级科技管理部门通过科技计划组织有效的科研活动，有利于未来科技的进一步发展，促进了市场调节并推动经济持久增长。科技计划管理是对企业项目政策成果、人才活动等各类信息的管理，总量庞大、内容复杂、管理日趋困难。随着信息时代的到来，这种困境有望搭上网络便车而得以解决，科技项目管理系统可以在线管理的方式引入科技计划管理中，有效整合各类科技计划的信息资源，并对此进行查询、统计、分析等跟踪管理，为管理者提供较为全面、系统、科学的决策依据，提高科技管理工作的规范化程度。近年来，我国政府不断加大对科技方面的投入力度，各级科技部门也在不断采取措施推动科技项目的信息化建设，尽管已经取得显著的成效，但由于科技计划管理中工作量和难度的不断增大，科技计划管理信息系统的建设也遇到许多问题，信息化程度还不是很高。各个应用子系统相互之间缺乏联系、独立建设的现状导致不能形成一站式管理，从而各类信息资源不能有效共享，使项目上报评审缺乏公正性。推进科技计划信息化建设，不仅能够减轻繁重的科技管理工作，提高管理质量与水平，还能够使管理工作透明化，让科研经费的使用过程留痕，有助于加强经费的管理监督工作，提高经费的使用效率，杜绝各种腐败现象的发生。

（2）建立起“职责明确、分级管理、各负其责、上下联动”的监管服务体系，逐步形成财政部门、审计部门、科技部门、主管部门和社会中介机构监督互为补充的多层次财政科技经费监管体系。

科技主管部门财政机构负责科技计划经费的预决算，监督各科研项目预算的执行，另外，要做好各项工作配合上级部门的审计工作，同时指导下级做好相应的监管工作。科技审计部门负责组织审计与财政科技经费有拨款关系的科技主管部门及下属单位的科技经费使用情况，组织开展相关专项审计调查。科技主管部门负责相应领域项目的事前审核、事中监督、事后评审等工作，对于重大科技项目，要组织实施好外部评审活动，建设专家数据库，同时配合财政和审计部门开展科技计划经费的监督审核工作。为实现政府职能简政放权，有必要引入社会中介机构参与科研经费的监管审计工作，为使社会中介机构管理规范化，明确会计（审计）事务所的准入机制，实行末位淘汰制度。政府相关部门应根据中介机构的管理水平和完成工作质量水平的标准进行考核评分，考核过程及结果要科学化、透明化。建立动态的评审机制，根据考核评分结果实行优胜劣汰，建立黑名单制度。对于获得准入的会计事务所，采取红黄牌制度管理，若监管运行过程中存在违反相关服务规定、敷衍塞责的现象，给予黄牌警告，对于警告仍不改正的给予红牌警告，并取消其科技计划经费监管工作的准入资格。

（3）积极探索推进财政科技经费巡视检查制度，如联合地方科技行政管理部门对承担科研经费较多的单位开展巡视检查工作，督促和帮助单位加强内部财务制度建设，促进单位科技经费管理水平的提升，切实提高科技资金使用效益。

为保证科技经费的安全，使其发挥最大的效益，仅从政策上加强对科技经费的监管是不够的，还需要通过宣传、检查、审计等工作来使科技经费管理规范化。近年来，高校、研究机构出现的科研经费腐败案件受到人们的广泛关注，这说明科研经费管理中存在漏洞，要尽快加强科研经费的监管工作。通过推进财政科技经费的巡视检查制度，能够对各科研项目承担单位进行一次“健康检查”，具体包括相关政策的执行、内部的管理办法、科研经费的使用情况等方面。通过巡视检查工作，能够促进科研人员提高管理水平，增强财经法律意识，及时识别风险，防止违法违纪事件的发生。

（4）有效开展专项经费预算执行情况的抽查审计，对出现的违规违纪问题，按照有关规定严肃处理，依法履行国家科技行政主管部门的职责，维护科技预算的严肃性，结合财政专项资金绩效考评的有关部署，组织开展科技计划项目经费支出的绩效考评，并将考评结果作为今后预算安排的重要决策依据。另外，要进一步加大宣传培训力度，提高科研人员的财务意识和管理水平。通过培训会、政策研讨等多种形式，提高科研单位和人员的财务意识和管理水平，帮助单位改进不规范的内部政策，切实发挥单位对专项资金的日常监管职能。

（5）加快相关政策法规的制定。随着全球经济一体化和知识化经济的到来，创新已不仅是科技部门的事情，而且关系到国家整体竞争力的大局。提高自主创新能力作为国家战略要贯彻到现代化建设的各个方面。加快相关政策法规的制定，实施有利于加强自主创新基础能力建设的财税、金融政策，规范和促进自主创新基础设施的投资、建设、运行和管理。R&D 投入配置政策不仅是科技政策，而且是各项政策的综合结果，要防止政策之间的相互抵消。因此，要加强横向和纵向政策协调，把 R&D 投入配置政策融合到产业政策、贸易政策、教育、财政、金融等各项政策之中，各部门政策要体现 R&D 投入配置政策目标。一方面，优化财政科技支出结构，加大政策性金融支持，形成自主创新支撑平台建设的投入保障机制；另一方面，要完善国家公共科技基础设施的管理体制和运行机制，提高向企业和社会的开放程度。另外，要加强中央和地方的政策和行动协调，保证中央的政策在实施过程中得到地方政府的支持和配合。

第六节　加大对科技人力资源的投入力度

人力资源建设是经济社会可持续发展的动力，是转变经济增长方式、提升经济增长质量、实现国民经济又好又快发展的基础。科学技术（S&T）和人力资源（HR）的结合，被看作是竞争和经济发展的关键因素，一个国家要跟上科学技术领域日新月异的变化，迎接新的挑战，就需要不断壮大有技术而且高效率的劳动队伍。科技人才队伍是国家科技事业发展的关键因素，建设创新型国家的伟大事业，离不开广大科研人员的艰苦劳动和创造性实践。科技人力资源是促进国家或地区可持续发展最宝贵的战略资源。要坚持人才强国战略，高度重视科技和经济发展所需人才培养，促进一大批青年科技人才迅速成长，造就一批世界级科学家和科技领军人物。科技部每年对全国及各地区科技进步所做的统计监测中，科技人力资源状况是非常重要的监测指标。近年来，为形成有利于创新人才成长的体制机制，激发科技人员的积极性、创造性，我国政府从多个层面研究和制定了改善科技人才待遇的制度和政策，改善了科研人员的待遇，对稳定科技人才队伍发挥了重要作用。

大量研究表明，人力资本对 R&D 效率的提高有显著的正向效应，对 R&D 效率的促进作用最大。人力资本的提高，不仅有助于提高某地区的创新能力，而且也有利于增强该地区对国外先进技术的吸收能力。本书研究也表明，我国人力资本对促进经济增长与提高 R&D 效率的作用远远没有得到发挥，还具有很大的提升空间。可以整合现有科技人力资源，对科技人力资源进行优化组合，制定宏观科技人力资源战略，增加我国科技人力资源总量，积极实施科技人才工程，实现科技人才聚集战略，完善科技人才管理机制，包括完善科技人才创新评价机制，完善科技人才的市场竞争机制，建立健全科技人才的激励机制，提高科技人力资源参与科技活动的积极性。如美国已经形成了政府机构、公益性组织和企业协同培养、吸引优秀科技人才的良好氛围和运行模式。

(1) 加大科技人力资源的投入力度，要有吸引和培育优秀人才的体制机制。吸引国内外的优秀科技人才，加强与美国、英国、欧盟、日本等发达国家的合作与沟通，引进国外专家与学者，给予其丰厚的待遇，加强相互之间的长期合作，借助一些关键的对外合作项目来培养、挖掘优秀的青年科技人才。要不断完善吸引人才的良好环境，比如提供科研项目的启动资金、实施更好的补贴机制、解决配偶工作和子女的上学问题，为科技人才解决外在的问题，从而使其能在一个有利的环境下专心投身于科研工作。培养具有创新能力的高层次科技人才，要落实高层次人才培养项目，积极发挥科研院所重点科技人才的带头作用，不断打造高层次的优秀人才队伍，从而不断形成新一代的科技领军人才，培养出高素质、高水平的科技人才。另外，通过努力做好各高校研究生的培养工作，强化以人为本的人才培育制度，为其拓展搭建多样化的创新平台，形成我国具有创新能力科技人才的坚实后盾。另外，企业作为从事科研活动的一个重要平台，要拥有核心竞争力就应采取积极的措施吸引科技人才服务企业，对于科技人才的管理要采取“以人为本”的理念，不仅为其提供优厚的物质配套服务，还应加强与其情感交流，为其自我实现提供有利平台。技术性企业应利用一切可以利用的优势条件引入科技人才，结合当地资源与环境优势，加强与国际优秀组织的合作交流，积极开展优势互补的项目开发，加快各种技术人才的培养。规模较大、技术相对先进的知名企业应发挥好带头作用，建设高技能实用人才的培训平台，使教育和培训资源发挥最大效用，让企业带动一个地区成为科技人才聚集的驱动力量。

（2）加大科技人员的投入力度的同时，也要合理解决科技人力资源优化问题。近年来，政府高度重视科技人力资源的优化配置问题，实现科技人力资源在各地区之间的合理流动，投入各项资金支持科技人力资源的创新工作，这是实现科技人才合理配置的基础。对于从事科研活动的科技人才，应为其提供良好的激励机制以及优质的条件，减少其在日常烦琐的活动中耗费的时间与精力，从而使其全身心地投入科研创新活动，激发他们的创新活力。

（3）实行积极鼓励创新的政策。科技人才是从事科研活动的关键要素，为使科技经费取得理想的创新成效，应营造一种科技人力资源积极创新的氛围，这是创新能力提升的关键。当前我国各地区的科技人力资源创新能力上存在一定差距，各地区的专利申请与授权量、发表科技论文数、技术市场合同成交情况存在较大的差距。因此，各地区应根据高层次人才的需求特点实行有效的激励政策，鼓励科研人员积极创新，根据本地特点，重点培养相应的高新技术人才，积极鼓励科研成果的转化。政府应制定明确的专利保护条例，同时积极运用市场竞争激励科研人员创建和维护自己的知识成果，让科技人员的创新产出最大效益，形成源源不断的创新源泉。

第九章　研究结论与展望

第一节　研究结论

本书采用文献研究法、理论分析与实证分析相结合、对比研究等方法，在对R&D、R&D 投入、绩效评价和目标强度等有关概念界定的基础上，首先采用协整理论和方法对 1978~2008 年的 R&D 投入与经济增长之间的关系进行实证分析，其次使用 SFA 模型对 R&D 投入效率水平进行评价，最后使用多变量灰色模型 MGM（1，n）对我国未来 GDP 总量、R&D 投入总量和目标强度等方面进行了预测，并提出提高 R&D 投入绩效水平、实现未来 R&D 投入目标强度的相关对策。通过理论分析与实证研究，得出以下主要结论：

1. R&D 投入存在多元溢出效应

从宏观角度来看，我国的 R&D 投入过程中会产生多元溢出效应，R&D 投入不仅有利于促进经济发展，对整个社会发展或其他部门也会产生正面影响。通过对政府公共 R&D 溢出效应的具体分析，笔者发现政府 R&D 投入所产生的外部知识存量对当前的专利申请数、新产品销售收入有显著的正的溢出效应，科学家和工程师的数量对专利产出、新产品销售收入有显著的正效应。

2. R&D 投入是促进经济增长的主要动力之一

通过运用协整理论和方法对 R&D 投入与经济增长之间的关系进行实证分析。

结论表明，全社会 R&D 投入对经济增长具有明显的促进作用，以 R&D 投入为基础的科技创新活动是促进经济增长、转变经济增长方式的动力源泉。要把推动自主创新摆在突出位置，大力加强 R&D 投入，增强科技创新能力。我国的经济增长主要是资本驱动型的，R&D 经费投入对经济促进作用较大，而人力资本对经济增长没有起到明显的促进作用，应将经济增长模式从依靠物质资本投入的支撑转移到依靠科技进步、提高经济增长质量和效率的支撑上来。

3. 我国 R&D 投入绩效水平不够理想

通过研究发现，我国 R&D 投入总量仍然不足，R&D 投入强度、绩效水平还远低于发达国家和新型工业化国家，我国必须进一步加强对科技事业的支持力度，促进经济增长真正转到依靠内生科技动力上来。

通过实证分析，笔者发现 2002~2008 年，全国各地区的 R&D 效率呈现出下降趋势，中、西部地区的 R&D 经费和人员投入没有得到有效利用，R&D 投入绩效有待改善的空间很大。直接利用外商投资情况系数显著为负，说明该变量对 R&D 效率有明显的促进作用。政府对科技活动的支持强度和人力资本对我国 R&D 效率没有起到明显的促进作用；直接利用外商投资对我国 R&D 效率起到了明显的促进作用。我国不能过多地依赖于增加 R&D 经费和人员投入来提高 R&D 绩效水平，而应当科学地优化 R&D 资源配置，使科技资源利用效率得到不断提高。同时我国 R&D 效率存在较为明显的区域差异。因此，地区之间、不同部门之间应共同努力，不断提高 R&D 投入绩效水平。

4. 需要从系统的角度构建一个协调机制以实现目标强度

根据部分发达国家 R&D 经验和我国《国家中长期科学和技术发展规划纲要（2006~2020 年）》发展战略规划，使用多变量灰色模型 MGM（1，n）对我国未来 R&D 投入及目标强度进行测算，到 2020 年我国 R&D 投入总量为 11001.2 亿元，R&D 投入目标强度为 2.5%。要顺利实现我国未来 R&D 投入目标强度，需要在政府的引导下，各方面（企业、高校、科研机构和其他科研中介等）共同努力，建立起一个有效的协调机制，确保顺利实现 R&D 投入目标强度。

第二节　有待深入研究的问题

由于我国对 R&D 投入绩效水平问题及目标强度的讨论处于起步阶段，现有相关文献主要集中于 R&D 投入与经济增长之间关系的研究，本书尝试在对 R&D 投入绩效水平问题探讨的基础上对 1978~2007 年我国 R&D 投入目标强度问题进行理论解释与实证分析。从研究的进展来说，R&D 投入问题需要从不同的角度去研究，有待进一步研究的问题主要有以下几个方面：

1. 从国际视野探讨 R&D 国际合作的必要性

伴随着世界经济的全球化，科技国际化迅猛发展，很多国家在不同程度上都参与了跨国科技合作，科技国际化直接或间接地影响着世界经济全球化的进程，这是经济发展需要科技进步、科技进步促进经济发展、经济与科技之间的关系日益密切带来的必要结果。在 R&D 投入绩效水平问题及目标强度问题方面，我们不仅要学习其成功经验，更要放眼全球，加强合作，这样才能不断提高我国的 R&D 投入绩效水平，正确地制定科技政策。

2. 研究方法的改善

以空间计量经济分析方法对 R&D 空间溢出对经济增长的影响进行进一步研究，以强调区域之间互相借鉴成功经验。

本书主要从 R&D 投入产出角度考虑其绩效水平，但是如果从空间关联性角度去分析的话，国外的已有文献已经证实 R&D 活动中存在外溢性，经济较落后地区可以有效吸收、利用经济发达地区的 R&D 外溢成果。但国内学者就区域 R&D 溢出与经济增长关系的研究很少，且多以定性分析为主，实证研究较少。在知识经济时代的地理空间背景下，R&D 活动外溢性意味着区域的经济增长除依赖于当地所发生的科技活动外，很大程度上还取决于利用外部技术成就的能力。但是本书由于篇幅及探讨问题范围所限，没有具体探讨 R&D 空间溢出问题。

此方面的问题有待进一步研究，尤其是在研究方法方面，国内空间计量经济学的研究处于起步阶段，运用空间计量分析方法研究 R&D 溢出对区域经济增长作用的文献尚不多见，非常值得关注。

3. 我国 R&D 经费支出结构调整问题

目前，我国学术界和有关科技管理部门已经认识到我国的 R&D 经费支出结构（即基础研究、应用研究、试验发展三者之间的比例关系）与国外相比，存在一定的问题，对三者之间的比例达到多少才是最佳程度、如何才能使三者之间达到最佳比例状态等方面的研究较少，也值得进一步去关注和探讨。

4. R&D 投入绩效评价的指标选取问题

本书在研究过程中考虑到模型的选取及数据的可得性和通用性，选取了专利作为衡量 R&D 投入绩效的产出指标，但是现实问题是专利并不能全面表达 R&D 投入所带来的产出，同时也并非企业等组织机构参与 R&D 创新活动的终极目标，因此探求更为合理的替代指标在今后的研究中显得更为重要。选取不同的产出指标将有可能对结论的稳定性造成影响。但本书从专利角度检验了我国的 R&D 投入的效率情况，对后续研究具有一定的参考和比较价值。

参考文献

［1］白俊红，江可申等. 应用随机前沿模型评测中国区域研发创新效率［J］. 管理世界，2009（10）：51-61.

［2］白俊红，江可申等. 中国地区研发创新的相对效率与全要素生产率增长分解［J］. 数量经济技术经济研究，2009（3）：139-151.

［3］陈春晖，曾德明. 我国自主创新投入产出实证研究［J］. 研究与发展管理，2009（2）：18-23.

［4］陈衍泰，宁钟，陈莞. 专利产出对区域工业发展的贡献及区域技术创新战略选择研究——以福建省的数据为例［J］. 研究与发展管理，2006，18（4）：90-96.

［5］成邦文，何榕. 研究与发展经费的定量预测方法与模型研究［J］. 科研管理，2004（6）：1-6.

［6］程华，赵祥. 政府科技资助对企业 R&D 产出的影响——基于我国大中型工业企业的实证研究［J］. 科学学研究，2008（3）：519-525.

［7］程华. 政府科技投入与企业 R&D——实证研究与政策选择［M］. 北京：科学出版社，2009：201-245.

［8］池仁勇，虞晓芬等. 我国东西部地区技术创新效率差异及其原因分析［J］. 中国软科学，2004（8）：128-131.

［9］崔本强. 科技投入强度提高创新体制不断完善——2012 年东营市科技研发情况简析［J］. 科技视界，2014（1）：412.

［10］戴宏. 关于激发释放科技人员创新活力提升创新能力的思考［J］. 科协论

坛，2016（4）：13-15.

［11］邓向荣，刘乃辉，周密. 中国政府投入绩效的考察报告——基于国家级六项科技计划投入效率与问题的研究［J］. 经济与管理研究，2005（6）：24-28.

［12］邓向荣，刘乃辉，周密. 转型期我国政府科技投入绩效研究［J］. 科技管理研究，2005（10）：38-42.

［13］杜希双，刘红玫. 提高我国高技术产业科技投入强度［J］. 中国国情国力，1997（8）：41-42.

［14］樊增强. 跨公司技术联盟：动因、效应及启示［J］. 中央财经大学学报，2003（10）：65-68.

［15］范柏乃. 政府绩效评估与管理［M］. 上海：复旦大学出版社，2007：121-132.

［16］冯根福，刘军虎等. 中国工业部门研发效率及其影响因素实证分析［J］. 中国工业经济，2006（11）：46-51.

［17］古利平，张宗益，康继军. 专利与 R&D 资源：中国创新的投入产出分析［J］. 管理工程学报，2006，20（1）：147-151.

［18］官建成，何颖. 基于 DEA 方法的区域创新系统的评价［J］. 科学学研究，2005（2）：265-272.

［19］韩晶. 中国高技术产业创新效率研究——基于 SFA 方法的实证分析［J］. 科学学研究，2010（3）：467-472.

［20］侯汉平，王浣尘. R&D 知识溢出效应模型分析［J］. 系统工程理论与实践，2001（9）：29-32.

［21］胡朝阳等. 如何实施好《科技进步法》［J］. 中国科技论坛，2008（7）：32-39.

［22］华锦阳，汤丹. 科技投入体制的国际比较及对我国科技政策的建议［J］. 科技进步与对策，2010，27（5）：25-30.

［23］贾小峰，张爱国等. 地方政府科技计划绩效评价的 DEA 分析［J］. 工业技术经济，2009（2）：109-112.

[24] 科学技术部发展计划司. 科技统计报告 [R]. 第 22 期，2008-12-17.

[25] [英] 李嘉图. 政治经济学及赋税原理 [M]. 郭大力，王亚楠译. 北京：商务印书馆，1962.

[26] 李婧，白俊红等. 中国区域创新效率的随机前沿模型分析 [J]. 系统工程，2008 (8)：44-50.

[27] 李小平. 自主 R&D、技术引进和生产率增长——对中国分行业大中型工业企业的实证研究 [J]. 数量经济技术经济研究，2007 (7)：15-24.

[28] 李运新，于绥贞等. 山东省科技投入需求分析和投入体系构建研究 [J]. 中国软科学，2001 (3)：34-38.

[29] 李志宏. R&D、R&D 溢出、内生增长和内生收敛 [J]. 当代经济科学，2006 (1)：1-11.

[30] 梁达. 研发投入对创新创业有超常作用 [J]. 中国中小企业，2016 (2)：76-79.

[31] 刘成伟. 英国政府的科技创新政策及对我国的政策启示 [J]. 科技与管理，2007，9 (3)：117-119.

[32] 刘凤朝，孙玉涛. 基于过程的政府 R&D 投入绩效分析 [J]. 研究与发展管理，2008 (5)：90-95.

[33] 刘凤朝，孙玉涛. 我国政府科技投入对其他科技投入的效应分析 [J]. 研究与发展管理，2007 (6)：100-107.

[34] 刘国华，何勇兵等. 土石坝沉降预测中的多变量灰色预测模型 [J]. 水利学报，2003 (12)：84-89.

[35] 刘红志. 我国科技原始创新能力不足的现状分析与对策研究 [D]. 国防科学技术大学，2007：32-38.

[36] 刘顺忠，官建成. 区域创新系统创新绩效的评价 [J]. 中国管理科学，2002 (1)：75-78.

[37] 柳剑平等. 税收、补贴与 R&D 溢出效应分析 [J]. 数量经济技术经济研究，2005 (12)：81-90.

［38］吕喜英. 基于 DEA 的我国科技投入产出二次绩效评价［J］. 广西财经学院学报，2009（3）：47–52.

［39］罗枫. 2000 年至 2010 年日本 R&D 投入总额分析［J］. 新西部旬刊，2013（6）：169.

［40］罗亚非，王海峰等. 研发创新绩效评价的国家比较研究［J］. 数量经济技术经济研究，2010（3）：128–141.

［41］马薇. 协整理论与应用［M］. 天津：南开大学出版社，2004：204–245.

［42］马峥，俞征鹿等. 2020 年中国科技地位预测和估计［J］. 科学学与科学技术管理，2004（3）：5–8.

［43］［美］迈克尔·波特. 国家竞争优势［M］. 李明轩，译. 北京：中信出版社，2007：231–340.

［44］潘士远. 知识、R&D 与经济增长［J］. 浙江社会科学，2003（3）：35–40.

［45］戚湧，李千目. 科学研究绩效评价的理论与方法［M］. 北京：科学出版社，2009：10–43.

［46］［美］萨缪尔森. 经济学（上册）［M］. 萧琛，译. 北京：中国发展出版社，1992：36–47.

［47］师萍，许治等. 科技投入制度与绩效评价［M］. 北京：经济科学出版社，2005：118–134.

［48］师萍，许治等. 政府公共 R&D 对企业 R&D 的效应分析［J］. 中国科技论坛，2007（4）：24–28.

［49］师萍，张蔚虹. 中国 R&D 投入的绩效分析与制度支持研究［M］. 北京：科学出版社，2008：45–87.

［50］施定国，徐海洪，刘凤朝. 政府科技投入对高校科技支出及专利产出的影响［J］. 科技进步与对策，2009（23）：192–195.

［51］史修松，赵曙等. 中国区域创新效率及其空间差异研究［J］. 数量经济技术经济研究，2009（3）：45–55.

［52］苏盛安，赵付民. 政府科技投入政策工具对我国大中型工业企业科技投

入的影响 [J]. 科技管理研究，2005 (8)：24–32.

[53] 孙凯，李煜华. 我国各省市技术创新效率分析与比较 [J]. 中国科技论坛，2007 (11)：8–11.

[54] 谭文华，曾国屏. R&D 强度的“S”曲线与实现我国投入稳定增长的若干思考 [J]. 中国软科学，2005 (1)：94–98.

[55] 童光荣，高杰. 政府 R&D 支出的就业乘数效应研究 [J]. 中国软科学，2004 (8)：109–113.

[56] 童光荣，高杰. 中国政府 R&D 支出对企业 R&D 支出诱导效应及其时滞分析 [J]. 中国科技论坛，2004 (4)：97–99.

[57] 王立平. 我国高校 R&D 知识溢出效应的实证研究——以高技术产业为例 [J]. 中国软科学，2005 (12)：54–59.

[58] 王宁，刘黎明等. 农业科技投入的总量预测 [J]. 中国软科学，2000 (4)：21–24.

[59] 王伟光. 中国工业行业技术创新实证研究 [M]. 北京：中国社会科学出版社，2003：34–56.

[60] 王五祥，张维等. 多变量灰色模型 MGM (1，n) 在 R&D 投资预测中的应用 [J]. 研究与发展管理，2006 (2)：92–96.

[61] 吴辰. 科技投入强度指标的国际比较研究 [J]. 中国科技论坛，2003 (3)：91–93.

[62] 吴和成，刘思峰. 基于改进 DEA 的地域 R&D 相对效率评价 [J]. 研究与发展管理，2007，19 (2)：108–112.

[63] 吴延兵. R&D 与生产率——基于中国制造业的实证研究 [J]. 经济研究，2006 (11)：60–71.

[64] [美] 西蒙·库兹涅茨. 各国的经济增长、总产值和生产结构 [M]. 常勋，译. 北京：商务印书馆，1985.

[65] 萧鸣政. 现代绩效考评技术及其应用 [M]. 北京：北京大学出版社，2007：56–72.

[66] 肖静，程如烟，姜桂兴. 基于超效率 DEA 方法的研发效率国际比较研究 [J]. 情报杂志，2009 (6)：189-192.

[67] 谢伟，胡玮等. 中国高新技术产业研发效率及其影响因素分析 [J]. 科学学与科学技术管理，2008 (3)：144-149.

[68] 许庆瑞，赵建. 科研项目评价的专家系统 [J]. 科研管理，1991 (4)：23-29.

[69] 许箫迪，王子龙，谭清美. 知识溢出效应测度的实证研究 [J]. 科研管理，2007 (5)：76-86.

[70] 许治，师萍. 影响我国科技投入强度因素分析——基于知识积累的一种解释 [J]. 软科学，2005，19 (2)：1-3.

[71] 许治. 政府公共研发对企业研发行为的影响：国外研究评述 [J]. 科研管理，2006 (2)：45-50.

[72] 闫冰，冯根福. 基于随机前沿生产函数的中国工业 R&D 效率分析 [J]. 当代经济科学，2005 (6)：14-18.

[73] 杨朝中. 政府科技投入统计及强度与适应性评判检测原则 [J]. 统计与决策，1994 (4)：16-18.

[74] 杨书臣. 近年日本科技政策浅析 [J]. 日本研究，2005 (3)：30-34.

[75] 于洁，刘润生等. 基于 DEA-Malmquist 方法的我国科技进步贡献率研究：1979-2004 [J]. 软科学，2009，23 (2)：151-158.

[76] 俞立平. 企业性质与创新效率——基于国家大中型工业企业的研究 [J]. 数量经济技术经济研究，2007 (5)：108-115.

[77] 岳洪江，梁立明. 中美科技投入地区分布的比较研究 [J]. 科研管理，2001 (6)：28-35.

[78] 岳书敬. 长三角地区高技术产业创新效率的经验分析 [J]. 南京社会科学，2008 (5)：13-18.

[79] 岳书敬. 中国区域研发效率差异及其影响因素——基于省级区域面板数据的经验研究 [J]. 科研管理，2008 (5)：173-179.

[80] 曾国屏，谭文华. 国际研发和基础研究强度的发展轨迹及其启示 [J]. 科学学研究，2003 (2)：154-156.

[81] 翟军，盛建明等. MGM (1，n) 灰色模型及应用 [J]. 系统工程理论与实践，1997 (5)：109-113.

[82] 张承谦，张佩，陈利建. 中外企业 (R&D) 投入和产出的比较研究 [J]. 研究与发展管理，2003 (3)：31-35.

[83] 张红霞，冯恩民. R&D 部门间溢出效应及中美日三国的比较分析 [J]. 大连理工大学学报 (社会科学版)，2005，26 (2)：17-22.

[84] 张化尧，史小坤. 大中型企业 R&D 投入影响因素和技术现状分析 [J]. 科研管理，2009 (2)：33-39.

[85] 张明喜. 我国高新技术产业开发区 R&D 投入的贡献研究——基于 Panel Data 的经验分析 [J]. 研究与发展管理，2010 (2)：114-120.

[86] 张宗益，周勇等. 基于 SFA 模型的我国区域技术创新效率的实证研究 [J]. 软科学，2006 (2)：125-128.

[87] 赵立雨，师萍. 基于协整理论的政府科技投入绩效与目标强度研究 [J]. 科学学与科学技术管理，2008 (11)：15-19.

[88] 赵立雨，师萍. 政府财政研发投入与经济增长的协整检验——基于 1989~2007 年的数据分析 [J]. 中国软科学，2010 (2)：53-58，186.

[89] 赵立雨，张炳南，师萍. 实现科技投入目标强度的协调机制研究 [J]. 科技进步与对策，2010，27 (11)：7-10.

[90] 郑文范，刘晓宇. 我国 R&D 经费投入现状及"十二五"期间投入目标探析 [J]. 科技进步与对策，2010，27 (21)：27-32.

[91] 郑文范，隋永强. 论我国 R&D 活动模式的转变 [J]. 东北大学学报 (社会科学版)，2003 (3)：12-17.

[92] 中国科技统计. 国内动态 [EB/OL]. http：//www.sts.org.cn/nwdt/gndt/document/09031602.htm，2009-10-20.

[93] 中华人民共和国国务院. 国家中长期科学和技术发展规划纲要 (2006~

2020 年）［EB/OL］. http：//www.gov.cn/jrzg/content_183787.htm/2008-02-09.

［94］中华人民共和国国务院. 国家中长期科学和技术发展规划纲要（2006~2020 年）［EB/OL］. http：//www.gov.cn/jrzg/2006-02/09/content_183787.htm，2015（4）.

［95］中华人民共和国科学技术部编. 中国科学技术指标 2008［M］. 北京：科学技术文献出版社，2009：67-78.

［96］周绍森，胡德龙. 科技进步对经济增长贡献率研究［J］. 中国软科学，2010（2）：34-39.

［97］朱承亮，岳宏志等. 中国经济增长效率及其影响因素的实证研究：1985~2007 年［J］. 数量经济技术经济研究，2009（9）：52-62.

［98］朱平芳，徐伟民. 上海市大中型工业行业专利产出滞后机制研究［J］. 数量经济技术经济研究，2005（9）：136-142.

［99］朱平芳，徐伟民. 政府的科技激励政策对大中型工业企业 R&D 投入及其专利产出的影响［J］. 经济研究，2003（6）：45-53.

［100］朱有为，徐康宁. 中国高技术产业研发效率的实证研究［J］. 中国工业经济，2006（11）：38-45.

［101］Aghion Philippe，Peter Howitt. A Model of Growth through Creative Destruction［J］. Econometrica，1992（60）：323-351.

［102］Aghion Philippe，Peter Howitt. Endogenous Growth Theory［M］. Cambridge：MIT Press，1998.

［103］Aghion Philippe，Peter Howitt. Research and Development in the Growth Process［J］. Journal of Economic Growth，1996（1）：49-73.

［104］Aghion Philippe. Growth and Development：A Schumpeterian Approach［J］. Annals of Economics & Finance，2004（5）：1-25.

［105］Aigner D. J.，C. A. K. Lovell，P. Schmidt. Formulation and Estimation of Stochastic Frontier Production Function Models［J］. Journal of Econometrics，1977（6）：21-37.

[106] Akihiro Hashimoto, Shoko Haneda. Measuring the Change in R&D Efficiency of the Japanese Pharmaceutical Industry [J]. Research Policy, 2008 (4): 1-8.

[107] Ambrosini, Bowman, C. Tacit Knowledge: Some Suggestions for Operationalization [J]. Journal of Management Studies, 2001, 38 (6): 811-829.

[108] Arrow J. Economic Welfare and the Allocation of Resources for Invention in Richard Nelson [M]. Princeton: Princeton University Press, 1962: 609-625.

[109] Arrow K. J., Kurz M. Public Investment, the Rate of Return and Optimal Fiscal Policy [M]. Johns Hopkins University Press, 1970: 155-187.

[110] Arrow K. The Economic Implications of Learning by Doing [J]. Review of Economic Studies, 1962 (29): 155-173.

[111] Arrow, K. The Economics Implications of Learning by Doing [J]. Review of Economics Studies, 1962.

[112] Arrow, K. The Economics of Agency [M]. in J. Pratt & Zeckhuaser. Principal & Agents: The Structure of Business, Boston: Harvard Business School Press, 1962: 37-51.

[113] Barba, B., Adenso, S. Eco-Efficiency of Electric and Electronic Appli-cances: A Data Envelopment Analysis (DEA) [J]. Environmental Modeling and Assessment, 2009, 14 (4): 105-112.

[114] Barro R. J. Government Spending in a Simple Model of Endogenous Growth [J]. Journal of Political Economy, 1990, 98 (2): 103-125.

[115] Battese G. E., Coelli T. A Model for Technical Inefficiency Effects in a Stochastic Frontier Production Function for Panel Data [J]. Empirical Economics, 1995 (20): 325-332.

[116] Battese G. E., G. S. Corra. Estimation of a Production Frontier Model with Application to the Pastoral Zone of Eastern Australia [J]. Australian Journal of Agricultural Economics, 1977 (21): 169-179.

[117] Battese G.E., Coelli T. Frontier Production Functions Technical Efficien-

cy and Panel Data with Application to Paddy Farmer in India [J]. Journal of Productivity Analysis, 1992 (3): 153-169.

[118] Bernstein J. Costs of Production, Intra-and Inter-industry R&D Spillovers: Canadian Evidence [J]. Canadian Journal of Economics, 1988 (21): 324-377.

[119] Bottazzi L., Peri G. Innovation and Spillovers in Regions: Evidence from European Patent Data [J]. European Economic Review, 2003, 47 (4): 687-710.

[120] Breschi S., Lissoni F. Knowledge Spillovers and Local Innovation Systems: A Critical Survey [J]. Industrial and Corporate Change, 2001, 10 (4): 975-1005.

[121] Bush V. Science-The Endless Frontier [M]. Washington, D. C: NSF, 1960.

[122] Bushee B. J. The Influence of Institutional Investors on Myopic R&D Investment Behavior [J]. Accounting Review, 1998, 73 (3): 305-333.

[123] Chen Chin-Tai, Chen-Fu Chien, Ming-Han Lin, Jung-Te Wang. Using DEA to Evaluate R&D Performance of the Computers and Peripherals Firms in Taiwan [J]. International Journal of Business, 2004, 9 (4): 1083-1286.

[124] Coe D., Helpman E. International R&D Spillovers [J]. European Economic Review, 1995: 39.

[125] Coet D., Elhanamh. International R&D Spillovers [J]. European Economic Review, 1995 (39): 859-887.

[126] D. Zhang, X., Li W. T. Measuring the Performance of Nations at the Olympic Games Using DEA Models with Different Performances [J]. Journal of the Operational Research Society, 2009 (60): 983-990.

[127] Dominique G., Van Pottlesberghe, Potterie B. From R&D to Productivity Growth: Do the Institutional Settings and the Source of Funds of R&D Matter [J]. Oxford Bulletin of Economics and Statistics, 2004, 66 (3): 353-378.

[128] Dominique Guellec, Bruno Van Pottlesberghe. The Impact of Public R&D

Expenditure on Business R&D [P]. Paris OECD Working Paper, 2000.

[129] Goto A., Suzuki K. R&D Capital, Rate of Return on R&D Investment and Spillover of R&D in Japanese Manufacturing Industries [J]. The Review of Economics and Statistics, 1989, 71 (4): 555-564.

[130] Granger C. W. J. Some Recent Developments in a Concept of Causality [J]. Journal of Econometrics, 1987 (39): 199-211.

[131] Griffith R., Redding S., Simpson H. Foreign Ownership and Productivity: New Evidence from the Service Sector and the R&D Lab [J]. Oxford Review of Economic Policy, 2004, 20 (3): 440-456.

[132] Griliches Z. Issues in Assessing the Contribution of Research and Development to Productivity Growth [J]. The Bell Journal of Economics, 1979, 10 (1): 92-116.

[133] Griliches Z. Patent Statistics as Economic Indicators: A Survey [J]. Journal of Economic Literature, 1990 (128): 161-170.

[134] Griliches Z. Productivity, R&D and the Data Constraint [J]. American Economic Review, 1994, 84 (1): 1-23.

[135] Griliches, Z. Productivity Puzzles and R&D: Another No Explanation [J]. Journal of Economic Perspectives, 1988.

[136] Grossman Gene M., Elhanan Helpman.Innovation and Growth in the Global Economy [M]. Cambridge: MIT Press, 1991.

[137] Grossman, Gene M., Helpman, Elhanan. Innovation and Growth in the Global Economy [M]. Cambridge: Mass: MIT Press, 1991 (a).

[138] Hak-Yeon Lee, Yong-Tae Park. Sensitivity and Stability Analysis in DEA: Some Recent Development [J]. Asian Journal of Technology Innovation, 2005 (13): 207-222.

[139] Hall B., Jaffe A., Trajtenberg M. The NBER Patent Citations Data File: Lessons, Insight, and Methodological Tools [Z]. NBER Working Paper, 2001.

[140] Hausman J., Hall B., Griliches Z. Econometric Models for Count Data with an Application to Patent R&D Relationship [J]. Econometrica, 1984 (152): 909-938.

[141] Howitt Peter. Capital Accumulation and Innovation in Endogenous Growth [M]. Ohio State University Mimeo Press, 1997.

[142] Jaffe A. B. Real Effects of Academic Research [J]. American Economic Review, 1989 (79): 57-70.

[143] Jaffe A. B. Technological Opportunity and Spillovers of R&D: Evidence from Firms Patents, Profits, and Market Value [J]. American Economic Review, 1986 (76): 984-1001.

[144] Jaffe A., Fogarty M., Banks B. Evidence from Patents and Patent Citations on the Impact of NASA and Other Federal Labs on Commercial Innovation [J]. Journal of Industrial Economics, 1998, 46 (2): 183-205.

[145] Jaffe A., Trajtenberg M. International Knowledge Flows: Evidence from Patent Citations [J]. Economics of Innovation and New Technology, 1999, 8 (1/2): 105-136.

[146] Jayanthi, S., Witt, E. C. Evalution of Potential of Innovations, A DEA-based Application to U. S. Photovoltaic Industry Engineering Management [J]. IEEE Transactions, 2009, 56 (3): 478-493.

[147] Jones C., Williams J. Measuring the Social Return to R&D [J]. Quarterly Journal of Economics, 1998 (113): 1119-1135.

[148] Jones L. E., Manuelli R. A Convex Model of Equilibrium Growth: Theory and Policy Implications [J]. Journal of Political Economy, 1990, 98 (5): 1008-1038.

[149] Katz J. S. Geographical Proximity and Science Collaboration [J]. Scientometrics, 1994, 31 (1): 31-43.

[150] Koh P. S., Reeb D. M. Missing R&D [J]. Journal of Accounting & Eco-

nomics, 2015, 60 (1): 73-94.

[151] Kunbhakar S., Lovell C. Stochastic Frontier Analysis [M]. New York: Cambridge University Press, 2000.

[152] Kuosmanen T., Kortelaninen M.. Measuring Eco-Efficiency of Production with Data Envelopment Analysis [J]. Journal of Industrial Ecology, 2005, 9 (4): 59-72.

[153] Lucas Robert E. Jr. On the Mechanics of Economic Development [J]. Journal of Monetary Economics, 1988 (22): 2-42.

[154] Lucas. On the Mechanics of Economic Development [J]. Journal of Monetary Economics, 1988, 22 (1): 3-24.

[155] Mamuneas T. P. Spillovers from Publicly Financed R&D Capital in High-tech Industries [J]. International Journal of Industrial Organization, 1999, 17 (2): 215-239.

[156] Mamuneas T. P., Nadiri M. I. Public R&D Policies and Cost Behavior of the U. S. Manufacturing Industries [J]. Journal of Public Economics, 1996, 63 (12): 57-81.

[157] Mansfield, Edwin et al. Imitation Costs and Patents: An Empirical Study [J]. Economic Journal, 1981 (4): 907-918.

[158] Mansfield. Social and Private Rates of Return from Industrial Innovations [J]. Quarterly Journal of Economics, 1977 (77): 221-240.

[159] Meeusen W., J. Vanden Broeck. Efficiency Estimation from Cobb Douglans Production Functions with Composed Error [J]. International Economic Review, 1977 (18): 435-444.

[160] Mohnen P. New Technology and Inter-industry Spillovers [J]. STI Review, 1990 (7): 131-147.

[161] Murphy Kevin M. Andrei Shleifer, Robert W Vishny. Income Distribution, Market Size, and Industrialization [J]. Quarterly Journal of Economics, 1989a

(104): 537-564.

[162] Murphy Kevin M. Andrei Shleifer, Robert W Vishny. Industrialization and Big Push [J]. Journal of Political Economy, 1989b (5): 1003-1026.

[163] Nadiri M. I. Innovations and Technological Spillovers [Z]. NBER Working Paper, 1993: 4423.

[164] Nadiri M. I., Mamuneas T. P. The Effects of Public Infrastructure and R&D Capital on the Cost Structure and Performance of U. S. Manufacturing Industries [J]. The Review of Economics and Statistics, 1994, 76 (1): 22-37.

[165] Nasierowski W., Arcelus F. J. On the Efficiency of National Innovation Systems [J]. Socio-Economic Planning Sciences, 2003 (37): 215-234.

[166] Nasierowski W., Arcelus F. J., Interrelationships among the Elements of National Innovation Systems: A Statistical Evaluation [J]. European Journal of Operational Research, 1999 (119): 235-253.

[167] Nasierowski W., Arcelus F. J., On the Stability of Countries' National Technological Systems, in Zanakis S. H., Doukidis G., Zopounidis C., editors, Decision Making: Recent Developments and Worldwide Applications [M]. Boston: Kluwer, 2000: 97-111.

[168] Nasierowski, W., Arcelus, F. J.. On the Efficiency of National Innovation Systems [J]. Socio-Economic Planning Sciences, 2003 (37): 215-234.

[169] Nelson R. The Simple Economics of Basic Scientific Research [J]. Journal of Finance, 1995, 49 (3): 1015-1040.

[170] Odagin, Goto. The Japanese System of Innovation: Past, Present, and Future in R. R. Nelsen, National Innovation System: A Comparative Analysis [M]. New Work: Oxford University Press, 1993: 76-114.

[171] Odeck J. Statistical Precision of DEA and Malmquist Indices: A Bootstra Application to Norwegian Grain Producers [J]. Omega-International Journal of Management Science, 2009, 37 (5): 1007-1017.

[172] Pakes A., Griliches Z. Patents and R&D at the Firm Level: A First Look [J]. Economic Letters, 1980 (5): 377-381.

[173] Paulm R. Increasing Returns and Long-run Growth [J]. Journal of Political Economy, 1986, 94 (5): 1002-1037.

[174] Paulm R. Endogenous Technology Change [J]. Journal of Political Economy, 1990, 98 (5): 71-102.

[175] Paulm R. Increasing Returns and Long-run Growth [J]. Journal of Political Economy, 1986, 94 (5): 1002-1037.

[176] Peri G. Knowledge Flows and Productivity [J]. Rivista Di Political Economics, 2004: 21-59.

[177] Rebelo S. Long-run Policy Analysis and Long-run Growth [J]. Journal of Political Economy, 1991, 99 (3): 500-521.

[178] Robert. Technical Change and the Aggregate Production Function [J]. Review of Economics and Statistics, 1957 (39): 3-12.

[179] Romer P. M. The Origins of Endogenous Growth [J]. Journal of Economic Perspectives, 1994, 8 (1): 3-22.

[180] Romer Paul M. Endogenous Technological Change [J]. Journal of Political Economy, 1990 (98): 71-102.

[181] Romer Paul M. Increasing Returns and Long Run Growth [J]. Journal of Political Economy, 1986 (94): 1002-1037.

[182] Rosenberg, Steinmueller W. Why Are Americans Such Poor Imitators [J]. American Economic Review, 1988 (78): 1229-1234.

[183] Samuelson, P. The Pure Theory of Public Expenditure [J]. Review of Economics and Statistics 1954 (36): 386-398.

[184] Scherer FM. Inter-industry Technology Flows in the United States [J]. Research Policy, 1982, 11 (4): 229-245.

[185] Schmookler J. Invention and Economic Growth [M]. Cambridge, Mass:

Harvard University Press, 1966.

[186] Schumpeter J. Capitalism, Socialism and Democracy [M]. New York: Harper and Row, 1942.

[187] Seema Sharma, Thomas V. J.. Inter-country R&D Efficiency Analysis: An Application of Data Envelopment Analysis [J]. Scientometrics, 2008, 76 (3): 483-501.

[188] Shane H. Patent Citations as an Indicator of the Value of Intangible Assets in the Semiconductor Industry [M]. Philadelphia, PA: The Wharton School, 1993.

[189] Solow R. Technical and the Aggregate Production Function [J]. Review of Economics and Statistics, 1957 (39): 312-320.

[190] Stiglitz, J., A. Weiss, Credit Rationing in Markets with Imperfect Information [J]. American Economic Review, 1981 (71): 169-180.

[191] Stokey N. Human Capital, Product Quality, and Growth [J]. Quarterly Journal of Economics, 1991 (106): 578-616.

[192] Stokey N. Human Capital, Product, Quality and Growth [J]. Quarterly Journal of Economics, 1991 (106): 578-616.

[193] Trajtenberg M, HendersonR, Jaffe A. University versus Corporate Patents: A Window on the Baseness of Invention [J]. Economics of Innovation and New Technology, 1997, 5 (1): 19-50.

[194] Tsai K. H., Hsieh M. H., Hultink E. J. External Technology Acquisition and Product Innovativeness: The Moderating Roles of R&D Investment and Configurational Context [J]. Journal of Engineering & Technology Management, 2011, 28 (3): 184-200.

[195] Tzu-Li Tien. A Research on the Prediction of Machine Accuracy by the Deterministic Grey Dynamic Model DGDM (1, 1, 1) [J]. Applied Mathematics and Compution, 2005 (161): 923-945.

[196] Wang E. C. R&D Efficiency and Economic Performance: A Cross-coun-

try Analysis Using the Stochastic Frontier Approach [J]. Journal of Policy Modeling, 2007 (29): 345-360.

[197] Werner B. M., Souder W. E. Measuring R&D Performance: State of the Art [J]. Research Technology management, 1997, 40 (2): 34-41.

[198] Westney D. E., Sakakibara K. The Role of Japan-based R&D in Global Technology Strategy, in M. Hurowitch, Technology in the Modern Corporation [J]. London Pergamon, 1986 (2): 117-132.

[199] Yang X., Borland J. A Microeconomic Mechanism for Economic Growth [J]. Journal of Political Economy, 1991 (99): 460-482.

[200] Zellner C. The Economic Effects of Basic Research: Evidence for Em bodied Knowledge Transfer via Scientist's Migration [J]. Research Policy, 2003 (32): 1881-1895.

[201] Zhang Anming, Yimin Zhang, Ronald Zhao. A Study of the R&D Effi ciency and Productivity of Chinese Firms [J]. Journal of Comparative Economics, 2003 (31): 444-464.

[202] Zhang Anming, Zhang Yimin, Zhao Ronald. A Study of the R&D Effi ciency and Productivity of Chinese Firms [J]. Journal of Comparative Economics, 2003 (31): 443-464.

后 记

该专著是在我的博士学位论文基础上修改和完善的，在此首先要感谢我的指导老师师萍教授。导师对选题、研究思路的确定，到观点提炼、框架构建、研究方法等很多方面提出了建设性的意见，导师悉心的指导和大力的帮助，使我受益匪浅。她不但学识渊博、治学严谨，而且对科学前沿有着敏锐的洞察力和锲而不舍的探索精神，这使她总能高屋建瓴地给我指明研究方向。师教授诲人不倦的师德，坦然、正直的为人使我受益终生，在此对师教授致以最诚挚的敬意和最深切的谢意！师恩永铭，将鼓励我在今后的学习工作中加倍努力。其次衷心感谢经济管理出版社的编辑，他们认真、踏实、严谨的工作作风不断鞭策和鼓舞着我。最后，要真挚感谢我的父母，他们为我付出了心血；感谢我的妹妹、弟弟及其全家对我求学道路上的帮助；还要特别感谢我的妻子陈娟女士和儿子赵嘉程，在科研和学术道路上他们的陪伴和鼓舞使我不断前进和努力，他（她）们多年的支持和无私的奉献是我努力奋斗的精神支柱和源泉。谨以此专著作为向上述所有人的献礼！